OS DONOS DA RUA

REPRESENTATIVIDADE RACIAL E AS TRANSFORMAÇÕES DO PROTAGONISMO NEGRO NO UNIVERSO TURMA DA MÔNICA

Catalogação na Fonte
Elaborado por: Dayanne Leal Souza
Bibliotecária CRB 9/2162

P149d
2024

Paiva, Rodrigo Sérgio Ferreira de
Os donos da rua: representatividade racial e as transformações do protagonismo negro no universo Turma da Mônica / Rodrigo Sérgio Ferreira de Paiva. – 2. ed. – Curitiba: Appris, 2024.
300 p. ; 23 cm. – (Ciências da comunicação).

Inclui referências
ISBN 978-65-250-6813-8

1. Negros nas histórias em quadrinhos. 2. Negros – Identidade racial. 3. Histórias em quadrinhos – Aspectos sociais – Brasil. I. Título. II. Série.

CDD – 741.5981

Livro de acordo com a normalização técnica da ABNT

Editora e Livraria Appris Ltda.
Av. Manoel Ribas, 2265 – Mercês
Curitiba/PR – CEP: 80810-002
Tel. (41) 3156 - 4731
www.editoraappris.com.br

Printed in Brazil
Impresso no Brasil

Rodrigo Sérgio Ferreira de Paiva

OS DONOS DA RUA

REPRESENTATIVIDADE RACIAL E AS TRANSFORMAÇÕES DO PROTAGONISMO NEGRO NO UNIVERSO TURMA DA MÔNICA

Appris editora

Curitiba, PR

2024

FICHA TÉCNICA

SUPERVISORA EDITORIAL — Renata C. Lopes
PRODUÇÃO EDITORIAL — Nicolas da Silva Alves
REVISÃO — Isabel Tomaselli Borba
DIAGRAMAÇÃO — Andrezza Libel
CAPA — Bruno Nascimento
REVISÃO DE PROVA — Renata Cristina Lopes Miccelli

COMITÊ CIENTÍFICO DA COLEÇÃO CIÊNCIAS DA COMUNICAÇÃO

In memoriam *de Chadwick Boseman.*
Wakanda para sempre!

Dedico este trabalho aos grandes que se libertaram para a luz nestes tempos tão sombrios.

PREFÁCIO

Foi com imensa honra e alegria que recebi o convite para participar da banca de mestrado de Rodrigo Paiva, cuja dissertação deu origem ao presente livro. Eu já conhecia seu trabalho de outro texto sobre personagens negros nos quadrinhos, mas este material tem um valor especial por se concentrar na obra de um grande quadrinista brasileiro: Mauricio de Sousa.

É importante notar que mesmo sendo o mais popular e bem-sucedido autor e empresário dos quadrinhos, e também da animação, do *licensing* e da cultura pop de modo geral, Mauricio é um fenômeno pouco presente na bibliografia acadêmica. Poucos livros são dedicados exclusivamente à sua produção. Dos que conheço, apenas *A reclusão da Pedagogia e a pedagogia da reclusão*, de Silvano Alves Bezerra da Silva, publicado pela Universidade Federal da Paraíba, em 1989, tem esse perfil. Existem, obviamente, artigos, dissertações e menções em livros, notadamente em relação à importância pedagógica da Turma da Mônica na iniciação das crianças no processo de alfabetização e em sua formação como leitoras, o que não é pouca coisa. No entanto, pela sua abrangência, longevidade e popularidade, a obra de Mauricio mereceria muito mais estudos aprofundados que interpretem suas séries no contexto da cultura e da sociedade brasileira. E foi justamente a isso que Rodrigo se propôs. E o fez com competência e dedicação.

No entanto, ele não se limita a fazer um minucioso levantamento da presença de personagens negros nos quadrinhos de Mauricio, desde suas primeiras produções até os tempos atuais. Ele vai muito além, ao analisar o papel desses personagens e avaliar de que modo ocorreu a evolução, ou, como ele define, a transição, no modo de representar e na relevância de suas presenças dentro do vasto universo criado por Mauricio, no decorrer de mais de cinco décadas de publicação regular. Dessa forma, Pelezinho, Ronaldinho Gaúcho e Neymar estão presentes, entre outros bem menos famosos, mas Jeremias, uma das mais antigas criações de Mauricio, e Milena, uma das mais recentes, mereceram atenção especial.

Mesmo sendo um fã declarado dos personagens, Rodrigo não deixa de exercitar sua capacidade crítica ao apontar diversas passagens em que os quadrinhos de Mauricio traziam uma representação estereotipada dos negros, tanto no aspecto visual quanto no papel que desempenhavam.

Rodrigo mantém-se permanentemente atento à questão da representação, mas principalmente sobre a identidade, e esse é um ponto principal do seu trabalho. A quem os personagens negros de Mauricio de Sousa se dirigem? Qual é a importância que Milena e sua família têm para a autoestima de uma menina negra? Como uma criança ou um jovem negro se identifica ao ler uma obra como *Jeremias – Pele* ou *Jeremias – Alma*? Ao analisar os quadrinhos de Mauricio sob a luz das relações étnico-raciais, este livro está sintonizado com problemas que, infelizmente, estão presentes no dia a dia da população afrodescendente, como racismo e preconceito, e que precisam ser encarados e denunciados.

O livro também é rico em material iconográfico e exemplos que ilustram de forma bastante esclarecedora, e às vezes contundente, os conceitos e situações que Rodrigo deseja demonstrar, o que torna sua leitura fluida e agradável.

Por todas as razões expostas, o presente livro é uma importante contribuição para se compreender melhor a obra de Mauricio, nada menos que o nome mais conhecido dos quadrinhos nacionais.

Nobu Chinen

Professor e pesquisador de quadrinhos
Autor do livro O negro nos quadrinhos do Brasil, da Editora Peirópolis

APRESENTAÇÃO
(E TAMBÉM AGRADECIMENTOS)

Vivemos em uma época que constantemente nos recorda como a gratidão se inicia pela própria vida. Minha, sua e a do próximo. A luta por um mundo melhor, embora muitas vezes soe como perdida, não é inglória. E ela continua, mesmo quando tudo parece conspirar a favor da dor e do retrocesso. Nada, e, ao mesmo tempo, tudo, mudou desde *Panther is the New Black*. A começar pela sua repercussão, uma grata surpresa. Foi publicada como obra independente, física e virtual, na XII Bienal Internacional do Livro de Pernambuco (2019).

O trabalho, não mais limitado a pessoas próximas, foi noticiado em revista, sites e grandes portais da cultura pop. Vê-lo alcançar páginas como *Universo HQ*, *CEERT* e *O Vício*, virar indicação do UOL e parar nas mãos de nomes como Sidney Gusman, Samir Naliato e Nobu Chinen não tem preço. Também virou tema de *live* da Secretaria de Cultura de Pernambuco, matéria impressa no MPPE, *podcast*, recebeu resenhas e derivou artigos. Estes foram apresentados diversas vezes para estudantes, não só em Pernambuco, como no Maranhão e em Belém do Pará, no Congresso Brasileiro de Ciências da Comunicação (Intercom).

Encerrado esse ciclo, chegava a hora de ingressar no mestrado. Teve seleção, pandemia e incertezas. E quem diria que eu, justo eu, teria tantos desatinos para falar sobre Turma da Mônica? Bem, em 2018 não precisei escrever nada com Covid-19 nos pulmões. Ou lidar com as tristes adversidades da maior idade no ápice de uma crise global. Por isso, um "obrigado" especial a Dario Brito e sua infinita paciência, além de Alexandre Figueiroa, que completa o time de orientadores.

Quem me conhece bem sabe que sou fã de carteirinha da obra de vida de Mauricio de Sousa (além do próprio), a quem agradeço por tornar minha infância muito, muito mais feliz. A ponto de quase falir meus pais, Fátima Ferreira e José Paiva, com meu acervo particular de gibis. Sou grato a eles por cada ida e vinda a bancas de revista e livrarias. Inclusive, são algumas de minhas memórias mais felizes. Momentos assim eram o tipo de felicidade que a vida adulta viria a corroer. Reparem que, por aqui em Recife, nem restam bancas de revista em shoppings. Saudades...

Ainda leio as HQs, frequentemente. Até visitei a Mauricio de Sousa Produções, enquanto escrevia sobre o Pantera Negra. Aquele breve momento serviria de inspiração para o texto em mãos. E agradeço ao meu ex-professor, Leo Falcão, pela ajuda na escolha do tema. E que tema. Afinal, representatividade sempre vai dar o que dizer. Aqui, é claro, em um papel muito mais de observação e investigação crítica. Sim, continuo não sendo negro e jamais sentirei o racismo na pele. Retribuo, mais uma vez, aos que seguem lutando por uma sociedade mais justa e pautada pela tão esquecida empatia. Por fim, obrigado aos amigos e colegas que sempre me apoiam, sem desistir de mim. E ainda aos que cederam tão cordialmente sua imagem para esta obra e à equipe MSP, que — olha os *spoilers* — se dispôs a uma entrevista autoral sobre o tema investigado (especialmente Larissa Purvinni, José Alberto Lovetro e Fernanda Torrecilha). Vamos todos viver. Gratidão!

Se queremos progredir, não devemos repetir a história, mas fazer uma história nova.

(Mahatma Gandhi)

Perdoem. Mas não esqueçam!

(Nelson Mandela)

LISTA DE ABREVIATURAS E SIGLAS

ADD	Associação Desportiva para Deficientes
Adid	Associação para o Desenvolvimento Integral do Down
Avante	Educação e Mobilização Social
CCXP	Comic Con Experience
Cebds	Conselho Empresarial Brasileiro para o Desenvolvimento Sustentável
Cojira	Comissão de Jornalistas de Igualdade Racial
ECA	Estatuto da Criança e do Adolescente
GRI	Global Reporting Initiative
Intercom	Sociedade Brasileira de Estudos Interdisciplinares da Comunicação
LGBTQIA+	Lésbicas; Gays; Bissexuais; Transgêneros; Queer; Intersexuais; Assexuais; Mais (+)
LT	Linguística Textual
MSP	Mauricio de Sousa Produções
N´zinga	Coletivo de Mulheres Negras de Belo Horizonte
ODS	Objetivos de Desenvolvimento Sustentável
ONU	Organização das Nações Unidas
PcD	Pessoa com Deficiência
Sebrae	Serviço Brasileiro de Apoio às Micro e Pequenas Empresas
Ufba	Universidade Federal da Bahia
Unicap	Universidade Católica de Pernambuco

SUMÁRIO

INTRODUÇÃO

As histórias em quadrinhos (HQs) estão continuamente presentes nos livros didáticos e pesquisas autorais, embora sejam poucos os estudos que abordem com devida profundidade o protagonismo negro dentro delas. O que inclui seus bastidores. Enquanto elas, nas indústrias culturais, são capazes de alimentar produções midiáticas para o cinema, a televisão, o *streaming* e os videogames, na alçada acadêmica, obras como *Contos dos orixás* (2018), de Hugo Canuto, permitem ir além e evidenciar um olhar decolonial cuja singularidade é hábil de derivar pesquisas inteiramente focadas na representação sociocultural da etnia negra no âmbito cultural brasileiro (FERREIRA, 2020).

Quadrinistas como Marcelo D'Salete, João Pinheiro, Sirlene Barbosa e João Sánchez são alguns dos nomes que contribuem na edificação de um repertório acolhedor do imaginário afrodescendente, apto de impulsionar uma interpretação crítica sobre as principais mudanças estéticas e morais no decorrer de décadas, desde o surgimento da nona arte até sua ascensão no território nacional. Na posição de pesquisador acadêmico, entende-se que

> [...] marcadores como raça, gênero e religiosidade ganham o centro dos debates, fomentando análises críticas por parte dos educandos e estimulando-os a pensarem sobre interseccionalidade e seus impactos, nos campos simbólicos e materiais. (AGOSTINHO, 2021, p. 26).

No entanto, às custas de teses concentradas na cinematografia ou na literatura, é visto que "o material teórico no Brasil [sobre HQs], de modo geral, se restringe a citar os personagens negros, sem se aprofundar no papel que desempenham na trama nem na análise semiológica de sua caracterização." (CHINEN, 2019, p. 114). É um paradigma propenso a refletir sobre o árduo processo que significou o surgimento de proeminentes personagens de descendência africana no decorrer das primeiras tiras e gibis tupiniquins. Nos primórdios, nomes como Pelezinho (baseado em Pelé), lançado em 1976 por Mauricio de Sousa, eram raras exceções, em meio a um conjunto expressivo de figuras caucasianas que protagonizaram os suplementos infantis desde os anos 1930 e 1940.

O cartunista paulistano despontou, ao final da década de 1950, ao conceber nomes marcantes: Mônica, Cebolinha, Cascão e Magali, além de núcleos coadjuvantes como Penadinho, Chico Bento, Horácio, Jotalhão, Papa-Capim, dentre outros. "Mauricio sempre foi muito cioso e cuidadoso com sua obra e raramente permitiu que temas mais polêmicos fossem abordados nas suas histórias." (CHINEN, 2019, p. 155). Ocasionalmente, a retratação de assuntos pertinentes da realidade humana ainda se via presente, como é o caso da discriminação racial e sua resultância (CHINEN, 2019).

Contudo situações que envolvessem a autoafirmação das matrizes africanas se viam acompanhadas de eventuais polêmicas, dentro e fora das revistas, como as ocorridas com o próprio Pelezinho. A remoção de seus lábios avantajados em 2013 (SAMIR, 2013), sujeita a interpretações polêmicas sobre a necessidade atenuada de se desconstruir ou não supostos indícios de estereotipagem[1], pode ser confundida com o disputável conceito de "politicamente correto" (ou incorreto), que comumente, em posse de abordagens conservadoras e antipolíticas, é adotado no cotidiano para se referir às adequações recorrentes no código dos quadrinhos, sejam elas em dimensões de ordenação estética ou linguística.

No entanto deve-se salientar que a desconstrução de dogmas e tabus relacionados à identidade étnica no contexto em discussão não deve se limitar à visão simplista de estarem suficientemente enquadrados a um dado núcleo de valores morais em vigência na atmosfera social. Até porque, "[...] nenhum objeto ou signo linguístico possui um significado único, fixo ou inalterável, sendo seu uso contextualizado o que possibilita a construção de sentidos." (AGOSTINHO, 2021, p. 84). Mais que isso, é um processo complexo e minucioso, a ser compreendido como reflexo dos estigmas arregimentados pela marginalização de grupos historicamente menosprezados em sociedade.

O mito da democracia racial no Brasil, que alega que maiores conflitos dessa ordem estariam sanados, também em produtos criativos, pela miscigenação e ausência de leis segregadoras (RIBEIRO, 2021), invoca conceitos como o "preconceito não intencional", afobado pelo conservadorismo, a omissão e a negação ante a óbvia e muitas vezes ignorada necessidade de equidade racial.

---

[1] Estereótipos são "estruturas cognitivas que contêm nossos conhecimentos e expectativas, e determinam nossos juízos e avaliações sobre os grupos humanos e seus membros." (FREITAG *et al.*, 2020, p. 188). São ativados pela associação entre traços linguísticos e grupos sociais, tais como gênero, cor, classe e etnicidade (FREITAG *et al.*, 2020).

O crescente escopo de estudos que desconstroem o colonialismo salienta as análises e discussões sobre suas influências nas relações cotidianas, principalmente com questões de sexualidade e raça-etnia. Potencializa ainda a criticidade da discussão decolonial sobre a naturalização de hierarquias cromáticas, culturais, territoriais e epistêmicas, além da reprodução de benefícios simbólicos de dominação no corpus social (SIMAKAWA, 2016).

A predominância da estética eurocêntrica nos quadrinhos ou qualquer outra mídia, interpretada como um desdenho nem sempre explícito de efígies das culturas afrodescendentes, passa a ser constantemente revista na produção cultural. Assimilar tal visão fundamentalista inclui não somente reconhecer os inúmeros casos de racismo que permeiam a atualidade, como também observar a colonialidade e a modernidade como faces complexas de uma mesma "moeda" (DE ALMEIDA; DE MESQUITA, 2019).

Em outras palavras, o eurocentrismo torna-se uma ótica controversa e até então vigente, embasada na ideia de uma classificação hierárquica racial e na opressão de povos subjugados. Ou mesmo um sistema defasado, preponderantemente consoante à dominância europeia, advindo de relações de poder que monopolizam, homogeneízam e hierarquizam as relações humanas a partir de ideais hegemônicos de superioridade, abundantes de separatismos identitários. São convicções que se propõem a justificar ações opressoras nítidas e implícitas (MENDES, 2020), que ilustram as cicatrizes do ciclo colonial na contemporaneidade, inclusive nas Indústrias Criativas.

Apropriar-se epistemologicamente de conceitos como raça, gênero e colonialidade, em um entendimento artístico ou pedagógico, demanda, antes de tudo, reconhecer o pensamento decolonial como um movimento de resistência contra a dominação da cultura euro-ocidental. A ausência de respeito à diversidade de tradições e etnias distintas costuma ser sanada erroneamente, com a apropriação de signos, etnocídios ou por meio da inclusão de um único negro, de trejeitos fixos e estereotipados, em meio a uma multidão de brancos (CARNEIRO, 2011).

Logo, descolonizar discursos, ideias e imagens nos leva ao desafio de quebrar os referenciais coloniais do saber humano (OLIVEIRA, 2017). Mais que isso, "torna-se necessário reconsiderar criticamente as organizações em torno das diversidades corporais e de gênero a partir desta perspectiva epistemológica sobre questões étnico-raciais." (SIMAKAWA, 2016, p. 60).

Em nível fenótipo, a preocupação mandatória de reconhecer grupos historicamente reprimidos vem a ser, para se dizer o mínimo, irônica, ao ponderar que o homem branco segue representado na cultura de massa de forma privilegiada, em sua total diversidade de personalidades, aparências e comportamentos (CARNEIRO, 2011), sem depender da causalidade. Mas, no sentido das possibilidades distintas de efígie, também é possível que "as histórias em quadrinhos se apresentam como mais uma ferramenta bibliográfica e emancipatória para a promoção da justiça social, cognitiva e econômica." (AGOSTINHO, 2021, p. 20).

A desnaturalização da colonialidade nessa literatura faculta evidenciar possibilidades ímpares de se construir identidades etnoculturais distintas no imaginário infantojuvenil brasileiro. O gênero proporciona representações sociais[2] e dinâmicas da atualidade, com a construção subjetiva de realidades sugestionadas aos ícones e estereótipos pós-coloniais (MENDES, 2020), o que "deve ser entendido não como um sistema de produção voltado a uma sociedade amorfa, que consome os produtos sem questionamento, mas a indivíduos diversos, inseridos em uma cultura globalizada." (CARDIM, 2010, p. 56). Atuam para com esse eixo social como estímulo visual atraente, com o apelo à imagem e à narrativa pictorial que fomenta o engajamento de jovens leitores (AGOSTINHO, 2021).

No Brasil, a Mauricio de Sousa Produções (MSP) esmiúça esse potencial atrativo ao se consolidar aos seus mais de 60 anos de atuação (1959 – atualmente) como uma empresa lucrativa e que domina o mercado infantil brasileiro. Além das tradicionais HQs publicadas, sua visão empreendedora se desmembra em uma leva superior a quatro mil produtos licenciados, eventos, parques, tiragem de 2,5 milhões de gibis por mês, canais no YouTube, aplicativos, conteúdo audiovisual para televisão e *streaming*, além dos longa-metragens em *live-action Turma da Mônica – Laços* (2019) e *Turma da Mônica – Lições* (2021).

O legado de Mauricio de Sousa é baseado na renovação constante em um mercado em mutação, além da sua coragem de apostar em novos investimentos criativos como a Turma da Mônica Jovem (MONTEIRO, 2019). Nele, percebe-se uma evolução de valores estéticos e morais no decorrer da sua expansão mercadológica, que inclui a necessidade de promover a diversidade racial e cultural nas publicações de linha estampadas por Mônica, encontradas desde 1970 nas bancas de revista.

[2] Fenômenos intertextuais que partem da relação entre o significado de uma mensagem e o universo de referência na qual esta se encaixa (PROCÓPIO; MELO, 2007).

Há ainda outros tipos de transformações imagéticas influenciadas pela identificada normatização do processo criativo, constantemente imbuído pelos horizontes do dito "politicamente correto" e valores correlatos, que se acentuam no transcorrer dos lançamentos do autor, a saber: Cascão não entra em latas de lixo, Bidu não urina nos postes, Cebolinha não desenha nos muros (com a exceção de cartazes), Chico Bento não leva tiros de espingarda, dentre outros exemplos, que são perceptíveis ao se comparar as origens da Turma da Mônica com os produtos editoriais saídos a partir dos anos 2000.

Piadas consideradas gordofóbicas, xenofóbicas e homofóbicas, nudez, violência, "namoricos", xingamentos, indícios de homofobia, consumo de bebidas alcoólicas e a presença de antagonistas como ladrões e "diabinhos" são algumas das situações que passaram a ser suavizadas ou removidas completamente. A relevância atribuída a tais cuidados gráficos e narrativos pode ser ilustrada pela republicação de histórias antigas em almanaques, que passam por alterações cuidadosas antes de serem reproduzidas novamente.

Simultaneamente, e em contrapartida às polêmicas anteriormente identificadas, o secundário Jeremias e a novata Milena marcam uma recepção positiva da atual representatividade vista nos produtos editoriais do estúdio, em consonância com a sensibilidade comercial e política por parte de empresas ao tema e que confronta o acúmulo geracional de bens de consumo protagonizados por brancos. Como proeminente exemplo está a *graphic novel Jeremias – Pele*[3] (2018), que como foco central abordou a temática do racismo nas mãos dos quadrinistas Rafael Calça e Jefferson Costa (PRADO, 2019).

O lançamento esteve na terceira posição da lista que apura os autores nacionais mais vendidos em livrarias, lojas e supermercados do país (NETO, 2018) e foi o primeiro trabalho da MSP a ser reconhecido no prêmio Jabuti, com sua vitória na categoria Melhor História em Quadrinhos (GARÓFALO, 2019). O anúncio de uma adaptação televisiva da *graphic novel* (CCXP, 2019, 2022) ratifica dois extremos perante a representatividade negra no universo Turma da Mônica, um presente em seu início e outro na contemporaneidade.

Em paralelo, Milena ganharia um forte impacto midiático, como a primeira negra de destaque na Turma da Mônica. Filha de uma veterinária, ama animais e fez sua estreia em janeiro de 2019 nas histórias publicadas

[3] Obra em quadrinhos publicada pelo selo editorial *Graphic MSP*, da Mauricio de Sousa Produções, que traz releituras independentes dos personagens da Turma da Mônica sob a visão de quadrinistas brasileiros consagrados. Possuem gêneros e estilos variados e são direcionadas principalmente para um público jovem e adulto.

pela Panini Comics, após ser anunciada publicamente em 2017. Nas redes digitais, *posts* contam com a recepção positiva de pais que reconhecem suas filhas nos traços da personagem, simultaneamente a um notável descontentamento de leitores que a avaliam como genérica e equívoco fruto do "politicamente correto". Panorama esse que é observado em *fanpages* sobre Turma da Mônica nas redes sociais como o Facebook e o Instagram. Conforme Mauricio de Sousa, esse protagonismo, agora acentuado, já se fazia necessário há tempos (PORTILHO, 2019).

Já outras figuras marcantes do futebol brasileiro, além de Pelé, como Ronaldinho Gaúcho e Neymar, serviram de inspiração para personagens de mesmo nome, contemplados com suas próprias publicações, veiculadas em diferentes tempos. Baseado na infância do rei do futebol, Pelezinho surgiu em outubro de 1976 nas tiras do jornal *Folha de S.Paulo*. Ganhou sua própria revista em 1977, publicada pela Abril, e adaptações para produtos infantis licenciados (RAMONE, 2007).

Ronaldinho Gaúcho estreou em 2006 pela Globo, circulando também pela Panini até 2015. Inspirado no famoso jogador de mesmo nome, suas edições transitaram em 40 países. Neymar ganhou seu título pela Panini Comics, lançado nas bancas de revista em abril de 2013. Após más vendas, suas edições saíram de circulação em 2015 (SOUSA, 2017). Com um penteado *dreadlock* [4] que muda de cor entre cada história, Tábata, a nova integrante da turma do Chico Bento, ampliou o portfólio de figuras negras do estúdio em 2020.

A partir do quadro descrito, em conformidade com a linha de pesquisa Tecnologias, Linguagens e Produtos do Programa de Pós-Graduação Profissional em Comunicação com área de concentração em Indústrias Criativas da Universidade Católica de Pernambuco (Unicap), este escrito utiliza um método documental, bibliográfico e analítico com o mote principal de avaliar a seguinte questão: em que contexto se deu a transição da presença negra nos produtos da Mauricio de Sousa Produções de uma posição secundária para protagonista? Para isso, busca-se também compreender a relevância do protagonismo negro no mercado nacional em uma visão sociocultural, tal como a sua evolução de valores estéticos e morais e atinente influência no ciberespaço[5].

---

[4] Estilo de cabelo formado por mechas entrelaçadas em forma cilíndrica. Os *dreadlocks* estão associados historicamente com a África e a luta negra em busca da afirmação de sua cultura (AFREAKA, 2015).

[5] Meio de comunicabilidade que surge da interconexão mundial de computadores (LÉVY, 1999).

A escrita aqui proposta é um "sucessor espiritual" da obra acadêmica "Panther is the New Black: representação e cultura na comunicação do filme Pantera Negra"[6], produzida em 2018 como Trabalho de Conclusão de Curso para formação em Comunicação Social com habilitação em Publicidade e Propaganda (Unicap), posteriormente adaptado para um livro físico[7] e digital lançado de forma independente pela Editora Simplíssimo (2019).

O horizonte do texto em mãos se fundamenta nas seguintes hipóteses de pressupostos teórico-analíticos:

a. O protagonismo negro nas atuais linhas de lançamentos da Mauricio de Sousa Produções é frisado de forma linear e progressiva, ocorrente em paralelo à fortificação de práxis popularmente associadas a uma visão "politicamente correta", nítida, principalmente a partir do final da segunda série de edições publicadas pela Panini Comics (2015 – 2021).

b. A normatização do protagonismo negro e as limitações criativas provocadas pela preocupação crescente com a responsabilidade social a ser explicitada nos produtos editoriais da MSP têm dividido opiniões entre os distintos perfis de consumidores, com um panorama que se acentua diante de outras problemáticas, como o desgaste de temas abordados pelos roteiristas e a qualidade instável das atuais HQs publicadas, acentuada por declínios estéticos e narrativos.

Os objetivos específicos buscam aqui compreender a importância do protagonismo negro no mercado nacional de quadrinhos em uma perspectiva sociocultural; ratificar a evolução de valores estéticos e morais dentro da Mauricio de Sousa Produções, dos seus primórdios à atualidade; levantar a aceitação pública do protagonismo de grupos historicamente discriminados na Turma da Mônica e, por fim, assimilar o que se vê pelo público leitor como uma visão "politicamente correta" nas HQs do estúdio nos últimos anos.

[6] E-book disponível em: https://simplissimo.com.br/onsales/panther-is-the-new-black-representacao-e-cultura-na-comunicacao-do-filme-pantera-negra/. Acesso em: 4 jan. 2020.

[7] Disponível em: http://www.unicap.br/assecom1/pesquisa-de-ex-aluno-de-publicidade-e-propaganda-vira-livro-lancado-na-bienal-pe/. Acesso em: 4 jan. 2020.

1

PERCURSOS DA PESQUISA

Em parâmetros gerais, este livro assume uma natureza crítica e predominantemente qualitativa, que alterna entre fontes primárias e secundárias. Partindo da perspectiva do profissional criativo e sua capacidade de sugestionar as Indústrias Criativas, o capítulo 2 afere conceitos como racismo, identidade e pensamento decolonial, no contexto das primeiras personagens e revistas publicadas no Brasil.

É realizada uma pesquisa exploratória, que sistematiza o pensamento de autores que antecederam tal investigação temática (DUARTE; BARROS, 2005), dentre eles Feijó (1997), Cirne (1969, 1972, 1982), Moya (1986), Bourdieu (1998), Possenti (2006), Fiorin (2008), Kilomba (2019), Chinen (2010, 2011, 2013, 2019), Canclini (2015), Solomon (2016), Agostinho (2018, 2021), Hooks (2019), William (2019), Ribeiro (2021), dentre outros, de modo a "juntar ideias, refletir, concordar, discordar" (STUMP *apud* DUARTE; BARROS, 2005, p. 61) e compreender os antecedentes da transição do uso de técnicas gráficas depreciativas para a celebração explícita da ancestralidade africana nos quadrinhos nacionais.

Em sequência, é investigada a consolidação da obra de vida de Mauricio de Sousa na Economia Criativa brasileira, com dados também quantitativos, considerando-se transições tecnológicas, a evolução de valores estéticos e morais e a normatização do processo criativo que visa firmar modelos positivos de inclusão e comportamento às novas gerações. Desse modo, ocorre uma transição da revisão bibliográfica, que inclui Santaella (2003) e, proeminentemente, a biografia *Mauricio – A História Que Não Está No Gibi* (SOUSA, 2017), para a análise documental e descritiva que contempla, proeminentemente, o seguinte conteúdo:

- Primeiras tiras publicadas por Mauricio de Sousa, extraídas das coleções: *Melhores Piadas..., As* – 1ª série (Abril, 1974 – 1978); *Melhores Piadas..., As* – 2ª série (Abril, 1985 – 1986); *Turma da Mônica* - L&pm Pocket (L&PM, 2009 – 2018) e *Tiras Clássicas da Turma da Mônica, As* (Panini Comics, 2007 – 2011).

- Amostra não probabilística de histórias publicadas nas revistas *Você Sabia? Turma da Mônica* – 1ª série (Globo, de 2003 a 2006); *Mônica* (Abril, Globo e Panini Comics, de 1970 a 2022); *Cebolinha* (Abril, Globo e Panini Comics, de 1973 a 2022); *Cascão* (Abril, Globo e Panini Comics, de 1982 a 2022); *Magali* (Globo e Panini Comics, de 1989 a 2022); *Chico Bento* (Abril, Globo e Panini Comics, de 1982 a 2022); *Parque da Mônica* (Globo, de 1993 a 2006); *Turma da Mônica* (Panini Comics, de 2007 a 2022); *Almanaque da Mônica* (Abril, Globo e Panini Comics, de 1976 a 2022); *Almanaque do Cebolinha* (Abril, Globo e Panini Comics, de 1978 a 2022); *Almanaque do Cascão* (Abril, Globo e Panini Comics, de 1979 a 2022); *Almanaque da Magali* (Globo e Panini Comics, de 1989 a 2022); *Almanaque do Chico Bento* (Abril, Globo e Panini Comics, de 1981 a 2022); *Turma da Mônica Jovem* (Panini Comics, de 2008 a 2022); *Chico Bento Moço* (Panini Comics, de 2013 a 2021); e *Turma da Mônica: geração 12* (Panini Comics, de 2019 a 2020).
- *Post* de Mauricio de Sousa publicado no seu Instagram pessoal em 2018 e respectivos feedbacks.
- Comentários do site da Amazon (2019) relativos ao *pocket Nico Demo: o rei da travessura* (L&PM, 2018).
- Álbum *Coleção Histórica Mauricio: Bidu e Zaz Traz!* (Panini Comics, 2015).
- Livro *Mauricio* – O início (Panini Comics, 2015).
- Primeiros tabloides escritos e desenhados por Mauricio de Sousa, republicados em *Horácio Completo Vol. 1* e *2* (2021).

Em seguida, são reunidas novas explorações de modo a analisar o corpus principal, composto pela opinião coletiva diante das modificações estéticas e narrativas na Turma da Mônica, identificada nas comunidades virtuais orquestradas por ativistas políticos consumidores, que tendem a influenciar nas transformações vigentes no mercado editorial. Configurado o ápice do presente estudo, explanam-se possíveis influências dessas representações na construção de identidades infantojuvenis e na intencionalidade-funcionalidade dos quadrinhos. Diferentemente de uma netnografia ortodoxa, buscou-se não perquirir hábitos precisos do comportamento do usuário de internet, mas, sim, analisar seus discursos a partir de um método tautológico descritivo, compreendendo-se o ato locutório atrelado à sua recepção dos produtos criativos listados. "A técnica consiste em demonstrar para perceber como foi montado." (DUARTE; BARROS, 2005, p. 306).

A investigação crítica da interpelação de grupos historicamente discriminados na obra de Mauricio de Sousa é intercalada por uma segunda amostra não probabilística dos títulos já listados, cujo recorte espaço-temporal é devidamente tabulado a fim de organizar as principais evoluções nos quadrinhos em estudo.

Dessa forma, é possível discernir semioticamente modificações gráficas e textuais que evidenciem a normatização de práxis associadas ao "politicamente correto", além de maiores preocupações perante a inclusão de um encadeamento visual-verbal mais representativo e possíveis vestígios de uma declinação resultante desses processos. Para a verificação das personagens futebolísticas, formadas pela tríade Pelezinho-Ronaldinho Gaúcho-Neymar Jr., realizou-se uma verificação íntegra dos seguintes títulos:

- *Pelezinho* (Abril, de 1977 a 1982).
- *Pelezinho Copa 86* (Abril, no decorrer de 1986).
- *Almanaque do Pelezinho* (Abril e Globo, de 1982 a 1988).
- *Grandes Piadas..., As* (Globo, de 1987 a 1988).
- *Gibizinho* (Globo, de 1991 a 1998).
- *Pelezinho – 50 Anos de Pelé* (Globo, 1990).
- *Pelezinho Especial Copa 90* (Globo, 1990).
- *Turma da Mônica & Ronaldinho Gaúcho – Na Prevenção do Uso de Drogas* (Instituto Cultural Mauricio de Sousa, 2006).
- *Ronaldinho Gaúcho e Turma da Mônica/Ronaldinho Gaúcho* (Globo e Panini Comics, 2006 a 2015).
- *Ronaldinho Gaúcho Especial* (Panini Comics, 2010).
- *Melhores Histórias do Pelezinho, As* (Panini Comics, de 2012 a 2014).
- *Pelezinho – Coleção Histórica* (Panini Comics, 2012 a 2014).
- *Tiras Clássicas do Pelezinho, As* (Panini Comics, 2012 a 2013).
- *Neymar Jr.* (Panini Comics, 2013 a 2015).

Lado a lado, é demonstrada a aceitação pública do protagonismo negro na Turma da Mônica e maiores mutações nos processos criativos da MSP. *Os donos da rua* contempla discursos positivos e negativos atrelados à representatividade, permitindo assim averiguar múltiplas percepções quanto à representação da etnia negra e as influências de medidas definidas pela *fanbase* como "politicamente corretas", localizadas em *pages* e *posts* selecionadas no Facebook, Instagram, Twitter e sites correlacionados ao tema. Com uma argumentação teórico-metodológica, torna-se possível identificar as contribuições estético-informacionais de nomes como Jeremias e Milena, assim como a posição crítica que ambos formam ao entrarem em contato com a realidade.

Ademais, a metodologia empírico-indutiva, que caminha do particular para o universal, soma-se à análise do conteúdo verbo-visual nos quadrinhos da Turma da Mônica. O estudo semiológico, aplicável na compreensão de códigos como corretos e incorretos aos olhares sociais congruentes à época em que se manifestam, é agregado ao princípio da pertinência (MARTINET *apud* BARTHES, 2001), em que se reúnem os aspectos que interessam aos objetivos preestabelecidos. No decorrer da obra, uma entrevista autoral (2022), recebida via e-mail e assinada como pessoa jurídica pela MSP, complementa as discussões levantadas.

2

CULTURA E REPRESENTAÇÃO NOS QUADRINHOS NACIONAIS

O maior perigo de uma nação heterogênea é a falta de abertura às multiculturas existentes em seu interior.
(Molefi Kete Asante)

Os quadrinhos são uma construção emblemática de notável importância na formação de novos leitores, capazes de transcender uma mera leitura considerada leve e acessível a ponto de estabelecerem o compromisso de adentrar a realidade. "Têm chamado atenção enquanto produção literária, estética, instrumento pedagógico e, não obstante, como objeto de pesquisa de teses e dissertações em diversas áreas do conhecimento." (SANTOS; REINATO, 2020, p. 150).

Sua consideração na elite cultural, por outro lado, segue carregada de velhos preconceitos, que qualificam esta como uma arte desimportante, destinada às massas e desprovida de maiores méritos intelectuais. Há os que, inclusive, lhe negam o título de arte (FEIJÓ, 1997). Nas salas de aula, por exemplo, "podemos esbarrar com alguns desafios e olhares preconceituosos, bem como com questões que envolvem os contextos de produção a partir de olhares coloniais e/ou colonizados." (AGOSTINHO, 2021, p. 21).

HQs seriam então, para uns, sinônimo de entretenimento básico, formado por premissas temáticas limitadas e inábeis na construção de reflexões profundas sobre a conduta humana. Como teriam então potencial suficientemente interessante para debate sobre a representação étnica? Emergiram como uma manifestação artística e performance cultural no centenário retrasado, mais precisamente entre a Revolução Industrial e a evolução tecnológica no campo da impressão tipográfica, que assentiram o domínio da charge e da caricatura. De contrapartida aos prejulgamentos, "registram uma problematicidade expressional de profundo significado estético, tornando-se a literatura por excelência do século XX." (CIRNE, 1972, p. 22).

No Brasil, a gênese dos quadrinhos viabiliza a ascensão de grandes profissionais e suas obras, que inovam, entretêm e influenciam na construção de valores socioculturais ao se integrarem ao imaginário coletivo[8] de uma ou mais gerações. Cirne *et al.* (2002) especifica uma arte sequencial formada por, no mínimo, duas imagens relacionadas entre si e que, juntas, transmitem uma narrativa gráfico-visual.

A transição entre um quadro e outro, situados em tempo e espaço interligados, ocorre concomitantemente a um dado enredo, argumento e suas necessidades temáticas correspondentes. Dessa forma, compreende-se que "imagens são discursos influentes que se fixam na memória como tatuagens" (SCHWARCZ; GOMES, 2018, p. 48) e perpetuam a manutenção da consciência coletiva quanto ao caráter ideológico de dado objeto.

Marcados, em seu advento, pelo humor caricatural como unidade constitutiva, os quadrinhos eram vistos abreviadamente como romances ilustrados, "ameaçadores aos bons costumes" (SILVA, 2002, p. 17), tidos imprecisamente como "uma subliteratura prejudicial ao desenvolvimento intelectual das crianças" (CIRNE, 1972, p. 11) desde a década de 1950, quando as histórias de terror (FEIJÓ, 1997) se consagravam em resposta estratégica à censura e preconceitos academicistas nas publicações estadunidenses durante a Guerra Fria (BARI, 2017). "Naqueles tempos, pais e professores eram radicalmente contrários à leitura dos quadrinhos pelas crianças e jovens, que não tinham voz ativa." (MOYA, 1986, p. 153).

A visão retrógrada que os entabula como fomentadores da delinquência infantojuvenil, "sem valor artístico ou cultural" (VERGUEIRO *et al.*, 2013, p. 84), é continuamente desconstruída pela crescente base metodológica de grupos de pesquisa direcionados ao seu estudo. Estes monitoram sua evolução crítica, a partir de critérios como estética, reprodutibilidade técnica, consumo em massa e conformidade às moralidades que regem a atual esfera social, tal como os que embasam esta pesquisa.

Nesse prisma, o potencial reprodutivo dos quadrinhos, "entendidos como representações de um determinado aparelho ideológico" (CIRNE, 1975, p. 17), enaltece-se como um diferencial comunicacional e artístico ao ser comparado a objetos não reprodutíveis, sendo capazes de agregar novas possibilidades para sanar diferentes necessidades criativas e comunicativas

[8] "A construção dos imaginários relaciona elementos afetivos e racionais nessa simbolização do mundo e das relações que fazem parte deste mundo. São criados e veiculados pelos discursos circulantes na sociedade com uma dupla função: criação dos valores que serão difundidos na sociedade e justificativa das ações de indivíduos e grupos sociais." (PROCÓPIO, 2009, p. 185).

com sua revitalização da expressão intelectual humana. "Exercem forte influência social, política e ideológicas no seu público e, por isso, são marcados por tensões, críticas e conflitos de interesses." (SANTOS; REINATO, 2020, p. 150). Operam como fonte não arquival, que, por intermédio do hibridismo imagem-palavra, intervém de forma espontânea e prazerosa nas relações de dominação étnico-racial (SANTOS; REINATO, 2020).

A partir de uma satirização crítica que coloca em dúvida os valores do homem, "tornam nosso mundo menor, mais próximo e mais unido e, principalmente, mais humano e ridículo. Através do humor, do riso, da aventura, do heroísmo, das boas ações, do bem contra o mal, da luta pela justiça contra a injustiça, dos pequenos contra os fortes e poderosos." (MOYA, 1986, p. 8). Nasceram "como uma consequência das relações tecnológicas e sociais que alimentam o complexo editorial capitalista" (CIRNE, 1972, p. 12), creditados por uma lógica própria de oferta-demanda que compatibiliza dos "*Syndicates*" norte-americanos[9] para o Brasil e demais nações.

São a desmitificação da literatura tradicional forjada pela criação de novas linguagens e pelo experimentalismo consciente dentro de uma totalidade cultural carente de novas estratégias e soluções criativas. "Quando a cultura de massa começou a receber um tratamento crítico fundado na semiologia e na teoria científica da história, os quadrinhos despontaram — ao lado do cinema — revelando uma pujança estética." (CIRNE, 1975, p. 9).

Suas fórmulas temáticas prolíferas, de padrões previsíveis (SOLOMON, 2016), porém suscetíveis à expressão de uma ideologia[10] conservadora e/ou anacrônica, encobrem-se no semblante inocente, simplista e infantil atribuído de forma trivial pelos que minimizam o gênero. Mas os preconceitos da elite moralista não comprometeriam o seu êxito em cativar consumidores fiéis, intercalando sua realidade social, e conquistar a seriedade de intelectuais (FEIJÓ, 1997).

"Além do tradicional propósito de entreter seus leitores, os quadrinhos propiciam perspicazes análises da política e filosofia de importantes momentos ou grupos da história humana" (VERGUEIRO *et al.*, 2013, p.

---

[9] Grandes agências especializadas em entretenimento. Surgidas em 1912, elas não apenas veiculam as histórias, como gozam dos seus direitos de distribuição nos EUA e demais países. São responsáveis, por exemplo, pela ausência de palavrões explícitos, sugestões de imoralidade e expressões consideradas por eles como ofensivas (LUYTEN, 1989). Percebe-se que tanto a funcionalidade de suas cadeias produtivas quanto a gestão dos direitos da propriedade intelectual serviriam de referência marcada por vantagens e desvantagens, inspirando a má sucedida Agência Funarte de Quadrinhos Brasileiros (BATISTA *et al.,* 2010).

[10] Verbete que se refere a visão de mundo em comum que perpetua comportamentos coletivos em certos ambientes e grupos sociais (SOLOMON, 2016). Embora configure um sistema de ideias, sua utilização é empregada como "meio de luta política" (SILVEIRA, 2019, p. 29).

227), como permanece sendo a temática da luta afrodescendente a favor dos direitos civis. Posto isso, no contexto da representação racial e do olhar etnocêntrico,

> [...] é sabido que as produções imagéticas possuem um importante papel social e histórico como emissor de discursos, que contribuem para a preservação de estereótipos[11], que distorcem ou apagam a identidade da pessoa negra, inviabilizando o seu papel como sujeito de sua história e, por conseguinte, auxiliam na manutenção dos padrões hegemônicos, preservados por séculos, em diversas áreas produtoras de conhecimento. (AGOSTINHO, 2021, p. 150).

Pautas humanitárias como o racismo, a hipersexualização da negritude, a intolerância religiosa, o preconceito linguístico, a subordinação, a legitimidade sociocultural, a dignidade pessoal, a adesão a discursos de ódio e os privilégios da branquitude, dentre outros que sombreiam a realidade, veem-se presentes nas narrativas quadrinhísticas como manifestos críticos ou exemplificações práticas de atos pejorativos, suscetíveis a serem analisadas como instrumentos político-ideológicos (VERGUEIRO *et al.*, 2013). "O quadrinho pode ser uma arma fabulosa em favor do espírito brasileiro, da nacionalidade e da cultura" (CIRNE, 1975, p. 63), podendo expressar tanto o posicionamento individual de um autor como o parecer de uma dada editora ou companhia (BARBOSA *apud* CHINEN, 2019).

Reconhecido o gênero como "imprescindível e necessário objeto de estruturação cultural aos povos" (VERGUEIRO *et al.*, 2013, p. 89), cabe ao profissional criativo e aos que acompanham seu trabalho se manterem vigilantes para as imagens que os rodeiam, de modo a questionar obsoletas e persistentes efígies prejudiciais. Afinal, quão difícil é se autopoliciar quanto ao emprego e reconhecimento político de estereótipos em uma linguagem tão lúdica e decodificável? Ou ainda, quão custoso é rotinizar uma necessidade tão primacial nos processos criativos sem abrir mão da qualidade estética-narrativa? Tudo pode ser encontrado em uma página de quadrinhos. Isso inclui intercâmbios culturais, "a naturalização de imagens específicas na mídia de massa, representações de raça e negritude que apoiam e mantêm a opressão, a exploração e a dominação de todas as pessoas negras em diversos aspectos." (HOOKS, 2019, p. 33).

[11] "É necessário ainda ressaltar a diferença entre os imaginários e os estereótipos. Os estereótipos tendem a depender do julgamento de um sujeito e buscam cristalizar uma determinada ideia. Já os imaginários não são rígidos e não têm o objetivo de estabelecer verdades." (PROCÓPIO, 2009, p. 188).

Logo, mesmo que eufemizemos de forma desmedida as evidências do racismo presente nas publicações que contiguamente sucederem a homologação da Lei Áurea (Lei n.º 3.353), em 1888, "o preconceito ainda existe no mundo contemporâneo e sua propagação é feita por meio das imagens, textos, caricaturas e histórias em quadrinhos e outros cartuns, ao mesmo tempo que em discursos, vídeos e gravações." (VERGUEIRO *et al.*, 2013, p. 86).

A contemporaneidade reforça como decodificar símbolos visuais e verbais termina por demandar uma condescendência do nosso patriarcado supremacista branco, em sua decadência, para assim flexibilizar tudo aquilo que ensejamos integrar ou não ao nosso imaginário coletivo quanto à representação negra. Bel Hooks (2019, p.300) denota que:

> Uma vez que a maior parte dos brancos não tem que 'ver' pessoas negras (aparecendo constantemente em outdoors, televisão, filmes, revistas etc.), eles nunca precisam ficar na defensiva nem vigiar as pessoas negras para estar seguros: podem viver enquanto as pessoas negras são invisíveis, e podem imaginar que também são invisíveis para os negros.

O uso e o abono de estereótipos estéticos, sujeitos à intencionalidade e reconhecimento do próprio profissional criativo, inclui assumir posições éticas e, inclusive, antiéticas, já que "controlar as imagens é central para a manutenção de qualquer sistema de dominação racial." (HOOKS, 2019, p. 33). As informações perpetuadas em dada disjunção espaço-tempo, seja por espectros cromáticos, modelos estéticos, associações político-sociais, ou narrativas profundas, podem ratificar uma retórica bem-intencionada, pautada pela valorização da convivência multicultural. São capazes de tecer sistemas integralmente focados na subalternidade, desprovidos de "valores alinhados às morais e éticas cristãs" (MIORANDO, 2019, p. 160), ou, ainda, acanhados pela omissão e silêncio, negligentes perante a construção de certos padrões de solidariedade.

São possibilidades que significam sugestionar a tensão imagem-texto característica dos processos de criação às desavenças humanas como um jogo seco de interesses, metamorfoseado em produtos característicos das Indústrias Criativas e sua unificação entre arte e valor econômico. "Mesmo quem busca manipular os meios de comunicação para fins não-democráticos sabe que, para fazer isso com competência, tem que ir ao encontro dos anseios do público." (FEIJÓ, 1997, p. 12).

O campo da representação nos quadrinhos se converte em palco para conflitos simbólicos entre posicionamentos e visões de mundo distintas, o que inclui o uso de práticas discursivas-interacionais difamatórias e favoráveis às articulações afrodescendentes em meio a consonâncias antagônicas entre ambições artísticas, comerciais e um desejo honesto de se comprometer à responsabilidade sociocultural, todos advindos de grandes corporações ou artistas independentes.

"O nexo comercial explora o desejo da cultura (expressado por brancos e negros) de marcar a negritude como um símbolo do 'primitivo', da selvageria" (HOOKS, 2019, p. 37), em contraponto à pluralidade de facetas permitidas pelo caráter etnolinguístico dos quadrinhos, ultimamente explorado por artistas renomados, como Marcelo D'Salete. Mas, diante de uma série de possibilidades linguístico-cognitivas ignoradas no decorrer de décadas, estaria a nona arte tão submissa aos discursos racistas visíveis e invisíveis em sociedade a ponto de habitar uma contínua zona de conforto construída por estereótipos? Tão confortável que, no momento em que se sai dela, é criada uma nova zona em que o foco na recognição de grupos sistematicamente excluídos e estigmatizados sobressai à excelência estética-narrativa, criando o que tanto se condena como "politicamente correto"?

A construção de representações antirracistas e a desconstrução de trejeitos que menosprezam a diversidade, no entanto, mostram-se um processo fatigante como um todo, paralelo à desmitificação do protagonismo negro no quadrinho nacional no passar de eras, desde sua eclosão no Brasil, muito antes de Jeremias passar a protagonizar capas e estampar coleções de grife (AGOSTINHO, 2018).

Investiga-se, a seguir, a emergência dos quadrinhos no país em sua pluralidade de representações, significações e modalidades de expressão. Afinal, nos primórdios do gênero, quão tênue era a linha entre o humor cartunizado e a discriminação imagética?

2.1 Os primórdios das Histórias em Quadrinhos no Brasil

Há quem pense que os quadrinhos, na qualidade de entretenimento inteligível, não devem ser problematizados por reterem práticas racistas, o que chega a ser repudiado por teóricos como Moacy Cirne (1982). Bem, personalidades que só existem no papel ainda são personalidades. Compreender os estigmas que as rodeiam, a começar pela subrepresentação estética, moral e/ou numérica das que compõem a representação afrodescendente no gênero, inclui investigar campos como a Etnografia, a Sociologia e o contexto histórico-cultural a que cada uma está atrelada. Implica desnudar o cume da barbárie humana, cujo reflexo aqui se dá por discursos intrínsecos e extrínsecos (CHINEN, 2019).

Registros históricos dos últimos três séculos explicitam simultânea necessidade e delicadeza do eixo temático, uma vez que, apesar de cerca de 119 milhões de brasileiros (56% da população, conforme *O Estado de S. Paulo*, 2021) serem pretos ou pardos autodeclarados e, portanto, maioria, "deve haver um percentual aproximado de crianças pretas e pardas que não encontram correspondência à cor de sua pele nem nos filmes, nem nas novelas, nem nos desenhos animados e nem nas histórias em quadrinhos." (AGOSTINHO, 2021, p. 9).

Logo, evidencia-se a ausência de uma proporcionalidade entre o segmento negro e sua representação cristalizada nos meios de comunicação de massa, cuja apuração se manteve uma proposição inédita no Brasil até o surgimento de pesquisas autorais de nomes como Elbert Agostinho (2018) e Nobu Chinen (2019). Analisar a caracterização de personagens sob o viés semiológico inclui compreender que:

> Numa linguagem como as histórias em quadrinhos, que reúne o elemento gráfico (desenho) e o narrativo (roteiro, diálogos), a inserção de um personagem implica não apenas uma representação de seu aspecto físico, mas também de sua personalidade, constituída, naturalmente, por características individuais, mas que sofre influência da cultura de seu meio e de sua formação. (CHINEN, 2019, p. 18).

Em consonância com o resto do mundo, "no Brasil, o formato típico dos quadrinhos ao longo dos anos 30 e 40 foi o suplemento que incorporava os jornais" (FEIJÓ, 1997, p. 36), tendo os seus altos e baixos no decorrer de décadas (MOYA, 1986). Seus maiores obstáculos são decorrentes de contratempos econômicos, como a escassez de políticas públicas bem-sucedidas para o setor, em contramão do crescente surgimento de profissionais criativos (BATISTA *et al.*, 2010). Em 1867, o cartunista ítalo-brasileiro Ângelo Agostini introduziu os quadrinhos em nosso território. "Nasceu na Itália, mas preferiu ser brasileiro." (FEIJÓ, 1997, p. 15).

As Aventuras de Nhô-Quim (1869), da revista *Vida Fluminense*, eram protagonizadas por um personagem interiorano e refletiam uma sociedade hegemonicamente rural, cujos meios intelectuais se mantinham voltados para ideais republicanos e abolicionistas. Considerada a primeira história em quadrinhos brasileira com consistência narrativa, trazia o meio urbano como palco das trapalhadas do homem do campo (NAÇÃO HQ, 2006).

> Entretanto, quando se esperava que Agostini criasse alguma personagem negra relevante, aproveitando suas histórias em quadrinhos, de grande sucesso na época, deixou os afro-brasileiros na sombra, mantendo-os discretamente como serviçais. (CARDOSO, 2013, p. 153).

Benedito, o primeiro negro, emergiu em 30 de janeiro de 1869 na posição de criado do protagonista. "No entanto, não há em seus traços fisionômicos algo muito exagerado ou que se aproxime do estereótipo de representação dos negros que viria a se impor como padrão nos anos seguintes." (CHINEN, 2019, p. 122).

Enquanto este surgia em meio ao período da escravidão no Brasil em sua total assimilação do homem negro como um ser inferior, nomes seguintes, surgidos no início do século 20 na revista *O Tico-Tico* (1905-1962), também assumiam papel subserviente à branquitude. Expõe-se aqui um primeiro padrão de estereotipagem nas diferentes construções da arte quadrinhística. "Nesses processos, a exigência de ser indiferente à cor significa dar suporte a uma cor específica: o branco" (WILLIAM, 2019, p. 78), sendo evidenciadas as divergências bruscas e ranqueadas.

Todavia, na época, nem se chegava a tanto. Tais padrões caricaturais da convivência urbana, expressos com intencionalidade em códigos visuais e verbais, não se limitavam sequer ao pressuposto de manter uma neutralidade universal, como se houvesse uma necessidade sucessiva de patentear a negritude como uma condição de subserviência. A obra seguinte de Agostini, *As Aventuras de Zé Caipora* (1883), trouxe um retrato da miscigenação no Brasil, com a presença dos indígenas Cham Kam e Inaiá, e da rica burguesia na figura do barão e sua filha Memé. O personagem título contava com João, seu criado. Já Memé tinha a ajuda constante de sua mucama. Não é difícil imaginar quais destes eram negros.

Curiosamente o autor, abertamente abolicionista, tornou-se conhecido por seu engajamento na luta pelos direitos das "minorias", tendo seus desenhos operados com importante instrumento de propaganda da causa (FEIJÓ, 1997, p. 15). Desenharia ainda *História de Pai João*, publicada em *O Tico-Tico* n.º 5, de novembro de 1905, cuja premissa intrigante, limitada a uma única página, ilustrava o anti-herói negro pai João, que, ao assumir a posição do feitor branco, passou a castigar os ex-companheiros de senzala ainda mais (CARDOSO, 2013).

> Apesar de apresentar a escravidão como uma fase triste e cruel da história do Brasil, a história escolhida por Ângelo Agostini é ambígua. Depois de descrever os terríveis castigos aos quais os negros estavam sujeitos, seleciona uma história do folclore popular que foge às representações mais comuns — o negro herói, como Zumbi, ou o negro submisso. Ele prefere colocar um negro como antagonista em seu próprio enredo, enquanto o feitor branco é retratado como amigo dos escravos. O que é interessante é que na história a escravidão não é questionada: a crítica se faz em cima dos castigos físicos, e por isso o feitor é querido pelos escravos da fazenda. (GONÇALVES, 2011, p. 135).

Vê-se que o escravo se torna aquilo a que o homem branco, em uma pseudoneutralidade, não quer ser associado: um inimigo cruel e desprovido de compassividade, "ou seja, o opressor torna-se oprimido e o oprimido, o tirano." (KILOMBA, 2019, p. 34). Sendo "fundamental se interrogar sobre a origem destas imagens social e ideologicamente motivadas" (FREIRE FILHO, 2004, p. 65) nos espaços midiáticos, pode-se questionar se a subversão dos pressupostos comportamentais, nesse caso, visa construir interpretações tendenciadas a "romantizar a opressão" (KILOMBA, 2019, p. 68), relevando a supremacia branca. Ou ainda uma indiferença quanto às distinções entre o real e o possível.

Afinal, "qualquer iconografia tem, portanto, e vale a pena repetir, data, intenção e autoria. Por isso elas nunca são ingênuas" (SCHWARCZ; GOMES, 2018, p. 46), sendo capazes de omitir, iludir, recontar e camuflar intenções pelo menosprezo de signos. No caso dos quadrinhos, costumam alternar entre "finalidades artísticas, educativas e políticas" (BATISTA, *et al.*, 2010) e tendem a

> [...] manipular–reconhecer as formas dos signos, suas regras de combinação e seu sentido, sabendo que estes são empregados para exprimir uma intenção de comunicação, de acordo com os elementos do quadro situacional e das exigências da organização do discurso. (XAVIER, 2017, p. 470).

Dito posto, a diminuição de elementos culturais africanos como meras peculiaridades e o uso de estereótipos depreciativos, naturalizadas até o auge dos chamados tempos "politicamente incorretos", na década de 1960, reforçava a construção de um imaginário minoritário e inferiorizado, em que a hibridização de processos sócio-históricos das culturas afrodescendentes se limitava, literalmente, a uma semelhança estética com macacos, chipanzés e criaturas primitivas. Soavam como crenças fortificadas pela repetição, "fantasias brancas do que a negritude deveria ser" (KILOMBA, 2019, p. 38), sem maiores distinções entre a realidade e o simbólico.

Outro exemplo dessa disposição era o criado Giby (Figura 1), personagem de J. Carlos, surgido em 16 de outubro de 1907. De perfil atrapalhado e subserviente, corpo esguio e desproporcional, lábios grossos, olhos grandes e orelhas ressaídas, servia à família do pequeno Juquinha, menino branco entronizado, burguês, travesso, de ares aristocráticos, trajado de roupinha de marinheiro, detentor de seu próprio tabloide e, futuramente, sua própria revista, em 1912. "Reiterar as velhas práticas da colonização, típicas de uma estrutura racista, configura-se como uma forma de impor os traços da cultura dominante a uma cultura historicamente menosprezada e combatida." (WILLIAM, 2019, p. 80).

Até mesmo nas capas da publicação, Giby prestava-se de "bobo da corte", ingênuo, caricato, desprovido de inteligência e à mercê das humilhações do jovem patrão. Como uma herança fidedigna das convicções oriundas do modo escravista de se pensar, ainda vigentes no início da república, até mesmo os filhos da cozinheira da casa, também negra, resumiam-se a brinquedos esteticamente primatizados, obedientes ao seu amo. "Noções de cunho racista e a lógica senhorial eram recorrentes entre os grupos dominantes, sendo costumeiramente difundidas na imprensa da época, até em uma publicação infantil." (CORRÊA, 2020, s/p).

Figura 1 – Juquinha faz Giby pegar nas fezes de um gato, em publicação de 1913

Fonte: Guia dos Quadrinhos (2016, s/p)

A padronização de atributos físicos ditos como marcantes de um dado grupo, retratados negativamente na forma de estereotipagens, costuma alternar justificativas como a simplificação estética ou até mesmo a limitação gráfica característica dos primeiros quadrinhos no Brasil.

> Obviamente, numa forma de expressão que é ao mesmo tempo um meio de comunicação de massa, como os quadrinhos, a intenção é fazer com que o leitor rapidamente identifique o personagem retratado sem precisar de muitas explicações. (CHINEN, 2019, p. 48).

As particularidades narrativas, por outro lado, eliminam muitas vezes qualquer respaldo para mitigar o uso de valores morais racistas naturalizados em um passado atávico e perverso. "As representações sociais estão relacionadas ao senso comum. Elas existem para que todos os que participam de determinado grupo entendam o que está sendo dito ou visto." (CARDIM, 2010, p. 60). Nesse caso, vê-se o autoritarismo e o servilismo, frutos do sistema escravista, como rótulos em total evidência.

> A essas características gerais de mentalidade, configuração psíquica e atitudes, corresponde também uma iconografia muito precisa, que atua na percepção dos leitores, produzindo verdadeiros estereótipos, que os dispensam de pensar e garantem ainda mais sucesso. (LARA, 1971, p. 24, tradução nossa).

Essa facilidade, por assim dizer, compõe produtos congruentes com a capacidade cognitiva das massas e suas convicções. Não obstante, "é preciso, antes de tudo, lembrar que Giby tem sobre os ombros carga atávica de mais de 300 anos de escravidão. Herdeiro das relações, para o bem ou para o mal, existentes entre a casa-grande e a senzala de que muito falaram tantos estudiosos." (CARDOSO, 2013, p. 149).

Com suas heranças do sistema escravista, *Tico-Tico* alongou-se pioneira na publicação de historietas infantis, brasílicas e estrangeiras, seguindo moldes de publicação europeia e sendo a primeira revista no mundo a publicar histórias completas (FEIJÓ, 1997). Com foco nesse público, alfabetizou as crianças no período "pré-Mauricio de Sousa" (PODCAST CONFINS DO UNIVERSO 122 – A HISTÓRIA DO QUADRINHO NACIONAL, 2021).

Em 1915, Benjamim (Figura 2), de Luís Loureiro, estreava na até então posição cativa de criado ignorante e sem modos, parceiro de travessuras de Chiquinho, garoto loiro e inocente, "decalque de historieta norte-americana." (MOYA, 1986, p. 41). Esse foi o primeiro negro a se destacar entre os leitores, um "autêntico brasileirinho." (FEIJÓ, 1997, p. 59). Evidencia-se que, de contramão aos esforços intelectuais de pensadores abolicionistas, "as diferenças raciais foram objeto constante dos lápis e pincéis dos artistas gráficos da imprensa para crianças." (GUTEMBERG, 2019, s/p).

Figura 2 – Benjamim e Chiquinho formavam a dupla mais popular em *O Tico-Tico*

Fonte: Luís Loureiro (1950, p. 44)

"Depois deles, desenharam-se negros de ambos os sexos, de várias idades que, no papel de serviçal ou companheiro de aventuras da personagem branca, não tiveram o destaque dos anteriores." (CARDOSO, 2013, p. 155). Lamparina, também de J. Carlos, emergiu em 1924 para ampliar o portfólio de expressões depreciativas à imagem afrodescendente. Com a retratação de uma personalidade indomável, malandra, irresponsável e incivilizada, era a habitante de uma tribo selvagem ilhada. "Lamparina é brasileira. Afro-brasileira e, provavelmente, descendente de quilombolas que se isolaram naquela ilha desapercebida em nosso litoral e acabaram regressando à barbárie." (CARDOSO, 2013, p. 157). Com base em suas características diegéticas e imagéticas,

> [...] esse talvez seja o caso mais notório de uma representação negativa da imagem do negro nos quadrinhos brasileiros. Lamparina ostenta um aspecto de um animal, com os braços arrastados ao longo do corpo, com as proporções de um chipanzé. Sua roupa é semelhante a uma peça rústica feita de pele de onça ou outro felino selvagem, comum nas representações de aborígenes africanos feitas pelo cinema e pelos desenhos animados da época. Muito por esse motivo, esse tipo de tratamento não causava nenhuma indignação ao público, pelo contrário, criava um efeito humorístico compatível com os padrões vigentes. Além de fisicamente grotesca, Lamparina também era intelectualmente desprovida. (CHINEN, 2019, p. 125-127).

Tratando-se de quadrinhos, por mais que se considere que "problemas políticos jamais foram ou serão solucionados por qualquer espécie de arte, que, no máximo, só poderá apreendê-los ao nível da linguagem" (CIRNE, 1972, p. 20), sabemos que são objetos comunicacionais e artísticos peremptórios para a construção de um imaginário racial encorporado em bens materiais artísticos e que, em conformidade com a aprovação das massas, influenciará a manutenção e a depuração de novos produtos culturais a serem consumidos pelas futuras gerações.

A estagnação de uma manutenção ótica necessária quanto à brutalização da cor negra, na forma do traço caricatural do "preto tonto, arteiro e preguiçoso", daria sequência em 1930, com o trio Reco-Reco, Bolão e Azeitona, de Luiz Sá. Segundo este, em depoimento para a redação do jornal *O Povo*, no dia 26 de fevereiro do ano de 1976, Azeitona teve a inspiração de um "pretinho", que brincava consigo na infância. "Criados numa época em que não existia a vigilância do politicamente correto, utilizavam todas as possibilidades de se fazer humor, mesmo que para isso fosse necessário brincar com as características físicas dos personagens." (CHINEN, 2011, p. 8).

Tinha ainda Gogô, que se assimilava ao Mickey Mouse (CHINEN, 2019), e Maria Fumaça, a quem Sá intitula de "crioulinha" nessa mesma entrevista (ROCCO, 2018). Tudo muito naturalizado, sem "cerimônias".

Ingênua e ignorante, Maria também sequenciou os estereótipos da época, na figura de uma doméstica que embaralhava as ordens da patroa. Zé Pretinho, de Paulo Afonso, era nome menos conhecido da revista e carregava um boné na cabeça, similar ao de Jeremias (CHINEN, 2019).

Além de *O Tico-Tico*, outros títulos como *O Malho* (1902-1954), *Revista da Semana* (1900-1959) e *Fon-Fon*! (1907-1958) traziam suplementos infantis com histórias francesas geralmente cômicas ou infantis (JÚNIOR, 2014). "Jornais totalmente voltados às HQs só viriam a surgir no Brasil, no final da década de 1920, na forma de suplementos dominicais dos jornais diários." (CHINEN, 2019, p. 129). Um deles seria *A Gazetinha*, durante a era Vargas, entre 1929 e 1950.

> Depois surgiram as publicações que se tornariam famosas: *O Globo Juvenil* (1937-1950), *O Lobinho* (1938-1945), *Mirim* (1938-1945), *Gibi* (1939-1950), *O Guri* (1940-1962), *Globo Juvenil Mensal* (1940-1963), *Gibi Mensal* (1940-1963), *O Herói*, primeira revista da Editora Brasil-América Ltda. (1947-1964), *Vida Infantil* (1947-1959), *Biriba* (1948-1949), *Sesinho* (1948-1961), *Shazam* (1949-1955), *Vida Juvenil* (1949-1959), *Novo Gibi* (1950-1954) e outras. (CIRNE, 1975, p. 10).

Assim deu-se início à indústria editorial do segmento em solo brasileiro, em que "o valor simbólico de consumir 'o nosso' era sustentado por uma racionalidade econômica" (CANCLINI, 2015, p. 31). Vale a pena ressaltar que, com a chegada do *Suplemento Juvenil*, editado por Adolfo Aizem, na década de 1930, "os quadrinhos assumem sua grandeza estética como linguagem que se define graficamente" (CIRNE *et al.*, 2002, p. 25), com este chegando a somar uma tiragem de 360 mil exemplares no total de suas três primeiras edições (SOUSA, 2017). No entanto

> [...] os quadrinhos nacionais começaram a perder espaço para as produções de fora, notadamente dos Estados Unidos. [...] Muitos personagens americanos começaram a fazer sucesso entre o público infantojuvenil brasileiro. Todo esse movimento de invasão dos quadrinhos estrangeiros teve como ponto culminante o lançamento da revista *Gibi*. (CHINEN, 2019, p. 131).

Lançado em 12 de abril de 1939 como primeira revista focada exclusivamente em quadrinhos, o título era traduzível ao pé da letra como moleque, negrinho, "menino negro" e, de fato, era ilustrado por um em seu logotipo, vestido de jornaleiro ambulante, mas "nem por isso teve presença garantida nas páginas que ele próprio batizava." (CHINEN, 2019, p. 112-114). O símbolo, que já carregava em sua estreia o acentuado uso de tinta nanquim, recebeu olhos e lábios expressivos em sua versão dos anos 1970. "Foi tal o sucesso que o nome do Giby, hoje grafado com i, designa de modo genérico as revistas de histórias em quadrinhos no Brasil." (CARDOSO, 2013, p. 151).

Na mesma época, em 1938, a implementação de um código de ética no território estadunidense rompia a produção de histórias voltadas para terror, sexo e violência, pois estariam estimulando preguiça mental, crimes, prostituição e homossexualidade. O cenário se refletiu no Brasil, o que levou grandes editoras a investir fortemente em adaptações literárias. A coleção *Edição Maravilhosa*, publicada a partir de julho de 1948, adaptou uma série de obras pela Editora Brasil-América Ltda. (Ebal), como tentativa de contornar a visão aversiva de educadores quanto às simuladas más influências do gênero. Os quadrinhos então seriam a ponte necessária para que jovens leitores se interessassem por "literatura de verdade".

Além de livros como *A Escrava Isaura*, de Bernardo Guimarães, também seriam transpostos títulos como *A marcha*, de Afonso Schmidt, *O Tigre da abolição*, de Osvaldo Orico, *Sinhá Moça*, de Maria Dezonne Pacheco Fernandes, *O moleque Ricardo*, de José Lins do Rego, e ainda a biografia de personalidades como o escritor Lima Barreto e o abolicionista José do Patrocínio. Quinze por cento dessa coletânea contava com personagens negros, embora raras vezes assumissem o protagonismo (CHINEN, 2019). Sobre ela, Chinen (2019, p. 136) observa que:

> Na quase totalidade, são os brancos que estão no centro da trama e, mesmo quando o assunto é a libertação dos escravos, há uma ênfase no papel das heroínas brancas piedosas e na nobreza de espírito de jovens abnegados que lutam contra as convenções e defendem o direito dos negros, dando a impressão de que, sem a ajuda deles, os cativos jamais conquistariam a liberdade.

O sucesso da empreitada, por outro lado, renderia novas transmidiações, cujo ápice só ocorreria em 2006. Dentre elas, destaca-se *O cortiço*, de Aluísio Azevedo, além das obras de Jorge Amado, como *Os Pastores da Noite*, *Capitães da Areia* e *Jubiabá*. Este último ilustra bem a quebra da estereotipagem, cuja iconografia inclui representações da cosmogonia africana, com rituais religiosos do candomblé.

Em meados de 1955, os quadrinhos seguiam voltados para crianças, com tom moralista, e já se sabia bem como produzi-los. O ano marcaria também a primeira adaptação de Zumbi dos Palmares, grande mártir da luta negra brasileira, pela editora La Selva, com roteiro de Clóvis Moura e ilustrações de Álvaro Moya (CIRNE *et al.*, 2002). Prenunciava mais uma tendência, na década de 1960, marcada pelo lançamento de álbuns de luxo, que visavam acolher um público adulto.

Nesse esteio, influenciado por todos os padrões estéticos e morais identificados nos anos que transcorreram a mentalidade colonial, viria a chegada de grandes nomes do gênero no Brasil: Mauricio de Sousa, Ziraldo e Henfil, respectivamente.

2.2 O "politicamente incorreto"

A expressão, igualmente polêmica, instável e controversa, refere-se, na visão de Lefort (*apud* POSSENTI, 2006), a um fenômeno tipicamente americano, controvertido e resultante da necessidade de se normatizar tudo que existe. Popularmente, aparenta se atribuir às gafes e disparidades cometidas quanto à naturalização de um pensamento cujo caráter é hostil e intolerante, independentemente de, em algum momento, já ter sido normalizado em sociedade. Ao se referir a comunidades historicamente discriminadas, Fiorin (2008, p. 1) alega que "pretende-se, com ela [a linguagem politicamente correta], combater o preconceito, proscrevendo-se um vocabulário que é fortemente negativo em relação a esses grupos sociais." Sobre tal pensamento, Possenti (2006, p. 52) obstina que:

> [...] o movimento inclui em especial o combate ao racismo e ao machismo, à pretensa superioridade do homem branco ocidental e à sua cultura, pretensamente racional. Estas são, digamos, as grandes questões. Mas o movimento vai além, tentando tornar não marcado o vocabulário (e o comportamento) relativo a qualquer grupo discriminado, dos velhos aos canhotos, dos carecas aos baixinhos, dos fanhos aos gagos. As formas linguísticas estão entre os elementos de combate que mais se destacam, na medida em que se acredita (com muita justiça, em princípio) que reproduzem uma ideologia que segrega em termos de classe, sexo, raça e outras características físicas e sociais objeto de discriminação [...].

As Indústrias Criativas estariam constantemente sugestionadas ao "politicamente correto", identificável em áreas como publicidade e propaganda, relações-públicas, rádio, TV, internet, jornalismo, cinema e outras relativas à comunicação social. Uma vez que a língua pode ser vista como uma ferramenta capaz de modelar e traduzir ideologias humanas, consoante ao contexto em que se apresenta, presume-se que "alterando-se a linguagem, mudam-se as atitudes discriminatórias." (FIORIN, 2008, p. 1).

A corrente possui méritos políticos e sociais reconhecíveis, embora seja marcada por problematizações recorrentes na produção cultural que tornam questionáveis as limitações e definições alusivas ao uso dessa expressão, incluindo a simplificação da representação negra no decorrer de décadas nos quadrinhos, brasileiros ou não. Sua polarização ocorre, pois se tangenciam "posicionamentos que, de um lado, defendem medidas de restrição linguística para que todos possam ter voz, de outro, condenam, em nome da liberdade de expressão, o uso da linguagem politicamente correta." (ICHILEVICI, 2019, p. 14).

A chegada do gênero ao Brasil deu sequência à tendência norte-americana de formar conotações políticas, seja pela configuração de modelos de representação, a revisão de posturas etnocentristas ou por meio da consolidação do gênero como mecanismo linguístico, crível de juízo de valor e, claro, entretenimento. No entanto, no decorrer de sua existência, os discursos quadrinhísticos seguiram acusados de estimular violência, preguiça mental e comportamentos vistos midiaticamente como "tabus", a exemplo da homossexualidade. No final da década de 1950, a predominância de produções estrangeiras já era um fato, o que reiterou também o discurso blasfêmico de que as HQs serviam essencialmente aos interesses ideológicos norte-americanos difusos.

Polêmicas à parte,

> [...] elas ajudam a socializar jovens e crianças que têm a possibilidade de encontrar, nas suas páginas, elementos de troca de ideias e discussão de assuntos relevantes, como questões étnico-raciais, seja em ambientes formais ou não de educação. (AGOSTINHO, 2021, p. 124).

A época se mostrou decisiva para frisar a estilização e autenticidade do quadrinho nacional, a começar por Ziraldo e seu Pererê (1959), "a mais brasileira das nossas séries." (FEIJÓ, 1997, p. 62).

Protagonizada pelo folclórico Saci, de cachimbo na boca, a revista refletia os mecanismos sociais que permeavam a época com tamanha "intensidade simbólica" (CIRNE *et al.*, 2002, p. 33). Havia se tornado o primeiro grande marco criativo dos quadrinhos brasileiros, "refletindo sem masturbações intelectuais a nossa realidade social." (CIRNE, 1975, p. 11). A brasilidade se via retratada sob influência do populismo e demais manifestações de cunho político e socioculturais de esquerda.

Mais que a comercialização de nossa cultura, a relação entre o mito e o real se dava por questionamentos metacríticos, com agudeza crítica, imersos na euforia nacionalista da época. Chinen (2019) evidencia o paradoxo do personagem, que se dá justamente pela sua natureza mitológica. "Ou seja, o negro mais famoso dos quadrinhos brasileiros é alguém que não existe, que não serve de modelo ou ideal ao leitor negro." (CHINEN, 2019, p. 112-114).

Com título próprio publicado pela editora O Cruzeiro (1960), Pererê seria uma estratégia mercadológica para fomentar a nacionalização dos quadrinhos (FEIJÓ, 1997) e, por fim, tornou-se "mais do que quadrinhos para crianças, uma profunda reflexão — sob o crivo do populismo — sobre o Brasil da época, entre 1960 e 1964, quando a revista acaba." (CIRNE *et al.*, 2002, p. 131).

> A série conta com outros personagens negros: a garota Boneca de Piche, por quem Pererê é apaixonado; seu pai, o fazendeiro Seu Nereu; a cozinheira Mãe Docelina; e Rufino, que também é pretendente de 'Boneca de Piche'. (CHINEN, 2019, p. 114).

Diferentemente de nomes como Benjamim, Lamparina ou Azeitona, o legado duradouro das figuras nascidas nesse período provê melhor uma clara intelecção crítica de "antes" e "depois", baseada nas transformações estruturais, estéticas e narrativas ocorridas no passar dos anos. "Boneca de Piche" tornar-se-ia "Boneca" como forma de não associar a negritude à coloração do breu (PODCAST CONFINS DO UNIVERSO 122 – A HISTÓRIA DO QUADRINHO NACIONAL, 2021). A palavra "piche" estaria então traçada como "politicamente incorreta", o que levaria ao seu abandono como forma de não predispor conotações racistas, mesmo que desprovidas de uma malícia inequívoca.

A história *Boneca, a Redentora*, publicada em maio de 1962, teve a abolição como temática, partida de uma metáfora entre negros e passarinhos engaiolados. Em alusão à Princesa Isabel, "Boneca de Piche" assina um termo de liberdade às aves de "Seu Nereu", momento celebrado como a aprovação da Lei Áurea. "O guardador [dos pássaros], agora revelado como um humilde negro de avançada idade, abre a gaiola 'para a liberdade' — o que lhe remete a um processo semelhante que ocorrera 'há muitos anos com meu [seu] povo'." (GOMES, 2010, p. 54). Logo, o uso de iconografias consideráveis incorretas não significaria, necessariamente, a ausência de discursos respaldados na crítica a opressões raciais.

Em 1959, Mauricio de Sousa dava início ao seu legado. Pioneiro na investigação da representação negra em sua obra, Elbert Agostinho (2021) considera perceptíveis os seguintes períodos de produção quadrinística do autor: a Era dos Esboços, correlata à criação principiante de tiras a partir de 1959, o Período Pré-Turma da Mônica, com a consolidação das personagens nos jornais à publicação das primeiras revistas pela editora Abril e o Período de Consolidação da Turma da Mônica, análogo à expansão editorial da MSP, investigados nos capítulos que se sucedem neste livro.

Periodizar quadrinhos, no entanto, pode ser feito seguindo critérios como o estético, que se baseia em valores semióticos e criativos, o narrativo ou até mesmo o editorial, conforme forem as necessidades metodológicas. Em um ângulo semiológico, pode-se atribuir ao signo as funções semântica, sintática e pragmática, que identificam que "um campo simbólico não é apenas uma reunião (ou um antagonismo) de símbolos; ele é também formado por um jogo homogêneo de regras." (TODOROV *et al.*, 1971, p. 166). O estudo semiológico, aplicável na compreensão de códigos como corretos e incorretos aos olhares sociais congruentes à época em que se manifestam, é ainda um método que

> [...] destaca a intenção do autor, seu papel fundamental na elaboração e gênesis da obra, seja qual seja a natureza desta. Toda obra — a partir deste ponto de vista — é a realização de uma mensagem estética, mensagem que só se cumpre quando é estabelecido um vínculo comunicativo entre o autor e o espectador através da compreensão das características individuais e irrepetíveis de cada obra concreta. (LARA, 1971, p. 18, tradução nossa).

Nascido em Santa Isabel (SP), Sousa tornou-se nome singular para o quadrinho nacional a partir da popularização do cão Bidu no jornal paulista *Folha da Tarde*. Jeremias surgiria um ano depois, já estampando a capa de *Bidu* n.º 1 ao lado de outros secundários, como Titi e Manezinho. Eram tempos em que o próprio Franjinha, na posição de protagonista, se via longe dos arquétipos fixos e perceptíveis de "cientista mirim", limitando-se a uma reprodução nacionalizada de Bolinha, da série norte-americana *Luluzinha* (*Little Lulu*, 1935).

Por raciocínio lógico, Jeremias seria apenas mais um integrante da turma de garotos, com o rosto "representado basicamente como uma elipse preta com duas outras brancas menores servindo de olhos" (CHINEN, 2019, p. 153) acrescidas de um "círculo rosado na boca" (AGOSTINHO, 2018, p. 140), cuja baixa frequência de aparições se estendeu, no mínimo, até as revistas da Turma da Mônica publicadas pela editora Globo, a partir de 1987.

"Historicamente, a branquitude desenvolveu métodos de manutenção do que seria politicamente correto em relação à pauta racial e à reserva de espaço para o 'negro único', o que é certamente uma de suas estratégias mais clássicas" (RIBEIRO, 2021, p. 51). Jeremias permaneceria único por muito tempo. Também não se distinguia dos *cases* que antecederam a década de 1960 nos suplementos infantis, com a acentuada pintura nanquim.

A simplificação de imagens por meio de formas geométricas repetitivas e o uso de uma coloração abundante logo seriam meras estratégias de reprodutibilidade técnica, não um ataque explícito às raízes afro-ameríndias. Isso não implicaria, por outro lado, podermos ignorar quaisquer limites e incongruências das relações dialógicas que tais decisões técnicas possam ocasionar na construção de um imaginário infantil. Ainda conforme Agostinho (2018, p. 134),

> [...] é importante questionar determinados esquemas estéticos atribuídos a ele [Jeremias], pois a partir de dada representação pode-se influenciar o leitor, fazendo com que ele enxergue todos os negros da mesma forma como estão sendo desenhados, nos quadrinhos.

É, mais uma vez, a responsabilidade do gênero na construção de juízo de valor e sensibilização de públicos distintos, do mirim ao adulto, por intermédio de sua capacidade simbólica. A futura ascensão do personagem seria mera manutenção do que seria "politicamente correto" ou uma real conscientização sociocultural e histórica?

Paralelamente, em 1964, Pererê saía de cena por questões políticas e econômicas, com uma falha tentativa de relançamento em 1970 (MOYA, 1986). O cartunístico *Fradim*, de Henfil, recebia os holofotes ao criticar a sociedade brasileira, com uso da simplicidade para avaliar as relações humanas. Suas tiradas bem-humoradas e críticas de natureza ontológica, social, política, econômica e cultural chegavam a escancarar o racismo e a hipocrisia vigentes em sociedade, como um mecanismo humorístico e léxico-dialogal em favor da denúncia.

"Além de tratar abertamente de questões polêmicas, Henfil criou alguns personagens negros antológicos" (CHINEN, 2019, p. 161), "como Orelhão, Caboco Mamadô e até um com o simpático nome de Preto-que-Ri" (CHINEN, 2011, p. 9), "com inegável importância no panorama dos nossos quadrinhos." (CIRNE, 1975, p. 13). Ainda assim, "exagerava nos traços e caracterizações" (CHINEN, 2010, p. 71), mesmo com seu discurso antirracista.

> Trabalhos mais recentes procuram não incorrer nos mesmos erros do passado e evitam o tom ofensivo e desrespeitoso. Isso não significa que devamos misturar as coisas, pois Henfil e Diniz são exemplos que valorizam o elemento negro e a sua cultura. Um pouco de exagero talvez seja a medida correta para derrubar a sisudez e a falta de bom humor que reina no politicamente correto. (CHINEN, 2010, p. 72).

Os três artistas descritos formavam um arcabouço que marcava a época para os quadrinhos nacionais: Henfil, com seu humor politizado e contraposto à chegada ditadura militar; Ziraldo, agora editor de *O Pasquim* (1969), "jornal-símbolo da resistência política e cultural da época, privilegiando o texto e o cartum" (CIRNE, *et al.*, 2002, p. 134); e Mauricio, com sua leveza cômica, formando novas gerações de leitores.

> Tendo em vista que, em sua origem, as publicações de Mauricio de Sousa não traziam em seu teor um perfil crítico-social, diferentemente de Ziraldo e Henfil, ele teve a liberdade de continuar seu trabalho e investir na comercialização de suas personagens, haja vista o fator de que não enfrentava a censura e tinha como divulgador inicial de seu trabalho os jornais, que publicavam suas tiras de entretenimento. (SILVA; AZEVEDO, 2016, p. 139).

A partir das revistas de 1970, "houve a substituição da [tinta] nanquim e os personagens passaram a ser representados com palheta de cores diversas." (SANTOS; REINATO, 2020, p. 154). Controversamente, a caracterização de Jeremias, acrescida de lábios redondos e rosados (Figura 3), equiparava-se ao uso do *black face*, "quando personagens negros são representados por atores brancos com o rosto pintado" (RIBEIRO, 2021, p. 73), de forma exagerada e caricata. É advinda de uma técnica teatral surgida no início do século 20, reprovada em tempos presentes como um flagelo da autoestima negra, de teor racista e digno de repulsa no imaginário social.

> A fantasia de 'nega maluca', por exemplo, quase sempre acrescedida de *black face* e muitas vezes reproduzida em programas humorísticos com trejeitos exagerados e jeito tosco de falar, remete a uma representação, a uma ideia recorrente e já presente no imaginário coletivo brasileiro de que todas as mulheres negras são dadas a esse tipo de comportamento e aparência. O gestual e os traços físicos, a linguagem, o vestuário e outras formas de expressão estão inseridos no contexto cultural, mas sua ridicularização está entre os aspectos mais perversos da apropriação. (WILLIAM, 2019, p. 62).

Figura 3 – Jeremias em *Mônica* n.º 140 (Abril)

Fonte: Mauricio de Sousa Produções (1981, p. 60)

Se por um lado o estereótipo pode ser visto como mero facilitador da decodificação, desprovido de maiores malícias, por outro, passa a ofender e generalizar vertentes socioculturais que, não por coincidência, são marginalizadas em sociedade. "Constitui o próprio núcleo cognitivo do preconceito ao sustentar e perpetuar uma imagem negativa a respeito de um grupo" (MAZZARA *apud* CHINEN, 2019, p. 48), com a criação de estigmas destoantes da realidade. São capazes de construir e desconstruir identidades com o uso de códigos e parâmetros de conduta, geralmente cômicos e exagerados. "Se a paleta de cores tinha aumentado, por que Jeremias continuou sendo pintado de nanquim?" (AGOSTINHO, 2021, p. 136). E, sendo sua etnia lidada, em suma maioria das histórias, de forma tão desimportante no cotidiano do Bairro do Limoeiro, qual seria a necessidade de explanar tal aspecto e, justamente, dessa maneira (Figura 4)?

"Esse é um problema particularmente grave quando se trata de crianças e adolescentes, cuja elaboração da personalidade pode entrar em choque com os padrões de cor, credo ou valores de seu grupo." (CHINEN, 2019, p. 49). Geralmente o que se vê é a imagem do branco civilizado, às custas da versão pejorativa do negro cômico e marginal, cujos olhos esbugalhados complementam bocas grossas e distorcidas.

Figura 4 – Evolução de Jeremias nos Produtos Editoriais da Mauricio de Sousa Produções (MSP)

Fonte: Mauricio de Sousa Produções (2016, p. 4)

Compreendemos raça como um conceito discursivo de base intimamente social, que permite alavancar divisões hierárquicas conforme a dominância que um grupo exerce sobre o outro, "um construto discursivo, uma ficção útil, uma construção fantasista sobre a qual operam grandes sistemas de exclusão." (AGOSTINHO, 2021, p. 86).

Portanto, seu entendimento necessita tornar-se primazia, ao invés de mera visão de fuga quanto ao "politicamente incorreto", este "um código linguístico sem um vencedor claro" (ICHILEVICI, 2019, p. 90), e sua interpretação sobre o carecimento de evoluções estéticas e morais no decorrer de décadas da produção cultural. Mas, se não é só uma questão de ser correto, qual seria a necessidade de abranger o imaginário negro nas HQs nacionais? Por que suas transformações estéticas? E por que discutir negritude nos quadrinhos?

2.3 Racismo, criatividade e identidade sociocultural

Enfrentar o racismo, como bem reforça Djamila Ribeiro (2021), é uma luta de todas e todos. Combater um sistema pautado pela opressão e negação a Direitos Humanos essenciais começa pelo seu reconhecimento praticista, com a aceitação da responsabilidade atribuída a este autor, branco, quanto às salvaguardas mantidas à branquitude. Esse é também um traço identitário, "porém marcado por privilégios construídos a partir da opressão de outros grupos" (RIBEIRO, 2021, p. 33).

Mais que um debate sobre experiências individuais assimétricas no *lócus* social, vivemos em uma alçada de disputas ideológicas, em que valores humanos e preponderantes para a cidadania passam a ser questionados com discrepância e brutalidade, sem maiores pudores. Dito posto, partimos do pressuposto de que, na construção de signos culturais, assim como nas relações sociais, "não basta não ser racista, tem que ser antirracista" (DAVIS *apud* WILLIAM, 2019, p. 71), em contraposto à acanhada associação que se acostumou a ser feita entre questões coletivas e o que representam "em termos reais mas também potenciais, enquanto ameaça à segurança social." (MOTA, 2000, p. 386). São a quebra da ordem vigente, o que não significa necessariamente assumir um cunho conservador (MOTA, 2000), embora, muitas vezes, seja exatamente isso.

A construção de signos afrodescendentes na produção cultural, inclusive nos quadrinhos, está inevitavelmente conexa à ótica de um criador, cujos interesses, influenciados por sua bagagem artística e ideológica, não podem ser contrariados (CHINEN, 2019). Dentro de uma esfera complexa, "essas imagens podem ser construídas por pessoas brancas que não se despiram do racismo, ou por pessoas não brancas ou negras que vejam o mundo pelas lentes da supremacia branca — o racismo internalizado." (HOOKS, 2019, p. 25-32).

Mais que poder simbólico (BOURDIEU, 1998) e desdém, falamos de possibilidades criativas e suas soluções, que "aliadas à premência do imagético, se tornam veículos pelos quais o ser humano possibilita tais realizações e compartilhamentos." (VERGUEIRO *et al.*, 2013, p. 90-91). No contexto das expressões artísticas, "percebe-se que há muito tempo se usa uma estratégia para tornar palatável a cultura afro: apagar os traços negros, a origem ou qualquer outro elemento passível de rejeição." (WILLIAM, 2019. p. 48). Hooks (2019) sobreleva que:

> [...] a supremacia branca e o racismo não terão fim enquanto não houver uma mudança fundamental em todas as esferas da cultura, em especial no universo da criação de imagens. Ainda assim, quando imagens libertadoras são criadas e apresentadas no mercado cultural, é difícil disseminar novas ideias, novas visões. Ao mesmo tempo, trabalhar dentro das restrições de uma estética racista traz dinheiro, fama e atenção, sobretudo na cultura popular, enquanto é muito fácil que a ênfase em imagens libertadoras seja escanteada. (HOOKS, 2019, p. 26).

Mais que negar e/ou ignorar as subjetividades das culturas afrodescendentes, seguir padronizando a representação policêntrica em um sistema semiótico-narratológico como as HQs, mesmo que já distante de técnicas como *black face*, significa um ato político na forma da indiferença perante o racismo, já não tão disfarçado por considerável parcela da população brasílica. Este se configura um "sistema estruturante e estrutural da sociedade brasileira, extermina os corpos e as identidades das populações não brancas, reiterando o processo de colonialidade." (AGOSTINHO, 2021, p. 25).

É um conceito diretamente associado ao de epistemicídio, que na prática significa esfacelar, negar e desqualificar epistemes não hegemônicas — às vezes sob a fachada de integração. "É tão intenso que está expresso de múltiplas formas, seja na negação de um determinado comportamento ou silenciamento dos afro-brasileiras." (SANTOS; REINATO, 2020, p. 163). É a inferiorização intelectual e cognitiva-discursiva de grupos, subjugados pela deslegitimação da própria herança histórica, linguística e cultural

(AGOSTINHO, 2021), imersa em "um sistema de vantagens ou privilégios de um grupo em detrimento de outro." (FREITAG *et al.*, 2020, p. 187). Já "os novos modos de lidar com as representações acenam múltiplas vias de interação entre imagens e coisas, entre arte e produto." (VERGUEIRO *et al.*, 2013, p. 153).

O desafio do profissional criativo contemporâneo, portanto, seria intermediar condições como organicidade, contiguidade imagética e narrativa, progressividade lógica, a dessubstancialização de fórmulas sistêmicas inimigas do pluralismo, a diversidade de personas[12] ajustadas ao seu *target* e, ainda, a mimetização de novos códigos, concernências e representações em cima da diegese original com o qual está habituado.

Tudo isso soa muito complexo e, talvez, seja mesmo. Mas, além dos pseudointelectuais reacionários, quem disse que operar com as histórias em quadrinhos é fácil? Elas "exercem mesmo um necessário dialogismo psíquico entre a vontade humana de comunicação e expressão e as imagens sequenciadas" (VERGUEIRO *et al.*, 2013, p. 97), em que rearranjos quanto à linguagem e à subversão de referenciais se mostram necessidades corriqueiras.

> Muito do que é feito atualmente nas artes é produzido e circula de acordo com as regras das inovações e da obsolescência periódica, não por causa do impulso experimentador, como no tempo das vanguardas, mas sim porque as manifestações culturais foram submetidas aos valores que 'dinamizam' o mercado. (CANCLINI, 2015, p. 33).

Cabe a esse mesmo profissional abrir mão da inércia confortável de usufruir da brancura como norma ideal para combater, por meio da arte em toda sua efemeridade, os abismos sociais, o que não se suporta enquanto se predominar uma "surdez descompromissada" (WILLIAM, 2019, p. 92), reflexo do autoritarismo e das relações de poder responsáveis pela ausência de ícones negros. Sendo os quadrinhos um meio de comunicação e elucidação de temáticas pertinentes,

> [...] o controle sobre o fluxo de informação seria, portanto, uma variável relevante nas relações de poder, uma vez que a disponibilidade ou não de informações seria capaz de interferir na formação de preferências e, dessa forma, no

[12] Arquétipos representativos do perfil físico, psiquico e/ou comportamental dos usuários (AQUINO JR.; FILGUEIRAS, 2008).

> comportamento estratégico de indivíduos e instituições. (DOMINGUES-DA-SILVA *et al.*, 2015, p. 68).

O esforço concentrado para retratar a diversidade cultural dissipa por se limitar a fórmulas sem compaixão consequentes da expansão capitalista do lucro, em que a quebra do padrão normativo ocidental se resumiria a uma estratégia de capitalização do discurso propício à multiculturalidade democrática, que critica a postura exclusivista do universalismo ocidental e a rígida segmentação da esfera social.

Afinal, sabemos que a representatividade também é uma demanda a ser sanada, na qual os elementos de uma narrativa, temáticos ou modais, oriundos de memórias históricas e coletivas, viram instrumento de barganha. Diante dessa controvérsia, que aparenta ignorar maiores sensos de responsabilidade, culpa e vergonha, "conseguirão os nossos heróis, bravos desenhistas brasileiros, impor a justiça e o bem na cultura nacional?" (MOYA, 1986, p. 228).

Interesses gananciosos à parte, "algumas atitudes simples podem ajudar as novas gerações, como apresentar para as crianças livros com personagens negros que fogem de estereótipos" (RIBEIRO, 2021, p. 41), o que não significaria criar uma literatura estéril, escorada em supostas vitimizações. O que se busca, de fato, é desconstruir o discurso hegemônico e unilateral de que só se deve enxergar uma única cor na ilusão de um mundo anti-ideológico, minimizando a ânsia desenfreada de classificar e uniformizar as características fenotípicas antropológicas.

É ainda "reparar o mal causado pelo racismo através de mudanças de estruturas, agendas, espaços, posições dinâmicas, relações subjetivas, vocabulário, ou seja, através do abandono de privilégios" (KILOMBA, 2019, p. 46), considerando a urgência da ressignificação das identidades com a denúncia e ou desconstrução de estereótipos (RIBEIRO, 2017). Ou ainda diminuir a falta de comprometimento ético com a história e seus traços culturais, reformulando forma, uso e sentido da dicotomia raça-gênero.

A intersecção de identidades sociais, atreladas a gêneros, raças "permite-nos enxergar a colisão das estruturas, a interação simultânea das avenidas identitárias" (AKOTIRENE, 2020, p. 19) e ainda o reflexo opressor dos que ignoram a ancestralidade africana. São, literalmente, traços constantemente negligenciados. Ao se compreender o gênero em estudo como mais uma forma de resistência atrelado à pós-modernidade e sua dificuldade de instituir códigos coletivos estáveis (CANCLINI, 2015),

> [...] recomenda-se, pela interseccionalidade, a articulação das clivagens identitárias, repetidas vezes reposicionadas pelos negros, mulheres, deficientes, para finalmente defender a identidade política contra a matriz de opressão colonialista, que sobrevive graças às engrenagens do racismo cisheteropatriarcal capitalista. (AKOTIRENE, 2020, p. 45).

O racismo, dentro e fora da literatura dos quadrinhos nacionais, "é um problema de negros e brancos" (WILLIAM, 2019, p. 81), embora a branquitude privilegiada, que inclui este autor, jamais saberá na pele o racismo em toda sua significância e opressão. Compreendidas as construções imagéticas que antecederam a fixação da Turma da Mônica no imaginário brasileiro e suas carências estético-narrativas, além da relevância dos símbolos textuais e imagéticos na construção de um imaginário representativo, apura-se a seguir o trilhar da Mauricio de Sousa Produções e sua posição na Economia Criativa. O quão "politicamente correta" viria a ser a Mônica? E quão branco seria o Bairro do Limoeiro?

3

A CONSTRUÇÃO DO "MÔNICAVERSO"

Tenho certo horror a reações negativas a novidades. Numa empresa que vive de criatividade, é algo antagônico, um contrassenso. (Mauricio de Sousa)

Com mais de 60 anos de carreira, Mauricio Araújo de Sousa nasceu em 27 de outubro de 1935, na cidade de Santa Isabel (SP), e transpôs sua paixão pelas histórias em quadrinhos na infância para o empreendedorismo, tornando-se um nome singular para o mercado brasileiro. Os personagens da Turma da Mônica, cultivados no imaginário coletivo de, ao menos, quatro gerações, seguem se reinventando em um domínio editorial prolixamente maltratado por tempos de crise econômica e sanitária. De artista para grande empresário da Economia Criativa, superou as burocracias e limitações de um ramo que, segundo o diretor de arte da *Folha da Manhã* (atual *Folha de S. Paulo*) nos anos 1950, não tinha futuro.

Naquela época, não existia qualquer ilustrador nacional que se sustentasse apenas de crias autorais, um cenário respaldado pela crença popular de que HQs formariam assassinos e futuros psicopatas. "As dificuldades do setor no Brasil esbarravam muito em questões de interesse dos principais meios de comunicação em abrir espaço para os quadrinhos aparecerem, pois acreditavam não terem público para este tipo de linguagem." (DE OLIVEIRA, 2017, p. 69). Noventa e cinco por cento das narrativas publicadas eram estrangeiras, enquanto artistas locais não alcançavam o seu devido valor (SOUSA, 2017).

Isso também podia ser dito de suas respectivas criações perante os olhares midiáticos, às custas dos sucessos da Disney, Luluzinha e Astro Boy (de Ozamu Tezuka), que serviram de inspiração a Sousa (FERNANDES, 2022). Antes de embarcar no âmbito, assumiria a façanha de repórter policial neste mesmo jornal, quando recebeu, aos 24 anos (JACINTHO, 2019), sinal verde para publicar a tirinha do Bidu na *Folha da Tarde*, em 18 de julho de 1959 (SOUSA, 2017).

No contexto de criação de suas primeiras revistas com histórias autorais, *Zaz Traz* e *Bidu*, em 1960, surgia um primeiro núcleo de figuras lideradas por Franjinha e que incluiriam um tímido Jeremias. Tiveram uma circulação breve, com sete e oito edições, nessa ordem. As publicações saíam em preto e branco, com exceção das capas, cujas cores eram indicadas "usando-se referência uma escala de matrizes" (SOUSA, 2017, p. 70), com especificações do percentual de cada tom a ser aplicado pela gráfica responsável. Jeremias só apareceu em uma única capa, com a mesma coloração exagerada observada nas histórias.

O quadrinista varria dia e noite e com seu esquema *mainstream* de elaboração e distribuição de tiras, em formato tradicionalmente retangular de modelos "consolidados nos processos sociocognitivos de interação." (RAMOS, 2012, p. 748). Similar aos *syndicates* americanos, com o envio de um *folder* apresentando suas criações para as grandes redações, criaria a Bidulândia Serviços de Imprensa. Cebolinha, de cabelos espetados e dialeto "englaçado", já havia sido apresentado na década de 1960, tomando para si o protagonismo nos anos seguintes.

Piteco, Chico Bento, Penadinho, Horácio, Raposão, Astronauta, Nico Demo, Os Souza, Tina e outras de suas criações "de grande expressividade psicológica e formal" (CIRNE, 1975, p. 61) tomariam forma logo em sucessão. As primeiras historietas produzidas circulavam nos jornais de cidades como jornais de Campinas, Sorocaba, Ribeirão Preto e Rio de Janeiro (SOUSA, 2017). A princípio, voltavam-se para quem quer que lesse jornal, sem um dialogismo especificamente voltado a crianças — o que mudaria conforme a recepção popular.

Após se tornarem expoentes, assim como os grandes títulos da Disney, "se dirigem explicitamente para o público infantil e veiculam conteúdos atrelados ao esquema dos papéis sociais." (SILVA, 2002, p. 42). Até que, em 3 de março de 1963, em tempo em que a mulher não tinha maiores espaços nas relações sociais, estreava Mônica, com expressão invocada e seu coelhinho de pelúcia, em uma tira do Cebolinha no suplemento infantil *Folhinha de S. Paulo*, "destinado às crianças de 07 a 09 anos de idade, durante o período de 1963 a maio de 1970" (OLIVEIRA, 2014, p. 17), logo após uma primeira polêmica: não havia mulheres na obra de Mauricio, o que significaria uma postura alegadamente misógina (LÓPEZ, 2021).

"Ele criou a turminha sozinho, mesclando lembranças da infância com exemplos que via dentro de casa, de seus próprios filhos" (LUISA, 2019, s/p). Mas o que de fato faltava, segundo Sousa (2017), eram inspirações femininas que, no caso de Mônica, viria de sua segunda filha, Mônica Sousa, diretora executiva da Mauricio de Sousa Produções. "A Mônica é uma menina que, já naquela época, nasceu empoderada. Nos anos 1960, as mulheres queriam alguém que as representasse, que comandasse e reagisse. A Mônica virou a dona da rua a pedido dos próprios leitores." (SOUSA *apud* LUISA, 2019, s/p).

De fato, ao se considerar a construção de processos comunicacionais e imaginativos, costuma-se operar com referências próximas do cotidiano, opressivo ou não, que rodeiam o profissional criativo, conforme "a sociedade que o cerca e muitas vezes o reprime." (CIRNE, 1975, p. 11). A criação em si abrange procedimentos como seletividade de temas (OSTROWER, 2001), o emprego de técnicas de construção narrativa e ainda o uso de storyboards[13].

"Um escritor geralmente escolhe essa carreira para ter o poder de pregar um ponto de vista divergente do resto da sociedade. É o eterno contestador, naturalmente inconformado com o mundo" (ABREU, 2010, s/p), capaz de cativar seu público quando estabelece uma relação de reciprocidade entre patrimônio intelectual e leitor. Tudo dependendo das circunstâncias em que dada arte é apresentada para um público predeterminado.

Enquanto artista individual, Sousa evitaria divergências explicitamente polêmicas ou "visões inconformadas", com o que Cirne (1982, p. 85) chama de "quadrinho enlatado": estruturas repetitivas, acrescentadas pela duplicação das ideologias presentes nos *comics* infantis estrangeiros. Maiores desavenças culturais e políticas do país se distanciam desde os anos 1970, quando a primeira revista da Mônica foi publicada.

Sua narrativa aparentemente neutra, por outro lado, omite que "por trás da inocência, da fachada educacional, há um poder institucional que exerce enorme influência social e política que opera empregando uma normalização da cultura." (DE CASTRO; DE OLIVEIRA, 2013, p. 61). Também não se tornaria impedimento para a fortificação da personagem e seu imperialismo, em vieses tanto criativos como mercadológicos.

3.1 Dona da rua e do mercado

A "Dona da Rua", título que a maior cria de Mauricio de Sousa receberia ao conquistar o protagonismo de Cebolinha, ganhou sua própria revista em maio de 1970, com distribuição nacional e 200 mil exemplares mensais,

[13] O storyboard é uma forma de representação visual da narrativa, que apresenta uma sucessão de imagens para pré-visualizar a história idealizada. Nos quadrinhos, opera como organização visual, definindo o posicionamento dos elementos dispostos em cada página (GARONE, 2016).

impressos, a princípio, pela editora Abril. Antes disso, Mônica já estampava os principais licenciamentos, iniciados em 1968, com os comerciais da massa de tomate Elefante, da Cica (SILVA, 2022), consolidando assim sua ênfase. "Isso demonstra que os quadrinhos criados por Sousa são caracterizáveis como bem cultural que, partindo de um modelo da indústria com objetivos mercadológicos, pode gerar uma obra original e com características culturais legitimamente brasileiras." (BARI, 2017, p. 29).

Paralelamente, as lojas já recebiam bonecos tematizados, além de um primeiro álbum musical em 1971. "As tiragens subiram, Disney caiu, o merchandising levou seus personagens a uma empatia popular, repetindo os feitos nacionais de *Chiquinho, O Amigo da Onça* e impondo seus tipos." (MOYA, 1986, p. 223). Depois viriam os títulos *Cascão* (1982), *Chico Bento* (1982) e *Magali* (1989), que já atuavam nos quadrinhos com os arquétipos de menino que não toma banho, caipira e comilona, nessa ordem. Nos primeiros anos, *Mônica* vendia 20 vezes mais que produções americanas, como *Super-Homem* ou *Batman* (SOUSA, 2017), atingindo mais de 500 edições ininterruptas em 2011.

O sucesso imediato fez com que, em poucos meses, as vendas aumentassem ainda mais, dando início, segundo o quadrinista (2017), a dois fenômenos: um comercial e outro comportamental. "Na história das histórias em quadrinhos no Brasil, era a primeira vez que uma publicação com personagens cem por cento nacionais alcançava tiragens tão expressivas" (SOUSA, 2017, p. 139), o que o tornaria "o absoluto criador de maior resposta popular no Brasil [...], sendo conhecido pela quase totalidade das crianças brasileiras." (MOYA, 1986, p. 204). O fenômeno comportamental ao qual se refere seria o hábito capital cultural de colecionar periódicos, "criando vínculo com os personagens e imprimindo-os para sempre na memória emocional." (SOUSA, 2017, p. 139).

A demanda crescente, representada por traços pontudos e menos arredondados (Figura 5), decorrentes dos curtos prazos de publicação, passou a exigir a contratação de desenhistas, arte-finalistas, um letrista e, em sequência, roteiristas. Com eles, viriam os primeiros indícios de normatização do processo criativo, na forma de um manual de padronizações. Incluía o padrão de leitura ocidental, da esquerda para a direita, a objetividade dos diálogos, a diagramação rítmica com início, meio e fim, a rápida contextualização de cenários e protagonistas de cada historieta e, ainda, o rodízio entre histórias leves, bem-humoradas e aventurescas — prevalecendo o humor entre as cenas (SOUSA, 2017).

Figura 5 – Evolução estética da Turma da Mônica em pôster oficial da MSP

Fonte: Mauricio de Sousa Produções (2015, s/p)

O estúdio, rebatizado após 1965 como Mauricio de Sousa Produções (MSP), aos poucos ganhou escopo e profissionalização, com a construção das áreas financeira, comercial e administrativa, em conjunto com os setores de criação e design de produtos, projetos temáticos e editoriais. "Pode ser citado como único exemplo que obteve sucesso na ótica capitalista/industrial [...]. Seus quadrinhos vendem mais no Brasil do que os Disney, ininterruptamente, desde os anos 1970." (NATAL, 2005, p. 4).

Emergiu também no desenho animado em 1976, após primeiras publicidades televisivas, com o especial de fim de ano *O Natal da Turma da Mônica*, exibido pela Rede Globo e que antecede uma gama de episódios seriados, a exemplo da coleção *Cine Gibi* (2004) ou das esquetes exibidas em canais via assinatura, incluindo Cartoon Network, Tooncast e Boomerang, ou abertos, como TV Cultura. Em seguida, chegou ao teatro, em 1978, com a encenação *Mônica e Cebolinha no Mundo de Romeu e Julieta*.

Em 1982, alcançou os cinemas com seu primeiro longa-metragem, *As Aventuras da Turma da Mônica* (1982). Produzido pelo extinto estúdio Black & White Color, antecipa outro clássico da cinematografia nacional, *A Princesa e o Robô* (1983), e futuros sucessos de bilheteria, como *Uma Aventura No Tempo* (2007). A chegada do Parque da Mônica (1993), em São Paulo, com público anual superior a 500 mil visitantes (FERRARO, 2020), evidenciou ainda mais a necessidade de "produtizar" personagens, ou seja, transformá-los em máquina industrial com potencial para licenciamento de bens cambiáveis[14] nos moldes da Disney, que se tornaria modelo internacional, com "revistas, cinema, televisão, bonecos, chaveiros, relógios, fraldas, o parque temático inaugurado em 1955 — tudo virava fonte de receita, numa criatividade inesgotável nos negócios." (SOUSA, 2017, p. 129).

Após 16 anos percorridos na editora Abril, com "400 milhões de figurinhas vendidas, expansão internacional para 14 países e cinco gibis com tiragem conjunta mensal de 1 milhão de exemplares" (SOUSA, 2017, p. 205), a MSP migrou para a Editora Globo, como forma de expandir os negócios em espaços internacionais, ampliar tiragens e adquirir maior participação nas vendas. Ficaria nela até junho de 2006, com fortes resultados: quase 60% do segmento infantil do mercado de gibis (SOUSA, 2017).

À frente do comércio infantojuvenil, a Turma da Mônica conquistaria animações, peças teatrais, brinquedos, espetáculos musicais, lojas, livros,

[14] Este é um processo comum a partir da década de 1990 em que a criatividade se torna também um mecanismo estratégico de valor comercial, sendo as Indústrias Criativas responsáveis pela ampla movimentação econômica de países desenvolvidos. Correspondem a um "conjunto de atividades relacionadas à criação, fabricação e comercialização de serviços e/ou produtos culturais" (BARROS; SILVA, 2018, p. 2).

produtos alimentícios e de higiene, jogos eletrônicos, CD-ROMs, discos, vinhetas no YouTube, memes[15] — oficiais e advindos do ativismo virtual, aplicativos, webséries, maçãs, filmes e espaços temáticos, com mais de 1.500 páginas de quadrinhos publicados por mês (CORREIO BRAZILIENSE, 2018). "A Turma da Mônica evoluiu em conceito de marca, também oferecendo uma diversidade de bens de consumo com base no carisma de suas personagens e na identidade dos mesmos com grande parte da população." (BARI, 2017, p. 30).

Em 2007, a transição da Globo para o grupo editorial italiano Panini permitiria a expansão de lançamentos, de modo a extrapolar as publicações de base. Além da evolução de traços estéticos e morais, haveria a tendência à reinvenção, a partir do lançamento de variantes diegéticas de Mônica e cia. Viriam a ser conhecidas por parte do *fandom*[16], a partir da Comic Con Experience[17] 2019, como "Mônicaverso", nomenclatura que remete ao conceito de multiverso (em especial o do Homem Aranha, da Marvel Comics, popularizado em filme animado de 2018) — um conjunto de universos. Nos quadrinhos norte-americanos da Marvel e DC Comics, o termo simplifica "uma maneira de explicar a existência das diferentes versões dos personagens" (BONIFÁCIO *et al.*, 2019, p. 638), situados em dimensões paralelas entre si e que lhes agregam um perfil transmidiático (JENKINS, 2009).

A abstração, embora recebida no ciberespaço como uma brincadeira satírica e suscetível a piadas (CRISTALLI, 2019), transparece a real tendência da MSP em reinventar códigos linguísticos, estratégias discursivas e investimentos comerciais. O que de fato se mantém é a essência da obra original. A primeira reinvenção de proeminência ocorreu em 2008, com a revista *Turma da Mônica Jovem*.

A série trouxe histórias em "estilo mangá", em preto e branco, protagonizadas por uma versão "*teen*" do Bairro do Limoeiro e tiragem inicial de 500 mil exemplares (SOUSA, 2017). Embora soe mais "como a adaptação de um modelo preexistente do que da sua negação" (D'OLIVEIRA, 2011, p. 65), distingue-se do universo mitológico original e que já está firmado no

---

[15] Termo cunhado em 1976 pelo cientista Richard Dawkins em seu best-seller *O Gene Egoísta*. É considerado uma unidade de informação a ser multiplicada em uma ou mais plataformas. Permitem dar visibilidade a uma marca ao ser usado como valiosa estratégia de marketing digital,

[16] Diminutivo da expressão em inglês *fan kingdom*, que significa "reino dos fãs" em uma tradução literal. Refere-se às comunidades de fãs comuns de celebridades e produtos culturais, como um seriado televisivo, uma música, um artista, um filme, um livro, entre outros.

[17] Evento nacional que reúne grandes nomes da indústria de entretenimento, entre artistas, produtores e empresas do segmento. Traz novidades da cultura pop e *geek*, lançamentos de filmes, painéis, exposições, quadrinistas, lojas, colecionáveis, entre outros conteúdos relacionados.

inconsciente coletivo do brasileiro. "Vende mais que a Turma da Mônica original." (LUISA, 2019, s/p).

> A versão jovem altera e atualiza características que sempre foram associadas aos personagens (a Mônica cresceu e emagreceu, o Cebolinha hoje tem mais cabelo e o Cascão até toma banho de vez em quando). A nova série tornou-se sucesso de vendas e transformou os personagens em assunto de discussão em tempos de redes sociais. (MOREIRA, 2017, s/p).

A renovação de públicos e espaços interagentes, enquanto tática de vendas concordante aos efeitos da globalização e sua pluralidade de hábitos consumistas, permite à MSP dialogar com leitores cada vez mais maduros, exigentes e diferenciados, o que se converte em atividades políticas como consequência de toda e qualquer relação de consumo (CANCLINI, 2015). Acarretando novos mercados, como *graphic novels*, *toy art* e derivados, os números se expandiram para maiores paradigmas econômicos. "Desde 2013, os livros da turminha vendem entre 1,5 e 2 milhões de exemplares anuais" (SOUSA, 2017, p. 294), enquanto no canal oficial do YouTube, iniciado em 2012, a série animada *Mônica Toy* já soma mais de 4,5 bilhões de *views* (O LIBERAL, 2020), com episódios curtos de 30 segundos no estilo *paper toy*[18].

Mônica, a cria, tornar-se-ia ainda embaixadora do Unicef, (2007) do Turismo (2008) e da Cultura (2009) do Brasil (HINZ, 2013), e Sousa, o criador, seria o primeiro quadrinista a ser empossado pela Academia Paulista de Letras em 2011, ocupando a 24ª cadeira (FRACHETTA, [2021?]) e sendo apontado como um dos dez escritores mais admirados do país segundo o Instituto Pró-Livro (SOUSA, 2013).

A marca "Mauricio de Sousa", com seus "440 personagens criados ao longo dos anos" (JACINTHO, 2019, s/p), confirmar-se-ia como uma das mais privilegiadas no Brasil, com Mônica usufruindo do posto de "Dona da Rua" em ao menos três mil produtos de 150 empresas (SOUSA, 2017) aos cuidados de um estúdio que já conta com mais de 300 funcionários (SOUSA, 2017). Seria também redesenhada por artistas independentes renomados do Brasil, no já mencionado selo *Graphic MSP* (2012), e "mangalizada" no título *Geração 12* (2019), que consolidariam sua propensão a releituras, interseções criativas e traduções intersemióticas (Figura 6).

---

[18] Brinquedos artesanais de papel moldados em três dimensões, advindos dos origamis japoneses (CASTILHOS, 2017).

Figura 6 – "Mônicaverso" na Comic Con Experience 2019, na São Paulo Expo

Fonte: Suco de Mangá (2019, s/p)

Em 2019, o longa-metragem *live-action Turma da Mônica – Laços*, dirigido por Daniel Rezende, faturou R$ 46.593.516 (BOX OFFICE MOJO, [2019?]), sendo visto por pelo menos dois milhões de espectadores (SABBAGA, 2019) e assentindo a construção de um universo cinematográfico, formado até então por *Turma da Mônica – Lições* (2020), um anunciado filme do Chico Bento (AVILA, 2022) e uma transição transmidiática para o *streaming*, com uma série original na plataforma Globoplay (G1, 2022). *Lições* ainda se tornaria a película nacional mais assistida durante a pandemia do coronavírus, com avaliação máxima por parte da crítica especializada (SABAGA, 2021).

O "Mônicaverso" propende a impactar as Indústrias Criativas com pequenas e grandes revoluções estilísticas e novas formas de contação de histórias. Seus desdobramentos (Figura 7) exprimem apostas arriscadas cujas hesitações, rompidas pela experimentação, alcançaram resultados positivos ao considerar que "[...] a incerteza é um componente sempre presente na comercialização dos produtos". Por outro lado, a demanda dos consumidores por novidade é ilimitada, forçando as firmas a uma espiral de inovação que pode não ter retorno financeiro." (BENDASSOLLI, 2009, p. 14). E, realmente, o estúdio conquista méritos econômicos sem preterir que "a essência da Indústria Criativa é a intensidade do ato criativo como manifestação cultural" (DOMINGUES, 2019, p. 41), com uma matriz mercantil lúdica, heterogênea e policromática, carregada de ineditismos e expressões culturais (Figuras 8 e 9).

Figura 7 – "Mônicaverso" inclui versões jovem, *live-action*, *toy*, entre outras

Fonte: Mauricio de Sousa Produções (2019, s/p)

Em 2022, a MSP alcançou a marca de quatro mil produtos licenciados, 16 bilhões de visualizações no YouTube — com mais de 17 milhões de inscritos, exposições, 200 empresas parceiras, espetáculos musicais com mais de 100 mil espectadores — com a Mauricio de Sousa Ao Vivo, subdivisão focada na arte teatral (FERRARO, 2020), 450 títulos de livros (SILVA, 2022) e mais de um bilhão de gibis vendidos (LUISA, 2019), sendo o licenciamento correspondente a 90% do faturamento total (FRACHETTA, [2021?]). "Quase não há mais concorrência: a turminha ocupa cerca de 80% do mercado nacional de quadrinhos." (LUISA, 2019, s/p).

Do ponto de vista qualitativo, sabe-se (ver entrevista no final deste livro) que sua estrutura interna se preocupa em contratar profissionais que representem a diversidade da sociedade brasileira, além de contar com colaboradores que também trazem a visão de grupos minorizados. A presença da diversidade no dia a dia inclui palestras, oficinas e rodas de conversa para compartilhamento de conhecimentos sobre a temática de raça, igualdade de gênero, LGBTQIA+ e PcD, entre outras.

Figura 8 – Encontro de *cosplayers* da Mônica na Comic Con Experience 2019

Fonte: Uol (2019, s/p)

Figura 9 – Mauricio de Sousa com a equipe da Mauricio de Sousa Produções (MSP)

Fonte: Paulo Gratão (2021, s/p)

No exterior, a Turma da Mônica já se reproduziu em 130 nações, com tradução para 60 idiomas (FOLHA DE S. PAULO, 2019). "Países como China e Arábia Saudita também possuem interesse em investir na marca brasileira, que tem muito potencial de vendas." (FRACHETTA, [2021?], s/p). O reconhecimento internacional inclui premiações nos Estados Unidos, Japão, Itália, Coréia do Sul e França. Em matéria para o portal *Super Interessante* (2019), foram sintetizados os principais números e marcos históricos que personificam o estúdio na modernidade, reproduzidos a seguir (Figura 10):

Figura 10 – Mauricio de Sousa Produções (MSP) representada em números

Fonte: Yasmin Ayumi e Victor Kahn/*Super Interessante* (s/p)

Os produtos da Turma da Mônica, sobretudo os que compõem sua base editorial, passaram por uma gama de transformações estéticas e morais à proporção que as técnicas de produção gráfica e valores vigentes em sociedade também se modificaram. A verificação desses preceitos é desenvolvida em sequência.

3.2 Valores estéticos e morais

O êxito de Mauricio de Sousa, revalidado pela expansão significativa de linhas editoriais no decorrer de mais de 60 anos, reverteu na múltipla recombinação de componentes sígnicos, cuja evolução de traços e características estéticas se mostrou uma construção histórica, formada por transições perceptíveis por meio da observação analógica entre os quadrinhos mais recentes e seus antecedentes.

A coletânea *As Tiras Clássicas Turma da Mônica*, publicada pela Editora Panini Comics entre 2007 e 2011, permite um olhar indagador às primeiras tiras que circularam na *Folha de S.Paulo*, em meados dos anos 1960. "A tira cômica seriada teria a característica de apresentar um desfecho inesperado, com duas funções narrativas: criar um efeito de humor no leitor, tendencialmente na cena final, e um gancho para o capítulo da próxima tira." (RAMOS, 2012, p. 748).

O efeito cômico prevalece, podendo "ser resultado da reversão da expectativa (expediente comum às anedotas), do exagero (como nas caricaturas), da representação mecânica (pantomima), da ironia, da paródia ou da sátira." (SANTOS, 2013, p. 3). Embora o humor prevalecesse, piadas carregadas de um teor crítico, que satirizavam situações específicas e datadas quanto ao contexto sociopolítico da época, viam-se esporadicamente. É o caso de alusões quanto à seca no Nordeste, às inundações na cidade paulista e faces intertextuais parodísticas de publicidades televisivas, por exemplo. A princípio,

> [...] o código de ética brasileiro de 1961 dispunha explicitamente que as histórias em quadrinhos deveriam ser instrumento da educação e da formação moral, não sobrecarregando as mentes com conteúdos do currículo escolar. Deveriam exaltar a prática dos docentes, evitar exageros da imaginação, ataques a raças e a religiões além de quaisquer elogios a tirano, assim como, críticas à democracia deveriam ser evitados. (OLIVEIRA, 2014, p. 133).

A Ditadura Militar que viria como um "momento divisor de águas" (OLIVEIRA, 2014, p. 19), instaurado entre 1964 e 1985, chegou a ser parodiada em uma condição cômica: Cebolinha e Mônica criam um código visual para comunicarem entre si, em que letras e palavras davam lugar a símbolos e desenhos conforme a observação de marcas e ilustrações dispostas em outdoors. Em uma das *gags*, de 1967, Cebolinha era interrogado em um escritório, cujo letreiro dizia "polícia secretíssima", quanto ao teor de uma carta enviada à Mônica.

O humor é construído pela sátira ao caráter repressor do governo e sua perseguição às conspirações contrárias que ameaçassem seu autoritarismo. "Práticas de vigilância, perseguição, repressão, prisão e tortura eram justificadas pelo argumento de combate à ameaça comunista." (CAVALCANTI, 2020, p. 2). A experiência ditatorial, cujos interrogatórios reafirmaram os aspectos repressivos do sistema (JOFFILY, 2008), influenciou diretamente a produção quadrinhística nacional, inclusive além do que se via nas histórias. Mauricio de Sousa (2018) apontou, em depoimento via redes sociais, os cuidados tomados para contornar a censura rígida vigente nas redações de jornais e revistas da década:

> Numa história chamada 'O Sequestro do Cascão' tivemos que mudar o título porque um embaixador estrangeiro havia sido sequestrado. O censor postado na redação da Abril (que editava nossas revistas) assim o exigira. Em outra revista o Cebolinha mostrava o traseiro enquanto tomava banho (Figura 11). Mais uma vez a editora foi admoestada. Que isso não se repetisse. Enquanto isso na área de produções de desenhos animados eu tinha que ir pessoalmente a Brasilia para submeter à censura federal os roteiros e desenhos dos longa-metragens da Turma da Mônica. Eu achava um desaforo, mas tinha que ir ou o filme não sairia. - foi um tempo sem saudade. (SOUSA, 2018, s/p).

Figura 11 – Quadrinho censurado de história do Cebolinha na Ditadura Militar

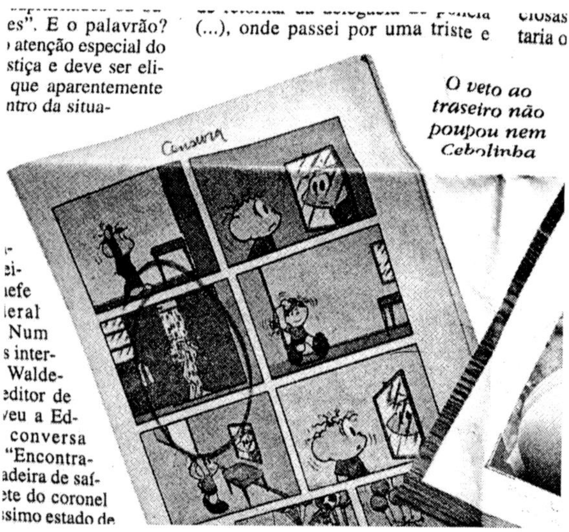

Fonte: Mauricio de Sousa (2018, s/p)

Na mesma publicação, encontrada no Instagram (2018), observa-se comentários de teor negacionista, que discordam da existência de uma política autocrática. "Um tempo de respeito e crescimento econômico", afirma uma usuária (2018). A intervenção militar na expressão libertária, simplificada por uns a sofismas do socialismo, torna-se mítica ou negligenciada pela visão conservadora de parcela seguidora do quadrinista (Figura 12), mesmo esse sendo explicitamente contrário ao encarceramento criativo extremista.

Pôde-se ainda identificar uma terceira via, que defende o uso do bom senso para sanar a necessidade da censura. Seria então evitar a erotização infantil. Mas ela estava ali, para início de conversa? Tomar banho não chega a ser um feito de estímulos eróticos ou cunho sexual que exigem maturidade em sua decodificação. Tão menos uma conotação à pornografia infantil. O nu como retrato cotidiano da pureza e inocência da criança persiste em nossos tempos, inclusive na forma de expressões artísticas como a pintura ou a fotografia.

Enraíza-se aos "contextos culturais subjacentes às complexas relações e transformações sociais através dos tempos" (VIEIRA; BRITO, 2013, p. 10-11), sujeito a malícia — presente ou não — naquele que transmite e decodifica sua intencionalidade. Nem o uso erótico da cena fora de sua mídia original modificaria, inclusive, a finalidade narrativa original de sua aplicação. Relações entre signos linguísticos e correntes ideológicas ora são complexas, ora apenas se fazem, em meio aos melindres da problematização gratuita.

O *case* mencionado levantaria discussões quanto à presumida exposição de ideologias de gênero nas escolas, catalisadas por profissionais da área de educação, ou ainda uma alegada irreverência ao público infantil devido à retratação de cenas de nudez. A típica polarização esquerda-direita se incitou pelo argumento de que nenhuma bandeira havia sido levantada, tratando-se apenas de um relato verídico quanto às restrições impostas ao profissional criativo no decorrer da história do Brasil.

Discursos de teor homofóbico e radical também definem o tom de cobranças a Sousa, contrapostos aos desejos de fãs que cobiçavam o substrato original das publicações adulteradas pelo regime (Figura 13), acentuando a projeção de Salles (2004) de que a arte não se limita ao trabalho final do artista, carregando com si todos os movimentos criativos do seu criador.

Figura 12 – Comentário homofóbico e favorável às intervenções da ditadura militar

Que vergonha, hem @mauricioaraujosousa pra quem vive escrevendo história pra criança essa não passou de outra só que com muita maldade e contra aqueles que nos livraram de uma ditadura real, ditadura do proletariado, admiro seu trabalho, mas fazer disso uma bandeira a favor de uma militância esquerdista mostra o lado que você estar, do lado dos desertores do Brasil. Eu imagino se não tivesse aquela dureza, como estaríamos hoje? Cebolinha e Mônica homossexuais?

Fonte: Mauricio de Sousa (2018, s/p)

Figura 13 – Comentário de fã expõe desejo de ler obra original, sem censuras

@mauricioaraujosousa queria que houvesse uma reedição das histórias dos anos 80 e 90

Fonte: Mauricio de Sousa (2018, s/p)

Censuras estéticas e morais impostas pelo militarismo, por outro lado, não impediriam a presença de estereótipos recorrentes das indústrias culturais nos primórdios da Turma da Mônica, das tiras às revistas, cuja "Linguística Textual [LT] trabalha os enunciados escritos, com objetos-de-discurso instaurados, retomados, recategorizados" (RAMOS, 2012, p. 756).

Em uma delas, Cebolinha transita em meio às seguintes figuras: um indígena, de vestes típicas, acompanhado de uma cobra e sobreposto a um fundo urbano, um homem negro sambista, batucando em um pandeiro frente a um conjunto de palafitas que simulam uma comunidade, uma mulher negra, de vestes baianas, carregando uma cesta de frutas na cabeça e, por fim, um cangaceiro, de espingarda na mão, próximo a um cacto e uma palmeira. No último quadro, Cebolinha dialoga com o leitor, afirmando que "isto foi uma 'histolieta' 'tipo expoltação'". Há um carimbo com os dizeres "*made in Brazil*" (Figura 14).

Figura 14 – Acentuada pintura nanquim em personagens negros na tira do Cebolinha

Fonte: Mauricio de Sousa Produções (2007, p. 28)

Observa-se a brasilidade caracterizada por associações típicas de uma colagem de traços generalizados, em que as escolas de samba se associam à historicidade das comunidades cariocas, sendo a essência dessa musicalidade "estruturante e transversal na culturalidade afrodescendente" (PRUDENTE; COSTA, 2020, p. 286), dos navios negreiros aos grandes carnavais. Por mais que a combinação estética entre espaços periferizados e esse gênero seja entendida como típico movimento de resistência contra o pensamento colonial e seu poder hegemônico, a soma da visão da Bahia como âmago cultural e patrimonial de símbolos afro-brasileiros soa, aqui, como um amontoado de estereotipagens fenotípicas e determinismos que, mesmo não empregados de forma depreciativa, homogeneízam retratos de povos díspares em sua multiculturalidade.

"A representação é tanto mediadora quanto multiplicadora de significados, reforçando ou excluindo informações. Dentro dela, a identidade deve ser entendida não só como construção individual, mas também como experiência coletiva, processo de conquista." (D'OLIVEIRA, 2011, p. 71). A aplicação de tinta nanquim e a escolha do cangaço como alusão ao Nordeste — esta similar ao uso constante de orientais no posto de tintureiro ou dono de lavanderia — reforçam que a intenção de facilitar a decodificação do leitor sobressai à responsabilidade ética, secundarizados em tempos "politicamente incorretos", de modo a estreitar signos com potencial de tornarem-se "indispensáveis na construção das identidades" (WILLIAM,

2019, p. 30), quando partilhados adequadamente. Haveria outros *cases*, marcados por estereótipos de forma mais evidente: a força bruta e, novamente, o samba:

> [...] numa tirinha, Cebolinha está tocando samba e impressiona Cascão, que comenta: 'puxa Cebolinha! Como você consegue batucar tão bacana assim numa caixa de fósforo?'. Cebolinha, então, mostra a Cascão o grande segredo: dois personagens negros de tamanho diminuto estavam escondidos dentro da caixinha de fósforo. Nesse caso, Cebolinha sabia tocar bem, porque utilizava o talento dos negros sambistas. Numa outra tirinha, Cebolinha questionou Mônica em função de ela ter falado que ele tinha medo do escuro. No quadro seguinte, Mônica chamou Tião, que representava o 'escuro' (o personagem era adulto, forte e negro) e, ainda, comentou que Cebolinha estava falando mal dele. No último quadro, a expressão de Cebolinha é de medo, ao ver Tião chegar. (AGOSTINHO, 2021, p. 135).

A violência e a criminalidade são conceitos constantemente aproximados à preconcepção do homem negro (MICHELOTTO, 2017), em traços degradantes adotados, às vezes, em prol da comicidade. Torná-lo perigoso como uma simplificação social e não racial soa pretexto para a inconsciência. Associá-lo ao "escuro" tange como a naturalização do discurso racista, entranhado a uma série de situações incorretas que, no tempo presente, são repudiadas pela própria MSP — inclusive em republicações de teor histórico.

Em outra tira, Cebolinha se depara com um vendedor, que anuncia: "Olha a laranja baiana!". Ao questionar-se a natureza da fruta, o sujeito mostra que ela possui "cabeça chata", aludindo a uma gíria pejorativa para se referir ao nordestino. Tudo porque "no começo dos anos 60 não havia a preocupação com o politicamente correto." (SOUSA, 2007, p. 128). Afinal, "na época [as cenas] não incomodavam ninguém e divertiam a todos." (SOUSA, 2008, p. 5). O que presumivelmente viria a incluir gracejos de feições racistas e xenofóbicas.

Curiosamente, o racismo enquanto temática já aparecia: um tabloide do tiranossauro Horácio — o alter ego filosófico (SOUSA, 2021) de Mauricio de Sousa, produzido integralmente por ele com formato seriado, a partir de 1963, na *Folhinha de S.Paulo*, colocaria o protagonista em um cemitério de elefantes, estando deslocado por ser desprovido da "pureza racial" destes. Mas não havia necessariamente uma preocupação antirracista, pois, "embora visto de maneira negativa, o racismo ainda é discutido de maneira quase metafísica, ligado mais ao sentimentalismo do que a uma razão organizativa." (OLIVEIRA, 2014, 2017). Outras tiradas explicariam o debate mais acentuado do tema: em uma delas, Horácio ajudaria um casal de etnias divergentes, cujas raças se repudiavam por suas cores opostas (OLIVEIRA, 2014).

Também não havia um senso perene de justiça quanto à punição de comportamentos opressores e pilantragens, vindos ou não de antagonistas. Muitas vezes as tiranias e maus exemplos terminavam impunes, encerrados conforme demandado pela construção da narrativa, geralmente humorística. Ou reflexiva, no caso de Horácio, que volta e meia servia de gatilho para refletir as aspirações do quadrinista sobre os papéis sociais da sociedade moderna. Entre os demais personagens, "os fatos e problemas são apenas mais uma forma de entretenimento." (OLIVEIRA, 2022, p. 119-120).

Nas tiradas cômicas observadas, Cascão passa a admirar um hippie, de cigarro na boca, pelo fato de nunca tomar banho. Cebolinha chora ao ver um vendedor ambulante ser preso, em seguida passando a lhe fazer companhia na cadeia. Na parede da cela, há o desenho rudimentar de um homem enforcado, acompanhado da legenda "carcereiro". O "troca-letras" conhece o perigo de pular sobre fogueiras, soltar balões e bombinhas de São João, vendo-se diante de bombas atômicas, granadas e demais armamentos de alta periculosidade.

Expressões carregadas de conteúdo "condenável", quando reeditadas, costumam vir acompanhadas de notas explicativas que esmiúçam o problema, alertando quanto à espontaneidade do humor reprovável, mediante os valores socioculturais vigorados durante a datação original. Sidney Gusman (jornalista e editor da MSP) explica, na coleção *Horácio Completo* (vol. 1, Pipoca & Nanquim, 2021), que expressões e situações já inaceitáveis socialmente são orientadas por especialistas a serem preservadas sem nuanças, em prol do valor histórico da obra.

Piadas com a metalinguagem, em que um signo passa a ser interpretado por outros da mesma língua, eram recorrentes. "Mais do que um metadiscurso, a metalinguagem torna visíveis os códigos utilizados na elaboração da mensagem ou relaciona o conteúdo de um determinado tipo de texto a outros conteúdos de textos semelhantes." (SANTOS, 2013, p. 6). Percebe-se um reflexo parcial dos desenhos animados norte-americanos, a exemplo daqueles da Warner Bros. "Protagonizados pelos Looney Tunes no início da década de 1930, esses desenhos animados eram marcados por um teor politicamente incorreto e *gags* visuais, [...] responsáveis pela inserção de elementos metalinguísticos." (BEZERRA *et al.*, 2020, p. 8).

Talvez o exemplo mais emblemático do "incorreto" aqui seja a "cartada secreta" de Mônica para conseguir surrar os meninos da rua: um tijolo escondido, dentro do coelhinho de pelúcia. As discussões quanto ao papel da mulher em sociedade também se viam cedo em pauta, embora comumente abordadas com uma brutalidade cômica, ainda distante dos valores aprovados na atualidade.

Mônica bate em Cebolinha após chamar seu coelhinho de "encardido", aparentemente ignorando seu comentário quanto ao comportamento feminino: "As 'mulheles' devem ser delicadas, gentis, meigas... e não uns 'monstlinhos' de saia, enfezadinhos". "Você precisa ser mais feminina, Mônica! Afinal, nós usamos saias!", diz Magali em outro momento. Mônica responde que "Quem fala que eu sou do sexo frágil, apanha mesmo!", logo após esbofeteá-la. Em outra tira, ainda arranca todos os cabelos da amiga ao ouvir: "em vez de dar murros; belisque, puxe os cabelos! É assim que são as meninas normais!". A própria Mônica afirmaria: "para ser bem feminina, eu preciso brincar de casinha". Pois na atualidade, inclusive, tornou-se consciência o fato de que as meninas, aos seis anos, começam a identificar protagonismos apenas masculinos, contribuindo para a manutenção de uma postura ascendente e empoderada.

Momentos em que havia algum garoto chorando, auxiliando nas tarefas domésticas ou brincando de casinha, geralmente, eram abordados como piada. "O menino aprende a ser criativo, determinado, enquanto a menina é ensinada, a ter passividade, delicadeza e adequação às atribuições do lar, assim como cuidar e servir." (FRARON; TEIXEIRA, 2016, p. 1). E assim seguiu na Turma da Mônica, até a segunda metade do segundo milênio.

Em tira republicada no *pocket Cebolinha em Apuros!* (L&PM, 2009), Cebolinha pergunta a Cascão: "deixa eu brincar de *calinho* com você?", referindo-se a um carro de brinquedo. Ao invés de responder, foge, acreditando tratar-se de uma situação de afeto (Figura 15). O humor se constrói na parte verbal da narrativa, criando uma subversão na reação esperada em decorrência da dislalia de Cebolinha. Comentários de propensão homofóbica também eram desembaraçadamente expressos, mesmo que intrínsecos à recepção cognitiva e visão de mundo daqueles que os leem.

Figura 15 – Tira do livro *Cebolinha em Apuros!* (L&PM)

Fonte: Mauricio de Sousa Produções (2009, p. 107)

Ademais, figuras de linguagem como a hipérbole e o nonsense, trocadilhos e intertextos com os super-heróis norte-americanos e clássicos literários representam, majoritariamente, o conteúdo encontrado, expresso por traços manuais e assimétricos agregados a balões de fala enxutos. Trariam estereótipos? Souza diz que, se suas criações são estereotipadas, seus filhos — que lhe serviam de inspiração — também seriam (NATIONAL GEOGRAPHIC, 2021).

> Seus personagens são baseados em indivíduos comuns, com qualidades e defeitos, e representam crianças socialmente inseridas em um contexto familiar, no bairro, na escola, em situações de brincadeira e conflito. Sua tematização do cotidiano aborda questões sociais, ambientais, de cidadania e inclusão, contribuindo para a aprendizagem da leitura, assim como, para o desenvolvimento de valores, conhecimentos culturais e representações do modo de viver em sociedade. (SILVEIRA *et al.*, 2019, p. 2).

Seriam ainda universais, cujos pecadilhos se assemelham ao cotidiano brasileiro. Ainda na década de 1960, as histórias de *Bidu* e *Zaz Traz*, republicadas no álbum *Coleção Histórica Mauricio: Bidu e Zaz Traz!* (Panini Comics, 2015), explanavam situações que, na contemporaneidade, são impensáveis nos produtos editoriais da MSP: Franjinha apanhando de valentões e do seu pai, facas como brinquedos, menções a cigarro, assaltantes, castigos exagerados, tiroteios etc.

O Bidu corria risco de apanhar do Cebolinha com uma tábua — quando não do próprio dono —, e Franjinha conquistava o coração de uma garota ao expor ter dinheiro. Sua mãe ainda era chamada de "burrinha" pelo marido, enquanto Maria Cebolinha passeava usando coleira. Os traços mais rústicos acompanhavam o linguajar da época, além de costumes como colecionar tampinhas e caixas de fósforo. Inclusive o nome "Bidu" é uma gíria datada, que significava "adivinhão" ou "lógico".

Jeremias já participava de enredos antológicos como "O ovo da discórdia" e "Um rapaz de outro mundo", como secundário de posse de "diálogos próprios" (AGOSTINHO, 2021, p. 131). Quando não sobrava em cena, simplesmente não aparecia, às custas de Titi, Manezinho e Cebolinha. A presença negra exterior a ele se limitava a Torradinha, personagem da série *Meio-Fio* (em *Zaz Traz*), do quadrinista nacional Gedeone Malagola, criador do super-herói Raio Negro. Também carregado de pintura nanquim, tinha o nariz arredondado e lábios esbranquiçados, expressivos se comparados aos dos demais. O nome aponta ser uma alusão à sua etnia. Ambos eram coadjuvantes nas traquinagens de Franjinha e Meio-Fio.

Em 1966, os primeiros livros ilustrados, saídos pela editora FTD, republicados em *Mauricio – O Início* (Panini Comics, 2015), já sintetizavam aspectos recorrentes dos quadrinhos da Turma da Mônica. Niquinho, personagem esquecido, trazia a importância da solidariedade e da bondade. O livro *A Caixa da Bondade*, com uma narrativa extra estrelada por Chico Bento, estabelecia o caipira, ainda coadjuvante, como membro de uma família cabocla, habitante de um rancho humilde, amante dos contos da avó, inclusive aqueles sobre os tempos da escravidão. Nos gibis, dentre os causos da Vó Dita predominariam apenas os focados nas assombrações da zona rural, do lobisomem à mula sem cabeça.

Estranhamente, nesta mesma história, aparecia Jeremias. Não o mesmo que contracenava com Franjinha, mas sim outro menino, também negro, descrito como morador de uma fazenda vizinha. Ao final, revela-se filho do Saci, chamado de Damião Pererê. Ambos aparecem sem o uso de uma tonalidade exagerada, diferentemente do Jeremias do Bairro do Limoeiro, cuja pintura de tinta nanquim se prolongou até 1970. No livro, os profissionais Joel Link e Alberto "Dudu" Dijinishian, conforme explica Sousa (2015), eram responsáveis pelas cores:

> Cada página tinha uma folha de papel vegetal, com uma mancha dos tons que eu queria, tudo calculado em porcentagens: tanto de ciano, tanto de magenta, tanto de amarelo, tanto de preto. Era tudo muito rudimentar, bem diferente de hoje. (SOUSA, 2015, p. 206).

Damião, por outro lado, teria o lábio expressivo e arredondado. Astronauta e Piteco davam o tom aventuresco em suas respectivas tramas, em que o senso de ajudar o próximo se mantinha unificando mensagens positivas ao entretenimento.

Nas tiras, conjunturas mais particulares vinham aparecendo, por meio de "personagens periféricos em outros 'universos' ficcionais" (MIORANDO, 2019, p. 152): Nico Demo (Figura 16), surgido em janeiro de 1966, com título próprio, mudo e contorno serrilhado, unificava posturas cruéis e ingênuas. Também não contracenava com outros personagens de proeminência, tirando ocasiões celebrativas ou publicitárias. Demasiadamente polêmico, sempre "era autêntico e sincero, sem estar preocupado com o certo ou errado. E de vez em quando aprontava com os outros. Isso na década de 60, quando o Brasil sentia o peso do AI-5 e vivia na censura, reprimido." (GAZETA DIGITAL, 2003, s/p).

Figura 16 – As tiras de Nico Demo eram carregadas de humor "incorreto"

Fonte: Sidney Gusman (2003, s/p)

Suas tiras, prolongadas até os anos 1970, eram o cume do incorreto. Republicadas por editoras como Globo (2003) e L&PM (2011; 2018), traziam-no tentando bancar o bom-moço. Eram só tentativas, pois incomodava todos ao seu redor com situações impróprias: de embebedar crianças a provocar suicídios, sem qualquer pudor. Seria um ser descabido até para a própria época, antes de um tempo em que "as tiras dos jornais se mostram muito mais ácidas, corrosivas ou agressivas em todos os níveis." (SOUSA, 2000, p. 54).

Depois de circular pelo *Jornal da Tarde* e *Folha da Tarde*, aposentou-se em 1978, após Mauricio de Sousa se recusar a amenizá-lo, o que acarretaria em sua descaracterização. "A experiência evidenciou a opção por acomodar sua potencialidade criativa de modo a evitar o conflito com seu modelo empresarial de produção e distribuição de tiras." (D'OLIVEIRA, 2011, p. 68). Controversamente, anos depois, Nico voltaria em revistas da Panini (2009), em *cameos* e histórias solo, sem suas diabruras extremas. Mas, se "o criador diria que sua criatura veio antes do tempo, que as pessoas não estavam preparadas para ela" (L&PM EDITORES, 2021, s/p), então o que exatamente o faria mudar de ideia no futuro, abrindo mão daquela unicidade travessa nas publicações mais novas (e mais genéricas)? A recepção pública, perceptível, mostraria a resposta.

Nela, é possível localizar, mais uma vez, duas extremidades, acerca da manutenção das peripécias ditas como inapropriadas. Para compreendê-las, foram extraídos dois comentários de visão opostas, em resposta opinativa ao livro *Nico Demo: o rei da travessura* (L&PM, 2018), publicados no site Amazon em 2019 (Figuras 17 e 18):

Figura 17 – Comentário positivo às tiras do Nico Demo

Simplesmente Formidável!
Avaliado no Brasil em 27 de setembro de 2019
Compra verificada
Nico Demo é um menino completamente diferente daqueles que conhecemos da Turma da Mônica: ele é irônico, sarcástico e completamente maquiavélico. Em suma, ele é tudo o que falta nas tirinhas atuais. Interessante notar que, numa época em que reclamavam da falta de liberdade de expressão devido ao regime militar, os artistas e pensadores podiam expressar mais livremente suas ideias do que atualmente, na época da tão esperada democracia, na qual a falta de liberdade de expressão decorre do "politicamente correto" e do temor que os autores sentem diante da fábrica de indenizações por parte dos pseudomoralistas, que acabam tolhendo os direitos individuais de expressão artística muito mais do que os regimes ditatoriais!

Fonte: adaptado de Amazon [2019?]

Figura 18 – Comentário negativo às tiras do Nico Demo

1000 PRINCIPAIS AVALIADORES
Muito pesado e ofensivo, não gostei
Avaliado no Brasil em 28 de agosto de 2019
Diversas tiras são ofensivas e não tem graça... Claro que os tempos eram outros quando elas foram publicadas pela primeira vez (1966), mas não cabem como humor atualmente. Temos outras visões sobre as coisas e fico feliz por isso, já que evoluímos até um ponto em que piadas com enforcamento, execução, aparência física e violência não são mais bem aceitas. Obviamente não acho adequado para uma criança, se alguém pensa em presentear uma com isso. Inclusive acho que a editora deveria ter sinalizado o conteúdo na capa. Apesar disso, algumas das outras tiras são engraçadas e inteligentes. É um bom material para quem tem interesse nesse tipo de publicação referente ao autor e suas primeiras obras.

Fonte: adaptado de Amazon [2019?]

A controvérsia de tempos ditatoriais mais libertadores do que os democráticos, no cenário da produção cultural brasileira, conflita-se com o almejo do público de abandonar antigas representações e enunciações agressivas, que aparentam enclausurar personagens quando adotadas de mais ou de menos. Continuá-las seria glamurizar a violência e o sadismo? O racismo? A xenofobia e a homofobia? Abandoná-las significa refrear o profissional criativo?

"O limite entre o meramente jocoso e o francamente ofensivo é extremamente sutil e passível de controvérsias, ainda mais em se tratando do vasto campo das interpretações subjetivas" (CHINEN, 2010, p. 58), enquanto a qualidade, seja ela estética e/ou narrativa, estaria no meio de um "cabo de guerra", vencido progressivamente pela revisão contínua de personas e valores permitidos na produção editorial da Mauricio de Sousa Produções. Afinal, Nico Demo não seria o único a perder espaço por razões similares.

Os Sousa eram uma família de classe média, com tiras publicadas entre 1968 e 1989. Mano, irmão do protagonista Sousa (Figura 19), carregava consigo piadas incorretas, que envolviam espiar mulheres nuas, assediá-las e aplicar malandragens. O estilo adulto também não condizia com o futuro da MSP, focado, predominantemente, no público infantojuvenil, até a atualidade. "Cada personagem de Mauricio de Sousa representa um tipo ideal de acordo com a necessidade do argumento das histórias em quadrinhos: quando tal necessidade desaparece ou não é mais rentável o personagem é colocado em ostracismo." (OLIVEIRA, 2014, p. 118-119).

Figura 19 – Personagem Mano em tira de Os Sousa

Fonte: Mauricio de Sousa Produções (2010, p. 8)

As primeiras revistas na editora Abril, nos anos 1970, eram parametrizadas pelas tiras e tabloides, com suas coelhadas explícitas, nudez, diabinhos, "palavrões", sequestros e ladrões. Cascão tomava banhos no lixão e

Cebolinha pintava nos muros. Mas "um gesto tão inocente daria o que falar com o tempo." (SOUSA, 2008, p. 52). Paralelamente, o racismo enquanto uma temática narrativa agora se sobrepujava, com proeminência, em "Os azuis", de *Mônica* n.º 15 (Abril, 1971), "numa época em que o movimento negro começava a ganhar força no Brasil." (CHINEN, 2019, p. 155). Escrita diretamente por Sousa em tempos de ditadura, nasceu de seu incômodo quanto a uma fala racista manifestada por seu primo (VEM PRO PARQUE, 2017).

Mônica sente a discriminação racial na pele, ao se transportar para um mundo de pessoas azuis (Figura 20), provocando um impacto crítico quanto à construção identitária brasileira. Mesmo tratando-se de um universo paralelo, observar figuras como Cebolinha, Cascão e Magali destilarem o racismo é um mérito, no sentido de provocar um impacto consoante ao tema. "Os azuis" seria posteriormente adaptada para peça musical no Parque da Mônica, livro ilustrado (Companhia das Letrinhas, 2015) e desenho animado — este com mais de 30 milhões de visualizações no YouTube e veiculado, a princípio, apenas como vídeo de teor institucional, sem maiores exibições regulares na televisão.

Figura 20 – Trecho da história "Os azuis"

Fonte: Mauricio de Sousa Produções (1971, p. 8)

Curiosamente, é visto que a versão teatral, denominada "Mônica Azul", conta com uma mudança: Mônica é a azul e o restante da turma está normal (Figura 21). Até mesmo Jeremias demonstraria nítida rejeição à menina, arrependendo-se ao final da apresentação. Somente Dorinha que, por não enxergar, não identificaria Mônica de forma diferente. A alteração, possivelmente para agregar ineditismos à versão original ou, simplesmente, evitar a necessidade de se produzirem inúmeros bonecos azulados, poderia até levantar outra questão: estaria aqui o refutado "racismo reverso"? Não, pois este define

> [...] a ideia de que um grupo historicamente dominante sofre com atos de discriminação e preconceito praticados pela outra parte, ou seja, uma minoria racial ou grupos étnicos antes dominados pela dita maioria, estariam exercendo uma opressão e 'dominação' sobre essa maioria. (MACIEL, *et al.*, 2019, p. 4).

O racismo ocorre em todas as cores. Mas "uma interpretação extensiva que concluísse pela existência de racismo reverso corroboraria ainda mais para se assentar a situação de vulnerabilidade das pessoas em situação de vulnerabilidade que realmente sofrem racismo." (DAMASCENO, 2021, p. 592). Enquanto a etnia branca, principalmente quando agregada da heterossexualidade masculina, ocupa o topo de uma pirâmide social de modo que dispensa maiores mobilizações políticas quanto a isso, a cor azul estaria desprovida de tais privilégios ou de relações de poder antecedentes. Estando o racismo evidente a partir de um "pensamento (consciente ou não), principalmente coletivo, de que uma raça é inferior a outra" (ALVES, 2018, p. 46), ocorre então pensares destoantes à visão de que "negros não possuem poder institucional para serem racistas" (RIBEIRO, 2014, p. 1), ao menos fora do contexto do racismo estrutural vigente na realidade que nos circunda.

Ao se tratar de um caso específico e isolado de discriminação, inexiste uma nova e crescente ordem de supremacia. Não cabe aqui, na perspetiva de um branco, levantar discussões quanto aos impactos nos vínculos socioculturais de uma nova etnia em sociedade, mas sim perceber a escolha de uma ambientação fantasiosa dando lugar à estigmatização real da afrodescendência por meio de uma subversão de papéis ocorrente em todas as variantes da história — estando, mesmo assim, inteligível o objetivo de evidenciar a diversidade e o respeito ao próximo como uma necessidade estimada.

Figura 21 – Jeremias discrimina Mônica em trecho da versão teatral de "Os azuis"

Fonte: Toy Box Pim Pom (2017, s/p)

Quanto à representação negra na revista de 1971, a coloração marrom, controversamente, dava lugar ao nanquim exagerado, tanto em secundários como no próprio Jeremias, cujo fluxo de aparições diminuía. Atos pontuais (Figuras 22 e 24) poderiam evidenciar a perenidade dos preceitos anteriormente identificados nas tiras de jornal. Em *Cebolinha* n.º 4 (1973), a história "Cebolinha A Rigor" mostra o trio protagonista (ainda sem a presença recorrente de Magali) sendo privilegiado na fila de uma sorveteria. O motivo: estavam muito bem vestidos. Ao adentrarem no recinto, são vaiados pelos demais como "filhinhos de papai". Um garoto negro aparece em meio às ofensas, chamando o trio principal de "pó-de-arroz". "Não ligue Cebolinha, é a plebe", ignora Mônica.

Em *Cebolinha* n.º 148 (Abril, 1976), Cascão e Cebolinha são enganados por um menino negro, sem nome mencionado, que rouba o "carreto" dos dois e tenta fugir sem pagar o serviço que lhe prestaram. Após o ameaçarem com pedaços de pau, a dívida é quitada de modo inusitado, obrigando-o a carregá-los pelas ruas (Figura 23). Mesmo no contexto em que se propõe, fica a seguinte questão: seria mera coincidência a escolha afrodescendente para sanar um arquétipo diretamente atribuído a malandragens, crimes e esforço bruto? É válido ressaltar que a pigmentação acentuada costuma ser suavizada em republicações, como na *Turma da Mônica Coleção Histórica* (MARCOS, 2015, s/p).

Figura 22 – Estereótipo do negro em ofício de baixa renda em *Cebolinha* n.° 21 (Abril)

Fonte: Mauricio de Sousa Produções (1974, p. 53-64)

Figura 23 – Trecho de *Cebolinha* n.° 48 (Abril)

Fonte: Arquivos Turma da Mônica (2015, s/p)

Quanto aos preceitos e trivialidades antigamente suavizados, Sousa (2017, p. 129) alega que:

> Entre as décadas de 1970 e 1990, era fácil separar o bem do mal. Com o passar dos anos, o avanço da onda politicamente correta e uma conscientização maior das pessoas, isso se tornou muitas vezes uma questão polêmica. Tome como exemplo a boa alimentação, fundamental em qualquer idade. Numa hora, muito ovo é prejudicial à saúde, na outra, é benéfico. Num momento, não há vilão maior que o açúcar, que depois é substituído pelos carboidratos, que depois são rebaixados, cedendo a liderança de novo ao açúcar. Não é simples acompanhar essa roda-viva.

Temos aqui, então, depreciações de determinados grupos e maus exemplos simplificados a uma série de "ovos", que passariam a ser evitados após serem unanimemente rejeitados. Simbologias violentas e ofensivas seriam o açúcar. Os personagens e suas manias evoluíram conforme "alterações de costumes, sensibilidade e intuição" (SOUSA, 2017, p. 191), adequando-se à língua do presente.

Figura 24 – Figuras como a do indígena vinham continuamente estereotipadas

Fonte: Mauricio de Sousa Produções (1977, p. 32)

Figura 25 – Trecho de *Cebolinha* n.º 121 (Abril)

Fonte: Mauricio de Sousa Produções (1983, p. 60)

Figura 26 – Estereótipo do menino negro malandro se repete em *Chico Bento* n.º 48 (Abril)

Fonte: Mauricio de Sousa Produções (1984, p. 27)

Figura 27 – Chico Bento, inclusive, pintava-se para simular Saci

Fonte: Mauricio de Sousa Produções (1978, s/p)

A fórmula de sucesso, sem políticas expostas, deveria ser mantida, somente acrescentada de novidades e reformulações — inclusive estéticas. Os traços ainda eram mais pontudos, com as bochechas salientadas, enquanto "os anos 80 marcaram pelos personagens fofinhos e cheios de movimento[19]." (SOUSA, 2008, p. 14). As reconceituações gráficas se tornaram cada vez menores e menos necessárias no desenho, tornando-o mais limpo e lúdico.

A necessidade de simplificá-los ocorria em função da alta demanda, do uso de formas básicas à padronização de roupas. As características bases, de lógica própria, permaneceriam intactas, ao menos de início. Do ponto de vista representativo,

> [...] não há grande preocupação com a realidade. Melhor dizendo: a 'realidade' deve se dobrar à fluência das tramas, o que se radicalizou ao longo do tempo; anteriormente, tais características eram meros suportes à narrativa, mas atualmente são dogmas de cada personagem, e praticamente lhes conferem superpoderes, tendência que se observa quase que unicamente na turma principal dos gibis e em alguns coadjuvantes. (NATAL, 2005, p. 5).

No entanto Chico Bento passaria a defender a natureza, "de caçador de onças a defensor ambiental" (SOUSA, 2008, p. 13), e lidar com os efeitos da poluição, perdendo aos poucos sua personalidade majoritariamente preguiçosa e malandra. "O personagem retrata a criança que vive no interior, com base na simplicidade, inocência e no amor pela natureza e os animais. Uma de suas características é a falta de interesse nos estudos" (FAGUNDES, 2020, p. 16), o que também seria gradativamente abandonado.

Tudo é concordante aos valores que estão sendo verbalizados no corpus social. Seu "caipirês" quase não sobreviveria, com as ameaças políticas que permearam em defesa da educação infantil (SAIONETI, 2018). "A reprodução da língua falada é um dos mecanismos utilizados pelos quadrinhos para aproximá-lo ao máximo da realidade, dando a sensação que os personagens são 'vivos'" (XAVIER, 2017, p. 16). No entanto, em tempos de ditadura, a revista do caipira chegou a ser ameaçada de suspensão, o que foi evitado por um grupo de crianças de Brasília que organizaram uma passeata com cartazes contra possíveis censuras no linguajar das revistas (SAIONETI, 2018). Mesmo salvas, aos poucos, as histórias se tornavam

[19] O efeito de movimento nos quadrinhos se dá por figuras cinéticas, "uma convenção gráfica que expressa a ilusão do movimento ou a trajetória dos objetos que se movem." (ACEVEDO, 1990, p. 151).

> [...] fortemente galgadas do politicamente correto. Assim, seus personagens estão constantemente se esforçando para preservar a natureza, lutando contra aqueles que prejudicam a fauna e a flora, além de poluidores da natureza e pessoas 'más' de uma forma geral, no sentido dicotômico-maniqueísta. (NATAL, 2005, p. 7).

O indígena Papa-Capim trilharia caminho similar, com a defesa do meio ambiente e suas críticas ao estilo de vida dos homens civilizados, referidos como "caraíbas" (CARDOSO, *et al.*, 2013). Geralmente, materializam-se por meio de lições de moral, subordinadas ao conhecimento prévio do leitor quanto ao tema e seu esforço inconsciente de decodificação (VERDOLINI, 2007). Representam relações entre indígenas e brancos, convidando o leitor a entrar nesse universo de discurso e representação. Buscava-se a partir daí "pitadinhas de sugestão de comportamento, de bons costumes, de fraternidade, camaradagem" (ZERO HORA, 2013, s/p), com um vaivém imagético universal, menos agressivo, em sintonia com o desejo de leitores mais repulsos à hostilidade — subjetivamente ou não.

Tina, carro-chefe do núcleo adolescente das histórias, traduziria outro cuidado a ser tomado: atualizar o código dos quadrinhos segundo a cultura prevalecente. Surgiu em 1964, como hippie, evoluindo para uma jovem adulta, jornalista, repudiadora de *fake news* e do assédio sexual (SILVA, 2022). "Têm narrativas mais voltadas para jovens como estudos, namoro, carreira e, também, a preocupação com a aparência." (GILLET; DOS SANTOS, 2021, p. 13).

Nesse percurso, seu núcleo contaria com Rubão, rapaz de personalidade machista, que definia seu relacionamento com a namorada, Mariazinha (Figuras 28 e 29). Seria esquecido, pelo seu caráter ciumento, controlador e possessivo, após 1989 (ao menos em histórias inéditas). Não havia objetividade quanto a um viés feminista, embora a crítica ao conservadorismo estivesse manifestada pelas reações dos personagens com quem contracenava.

"As Histórias em Quadrinhos por meio de suas páginas contêm um grande potencial que possibilitam a representatividade contendo personagens diversificados e relacionados à realidade social, permitindo que os sujeitos se identifiquem." (FAGUNDES, 2020, p. 37). Mas, aqui, essa identificação opera como uma "faca de dois gumes", instruindo tanto posturas a serem adotadas como repudiadas — consoante à receptividade de quem depreende a mensagem.

Inclusive, há lacunas para uma interpretação pautada pela submissão da moça, que, no final, sempre voltava para o namorado. Mesmo que isso significasse vê-lo assediar outras, permanecer proibida de usar roupas curtas ou ser impedida de socializar com outros homens. "Foram 'varridos' das revistinhas, talvez pelos movimentos feministas. Afinal, qual mulher gostaria de ter a Mariazinha como exemplo?" (BACK, [2008?], s/p).

Figura 28 – Rubão e Mariazinha, personagens esquecidos com o tempo

Fonte: Mauricio de Sousa Produções (1987, p. 41)

Figura 29 – Rubão defendia preservação da "moral e dos bons costumes"

Fonte: Mauricio de Sousa Produções (1987, p. 26)

Além de pautas parcialmente feministas, a religiosidade afro-brasileira também receberia vez, em *Chico Bento* n.º 67 (Abril, 1985). "O rezador" (Figura 30) virou uma narrativa antológica, "na qual o personagem aprende de Nhá Belarmina, uma senhora negra de idade que se autodenomina 'Preta Veia', todo o conhecimento sobre rezas e benzeduras que ela recebera de seus antepassados, dando continuidade a uma tradição oral de longa data." (CHINEN, 2013, p. 43).

Apesar de lidar com elementos assumidamente remetidos à ancestralidade africana, Nobu Chinen (2013, p. 53) adverte que a religiosidade nessa logística se revela de forma sobrenatural, "como algo ligado à feitiçaria e à invocação de forças ocultas orientadas para o mal e associadas a demônios. No decorrer das décadas, esse quadro pouco variou e ajudou a disseminar uma imagem negativa dos cultos afro-brasileiros."

Figura 30 – Trecho de *Chico Bento* n.º 67 (Abril)

Fonte: Mauricio de Sousa Produções (1985, p. 3)

Em outubro de 1986, o racismo entrou em pauta novamente em *Chico Bento* n.º 108 (Abril). "O diferente" (Figura 31) apresenta Aluir, uma criança nascida verde. Desde pequeno, sofria a discriminação, abordada em camadas multifárias: os pais de outras crianças evitavam o contato dele com seus filhos. Na escola, seria ainda ignorado pelos colegas e recebido com um "olhar torto" e "sorriso amarelo" do diretor e da professora, respectivamente. Crescendo sem amigos, viaja até a Vila Abobrinha, onde conhece Chico Bento.

Ao vê-lo acidentalmente coberto de tinta verde, demonstra alegria ao acreditar que não era o "único no mundo". Após ambos mergulharem em um ribeirão, a verdade apareceria: Chico era "rosadinho", como "milhões de outras pessoas". Mesmo decepcionado, Aluir seguia vivendo bem no novo lar, sem ser rejeitado pelos demais, até se apaixonar "à primeira vista" por uma moça, também verde. Estariam então os socialmente discriminados diante da rejeição, fadados a se relacionarem apenas entre si?

No final, um recurso metalinguístico aparece: a revista em mãos era lida por um menino, branco, em uma sala de aula. Todos ao seu redor são verdes. "Puxa! Adorei essa história!", conclui. A expressão sorridente dos demais indica um ambiente desprovido do preconceito até então mostrado. Desse modo, busca-se homologar uma mensagem antirracista, partindo da utopia e da identificação mais evidente entre personagem-leitor.

Figura 31 – Trecho de *Chico Bento* n.º 108 (Abril)

Fonte: Mauricio de Sousa Produções (1986, p. 10)

Nos anos 1990, a escravidão viraria tema, na história "Novelas", em *Mônica* n.º 3 (Globo, 1987), com paródia da novela "Escrava Isaura". A figura de linguagem, recorrente nos gibis,

> [...] nasce da relação intertextual com outras linguagens da narrativa ficcional e da estilização feita da potencialidade expressiva da linguagem citada, esteja ela originalmente em um texto literário, cinematográfico ou televisivo. (SANTOS, 2013, p. 8).

No primeiro quadro, é explícito um feitor açoitando um escravo, que trabalha em uma lavoura próximo a outro. No mesmo ano, em *Cascão* n.º 3 (Globo), a história "Olha a Cabeleira do Cascão" traz uma interseção de situações repudiáveis: ao se disfarçar de menina para vencer um concurso de fantasias no Carnaval, o protagonista passa pela rua e ri dos assobios que recebe de um menino. Em seguida, Pedrão, um secundário negro, o obriga a acompanhá-lo na festa (Figura 32).

Além do perfil autoritário, também corresponderia ao arquétipo de valentão, bofeteando outro garoto que, com um beliscão, havia assediado Cascão. Imagina-se que, talvez não por acaso, Pedrão era a única representação negra ali, mesmo rodeado de figurantes diversos. Quanto à identificação entre a Turma da Mônica e "um universo ficcional tão humano e real quanto o que vivemos" (SOUSA, 1999, p. 28), o uso desmedido de padrões hegemônicos, mesmo que nem sempre soe como mecanismo de controle social favorável ao mau caratismo (Figura 33), significaria uma alternância controversa entre a simultânea consciência do racismo como realidade estatística e a banalização à violência simbólica com o uso recorrente de estereótipos negros. Pode-se aferir um verdadeiro vai e vem, tanto imagético como narrativo, decorrente da diversidade de profissionais criativos atuantes na MSP que, no entanto, passam por uma mesma supervisão quanto ao conteúdo publicado.

A consequência seria maior do que apenas evitar a reestruturação da esfera pública, deixando de transmitir certos sentidos. Mesmo que não se busque desvincular esse tipo de veracidade de uma obra essencialmente lúdica, por que não a abordar com um teor crítico, arrojado ou otimista? Ou mesmo aproveitar o potencial de toda e qualquer atividade criativa de remodelar significados a serem transmitidos com intenção construtiva?

Figura 32 – Trecho de *Cascão* n.º 3 (Globo)

Fonte: Mauricio de Sousa Produções (1987, p. 25)

Figura 33 – O arquétipo de velho negro conhecedor de mitos, também recorrente

Fonte: Mauricio de Sousa Produções (1987, p. 5)

"Neste ano", publicada em *Cascão* n.º 130 (Globo, 1992), chamaria atenção por duas presenças negras (Figura 34): a primeira, uma mãe de santo, realiza um jogo de búzios com a Dona Morte, integrante da Turma do Penadinho. "Vamo vê o que diz os búzio, mizifio! [...] Hum! Suncê tá carregado! Vai tê muita coisa ruim no caminho, este ano!", diz. A segunda, uma cartomante, apareceria com o cabelo *black power*[20]. "Ou seja, o preconceito se manifesta na intersecção entre os estereótipos e os papéis sociais dos grupos em cada contexto." (FREITAG *et al.*, 2020, p. 187).

A propósito, quanto maior a preocupação estética quanto à similaridade com o real, maiores aparentam ser as estereotipagens comportamentais, carregadas de referências a misticismos, superstições, matrizes religiosas e paradigmas da sociedade brasileira pós-escravidão. O negro, quando não em papel mitológico, oprimido ou associado a vigarices, assumiria posições como a de operários ou domésticas, inclusive em desenhos animados, a exemplo de "O vampiro" (1986) e "O detetive" (1988), em que negros ocupam exatas funções, respectivamente.

Mesmo quando ideais de respeito e igualdade são considerados, os tabus e preconcepções permaneceram lá, na forma de classes sociais submissas e categorizadas. "É recorrente vincular a imagem do negro a papéis sociais de menor prestígio, o que dificulta muito legitimá-lo como um cidadão com igualdade de direitos e deveres." (SANTOS; REINATO, 2020, p. 164).

[20] Corte/penteado volumoso e arredondado, usualmente usado por afrodescendentes de cabelo crespo ou cacheado.

Figura 34 – Trecho de *Cascão* n.º 130 (Abril)

Fonte: Mauricio de Sousa Produções (1992, p. 92)

Outro *case* de destaque, "O negrinho do pastoreio", seguiria a propensão do núcleo de Chico Bento em adaptar figuras folclóricas, que incluiriam o Saci — do *black face* ao marrom. A lenda da crença que daria nome ao título é narrada em detalhes, mostrando-o como um escravo subserviente a um fazendeiro rico e mesquinho. Seria, inclusive, chicoteado explicitamente pelo dono, após ser amarrado em um tronco e, posteriormente, salvo pela Virgem Maria. Desse modo, o desfecho do conto original, que o mostraria morto após ser largado em um formigueiro, é eufemizado.

Jeremias também assumiu o manto do mito popular, em escassa exceção do protagonismo negro em livros infantis: a releitura *Lendas Brasileiras – Negrinho do pastoreio*, da Editora Girassol (2009) limita-se a reproduzir traços estereotipados, em que a cultura negra não é explorada em sua totalidade simbólica. É necessário, por outro lado, evitar uma interpretação desacertada: "Acredita-se que Mauricio de Sousa não tenha se dado ao trabalho de produzir conteúdo racista e preconceituoso. No entanto, alguns de seus traços estigmatizantes podem ilustrar os estereótipos e a discriminação que tanto se busca combater." (SOUSA; NEVES, 2016, p. 8).

Há também momentos que marcaram, no sentido da representatividade afrodescendente, a trajetória editorial de Jeremias, Pelezinho e Ronaldinho Gaúcho, apurados nos tópicos seguintes.

Figura 35 – Trecho de *Chico Bento* n.º 274 (Abril)

Fonte: Mauricio de Sousa Produções (1997, p. 30)

Embora haja uma consonância entre sua abordagem sociocognitivista e os valores em alta no corpus social, seja pela depreciação de culturas discriminadas, retratação nítida de más índoles ou da crítica construtiva à intolerância, Mauricio de Sousa esclarece que a Turma da Mônica não levanta quaisquer bandeiras, uma vez que dialoga com um público de crenças e credos diversificados — apenas seguram aquelas aceitas maioritariamente em sociedade. Mantendo-se com um quadrinho comercial, que se contrapõe àqueles de humor político (SANTOS, 2013), ocupa "uma posição bastante cômoda, que não oferece riscos a uma marca conhecidíssima e extremamente bem-sucedida." (ICHILEVICI, 2019, p. 184).

Sexo e agressões também estariam proibidos, dessa vez, distante da ditadura, por livre vontade, com a justificativa de que boas histórias não dependeriam de tais recursos, inclusive para manter a liderança de vendas. "Não queremos que um gibi nosso traga qualquer lembrança de fatos que molestem a criança. Não é fugir da realidade. Ela está ao nosso redor. Apenas tratamos as histórias como entretenimento" (MASSON, 2017, s/p), aclara. Com o passar dos anos, com a exceção de publicações mais delicadas de propósito institucional,

> Mauricio de Sousa prefere trabalhar determinados temas de forma velada, às vezes por meio de fábulas, para que a revista não se torne pesada demais no realismo - já que, segundo o autor, não é esse o intuito de suas histórias. Temas importantes como preconceito e cuidados com a saúde não ficam de fora, mas assuntos como violência, sexualidade e

> trabalho infantil não cabem na proposta da revista. (VERDOLINI, 2007, p. 53).

Uma vez que as personagens principais tornar-se-iam ícones da cultura popular brasileira carregados de responsabilidades morais e sociais, em um "modelo idealizado", é natural se virem representados sem maiores agressividades diante de um público predominantemente infantil. Principalmente no merchandising, não poderiam aparecer descaracterizados, deslocados de sua postura original, conforme o *Manual dos Bons Costumes do Limoeiro*, que somam orientações a empresas parceiras sobre a utilização das personagens, considerando a já atuante autorregulamentação do Conselho Nacional de Autorregulamentação Publicitária (Conar). O Manual, segundo a MSP (2022), está em fase de atualização e ainda não traz regras específicas sobre a diversidade, o que não impede que todas as embalagens e campanhas passem por sua aprovação. O esquema se caracteriza pelo controle de produção e uma produtização das personagens, sobreposta às raízes da criação. Paralelamente, os quadrinhos acompanharam a evolução da sociedade.

De contramão ao discurso de Cirne (1982) quanto à inexistência do quadrinho inocente, busca-se transmitir narrativas "ingênuas, purinhas, gostosas, cômicas e ao mesmo tempo com uma mensagem permanente de bem-estar." (MASSON, 2017, s/p). A Turma da Mônica, na contemporaneidade, passaria a difundir de forma intrínseca convicções como respeito, tolerância, inclusão e positividade. Seria essa uma política que incentiva Mauricio a vender mais. Além, é claro, dos resultados econômicos:

> Semelhante à comercialização de outros produtos, os resultados financeiros e custos sempre tiveram e terão lugar determinante na decisão de seus produtores. Desta forma, para esses importam primeiro o lucro, portanto, satisfazer às exigências das diferentes demandas sociais e, ao mesmo tempo, produzir aquilo que é atrativo à maior quantidade de pessoas é condição *sine qua non* para sobrevivência dessa mercadoria, que, hodiernamente, concorre com uma quantidade incalculável de outras possibilidades de entretenimento. (SANTOS; REINATO, 2020, p. 149).

O "politicamente correto" e, principalmente, o avanço da abordagem de grupos historicamente oprimidos seriam eficazes para conquistar o público leitor e seu poder de compra? Viriam, ao menos, exigir a normatização de certos cuidados a serem vistos pela equipe criativa da MSP, analisados a seguir.

3.3 A normatização do pensamento criativo

Analisar quadrinhos de forma documental inclui compreender "os processos cognitivos que estão neles representados" (SOUZA; TOUTAIN, 2010, p. 83). A Mauricio de Sousa Produções conta com uma equipe completa de artistas, uma vez que, contrariando o senso comum, Mauricio de Sousa já não produz mais roteiros — com exceção daqueles protagonizados por Horácio. O processo, denominado *ghosting*, é recorrente na produção massiva americana, em que "os *ghost writers* e *ghost artists* serviam como mentes e mãos de grandes nomes dos quadrinhos" (MIORANDO, 2021, p. 58), refletindo-se na construção de uma memória coletiva que ignora a sistematização das fases de elaboração de cada obra criativa.

> A memória coletiva que o brasileiro tem do fato de as histórias de Mauricio de Sousa serem confeccionadas por um autor apenas, além de ser submetida por anos à leitura de outras publicações em quadrinhos, principalmente da Editora Abril e da Editora Globo, sem créditos aos artistas em seus expedientes, acabou criando um mito de que as histórias em quadrinhos brasileiras são feitas, do início ao fim, por uma pessoa só. (MIORANDO, 2021, p. 59).

Até o lançamento da segunda série de publicações das revistas da Mônica pela Panini Comics (NALIATO, 2015), em 2015, os profissionais responsáveis por cada obra eram creditados exclusivamente nos expedientes, sem especificar a quais artistas pertenciam cada produção — com a exceção de projetos especiais e raras ocasiões nas edições mensais dos protagonistas. O desenho, em parâmetros gerais, "independe do estilo e da capacidade criativa do desenhista, devendo ajustar-se perfeitamente aos moldes estabelecidos pelos criadores da personagem em questão." (LUYTEN *et al.*, 1989, p. 24).

Tal padrão editorial, que se apropriava da majoritária ausência de cronologia e continuidade entre histórias, rendia críticas e indagações informais — além de "uma reivindicação antiga dos artistas" (PARACURU, 2015, s/p) quanto à ausência de reconhecimento profissional, o que levou à mudança na creditação das histórias, de forma gradativa (NALIATO, 2015).

Obedeceriam ainda a uma tábua de princípios básicos a serem seguidos, indicando uma evolução estética e moral sem limites perfeitamente delimitados, mas evidentes ao se compararem edições veiculadas pelas editoras Abril, Globo e Panini Comics em diferentes tempos. O documento mencionado, pelo que se sabe, propõe a valorização de temáticas inclusivas, como ideais de empatia e empoderamento[21] feminino. Também se refere à ausência de movimentos sociais, políticos e culturais de forma evidente, além da privação de situações nas histórias que passam a ser vistas como maus exemplos aos jovens.

"Enquanto chocar uma parte do público, é preferível não cutucar vespeiro" (SOUSA, 2017, p. 280), exemplifica Mauricio sobre a representação LGBTQIA+ entre suas personagens (SOUSA, 2017). As normatizações mencionadas, presumivelmente registradas formalmente em um manual de redação, no entanto, não estão acessíveis publicamente além das declarações abstratas do autor, que

> [...] criou instrumentos de controle de qualidade e conteúdo, por meio de uma política editorial controladora, a qual preside. Além disso, dedica-se ao contínuo contato com o público consumidor, e também verifica de perto a evolução das políticas públicas e legislação, para que possa abrir com segurança novos caminhos de implementação de seu modelo de negócio. (BARI, 2017, p. 29).

Percebida uma escassez de maiores dados oficiais disponibilizados para o público consumidor sobre essas determinações, seja na Turma da Mônica ou produções nacionais similares, uma introspectiva de conteúdo textual e imagética das revistas mais contemporâneas se faz necessária, sinalizando também a progressão das técnicas de produção gráfica nas últimas décadas. Isso além da já mencionada entrevista autoral com a Mauricio de Sousa Produções em 2022, ocorrida remotamente (via e-mail) e assinada como pessoa jurídica.

Esse feedback, que contou com o auxílio dos departamentos Institucional, Comercial e de Comunicação, homologa que colaboradores (licenciados, fornecedores, consultorias contratadas, prestadores de serviço etc.) obedecem contratualmente ao Código de Ética e Conduta da empresa, exclusivo a estes, que repudia todo tipo de preconceito e reitera o compromisso com o respeito à diversidade. Confirmou-se assim a existência oficial de valores como diversidade, inclusão e valorização das diferenças.

[21] O termo "empoderamento" costuma ser utilizado em diferentes áreas de conhecimento para se referir à melhoria da qualidade de vida e dignidade humana, associado ainda a autonomia, emancipação, autodeterminação e desconstrução da sociedade patriarcal por meio de propostas de formulação contra-hegemônicas (SARDENBERG, 2012). Gilberto Freire via o *empowerment* como ato de natureza social e não individual (FREIRE, 1986 *apud* SARDENBERG, 2012).

O cumprimento dessas diretrizes se reforçou com a criação de um canal de ouvidoria terceirizado e sigiloso, "que pode ser acionado caso se verifique qualquer conduta que não atente para as boas práticas de conduta da empresa". Há ainda o programa MSP Diversidade e Inclusão, que visa garantir as condições de acessibilidade no ambiente corporativo, e o *Manual dos Bons Costumes do Limoeiro*, anteriormente descrito, aplicado a contratos de licenciamento.

Já se sabe que, independentemente da expressão de correntes ideológicas explícitas, "a natureza narrativa dos produtos culturais exige personagens que propiciem boas tramas e gerem situações que tenham potencial de atrair o público." (CHINEN, 2019, p. 23). De modo a contribuir com o amadurecimento moral do coletivo infantojuvenil, esse processo aparenta, muitas vezes, subestimar que o ato de "assegurar que a criança é apolítica e que o ambiente onde ela se forma é de pura neutralidade, é reducionismo pedagógico" (LUYTEN *et al.*, 1989, p. 61), para se dizer o mínimo.

Os quadrinhos se tornam passíveis de conversação quando introduzem novos processos informacionais, probabilidades criativas e a construção de uma consciência crítica popular (LUYTEN *et al.*, 1989). Mas é a boa ou má recepção pública, medida presumivelmente pela observação calculista dos números de venda das revistas, que acaba por determinar o conteúdo a ser abordado futuramente, em conformidade com as convicções explícitas que predominam em uma nação híbrida e multiétnica.

Afinal, "a cultura tende a ser padronizada. Ela envolve a repetição de comportamentos similares aprovados pelo grupo, de modo que ela tem uma forma e estrutura reconhecível." (SANTAELLA, 2003, p. 44). A produção nacional, ao longo de décadas, esteve vinculada aos modelos estrangeiros, com um estilo descompromissado e moldado conforme as situações socioeconômicas ocorridas no Brasil (LUYTEN *et al.*, 1989). Na atualidade, é preciso ir além, renunciando à preconcepção de que consumidores são predominantemente irracionais ou que atuam sempre "em função da racionalidade dos princípios ideológicos." (CANCLINI, 2015, p. 35).

Se, de início, não existia uma preocupação evidente em dialogar com a criança com olhares socialmente responsáveis, a MSP passaria a reproduzir "um discurso ideologicamente cristalizado, ditado pelas ideologias dominantes." (BATISTA, 2014, p. 137). O compromisso de transmitir conceitos como "bem", "mal", "verdadeiro" ou "calunioso" "acabam fazendo parte da construção da identidade de cada criança leitora que, a partir daí, passa a ser docilizada" (BATISTA, 2014, p. 139) com base no que lhe fora introduzido.

> O discurso, para o autor, está ligado aos efeitos de sentidos, à possibilidade desse discurso de se repetir inúmeras vezes e produzir sentidos outros, pois, mesmo que o discurso seja o mesmo, ele nunca produzirá os mesmos efeitos de sentido, justamente por causa das condições de produção, da ideologia de quem está enunciando, do momento em que se enuncia. (PROENÇA, 2015, p. 28).

Cirne (1975) indaga como um conflito direto entre Mônica e Jeremias seria capaz de afetar as relações estruturais e ideológicas de uma história, caso o secundário passasse a reivindicar maior presença e questionar as relações sociais existentes no Bairro do Limoeiro. Mas diante de tantos "vespeiros", o que resta para o profissional criativo "cutucar"? Até onde o consumidor da Turma da Mônica, um cidadão em eterna construção, veria a representatividade como um critério fundamental?

É importante destacar que, mediante a transição imprecisa pela qual perpetua naquele quem lê, a leitura de uma história em quadrinhos deixa de ser causal para exigir contínua reelaboração de peças, em conformidade com níveis de cognição e repertórios culturais variados. "Assim, as imagens, os cortes, os desenhos, os quadrinhos, que parecem ser fragmentados, são na verdade conectados, recebendo sentido por meio da imaginação do leitor." (BOOCA, 2015, p. 14).

Deve-se, portanto, considerar as diversas camadas de públicos existentes, já que

> [...] as crianças querem ler os quadrinhos da Mônica, e os adultos também, princípio válido para ambos os sexos nas faixas etárias. Basta que uma revista esteja esquecida ou disponibilizada no ambiente, para que alguém a tome nas mãos em poucos minutos, vencendo qualquer inibição. (BARI, 2017, p. 26).

Um delineamento nítido quanto a esses perfis é inconsistente, visto que "metade dos consumidores dos gibis são adultos, por causa do saudosismo, e boa parte do público da Turma da Mônica Jovem é criança, confundindo as fronteiras entre um produto e outro." (DA SILVA, 2013, p. 6). Todavia, é possível identificar as seguintes personas: segundo Emerson Abreu (2010), roteirista de longa data da MSP, a primeira é a criança, contemplada por uma revista presenteada por seu responsável, que deverá se divertir com as *gags* visuais dos gibis.

A segunda corresponde ao leitor infantojuvenil ou adulto, com um nível de conhecimento mais rebuscado e fiel ao universo da Turma da Mônica, capaz de identificar referências e conexões entre as narrativas. "Já espera eventos recorrentes, já conhece as personagens e prevê o que vai ocorrer" (VERDOLINI, 2007, p. 60), ao mesmo tempo que "quer novidades, tanto no campo textual quanto no campo imagético." (VERDOLINI, 2007, p. 62). Este é, geralmente, um ativista virtual (SHIRKY, 2011), às vezes filantrópico (SHIRKY, 2011), que comenta, interage e discute com outros fãs por meio de comunidades nas redes sociais como WhatsApp, Facebook, Instagram e o extinto Orkut.

Nelas, a produção cultural incita a criação de fóruns virtuais, *fanfictions*[22] e atividades que buscam celebrar ou compreender com profundidade determinado produto cultural, sem maiores limitações de tempo e espaço (RHEINGOLD, 1996). Unido a outros leitores por uma empatia mútua pela obra de Mauricio de Sousa, ele passa ainda a pleitear o que lhe agrada e, simultaneamente, expor com um tom mais radicalista suas reivindicações contra tudo aquilo que lhe soar controverso, exigindo assim transformações completas e imediatas perante as adversidades que confrontam sua posição ideológica. Em resumo, fazem valer os seus laços simbólicos com o produto que idolatram. "Este novo público, que abrange tanto os novos criadores como os novos leitores, hoje lota convenções temáticas pelo Brasil, tais como a Comic Con Experience." (PRESSER *et al.*, 2017, p. 9).

> As condições de produção textual serão favorecidas pelos espaços sociais ocupados por cada sujeito, que por sua vez estabelecerá relações de sentido com a sua realidade concreta, tomando como base as relações simbólicas que a língua estabelece com o mundo. Estes aspectos conduzem à conclusão de que o sentido atribuído ao texto mantém uma interdependência com as relações sociais estabelecidas entre os sujeitos e o posicionamento defendido por eles. (SANTANA, 2005, p. 10).

A terceira persona diz respeito ao público leigo, de idades diversificadas, que consome as revistas de forma aleatória nas bancas de jornal ou na internet, seja esse consumo tecido pela pirataria ou a partir de uma compra oficial, e que busca um entretenimento acessível e de fácil compreensão (ABREU, 2010). Há também um perfil de consumidor mais maduro e

[22] Narrativas criadas por fãs que se situam em um universo ficcional já existente (SHIRKY, 2011).

experiente, capaz de discernir as críticas sociais e comportamentais ocultas (ABREU, 2010), além dos valores culturais discorridos.

A princípio, manter a produção de roteiros e desenhos advindos, unicamente, do seu talento individual era algo que o próprio Sousa não queria abrir mão. Em entrevista para o portal *Super Interessante* (2019), o empresário afirma: "Eu tinha que contratar e praticamente 'segurar na mão' para explicar o estilo e o traço que queria. Criei, aos poucos, uma equipe que realmente conseguisse me ajudar." (SOUSA *apud* LUISA, 2019).

Aprender a produzir Turma da Mônica inclui se adequar aos valores vigentes em cada época, assim como respeitar as determinações do artista original. Afinal, uma linguagem quadrinística, carregada de códigos particulares (balões, requadros, onomatopeias etc.), baseia-se nas vivências visuais reconhecíveis ao criador (FEIJÓ, 1997). A responsabilidade social do artista de HQs também é evidenciada, uma vez que toda arte é política. Um quadrinista, seja ele responsável pela argumentação da história ou sua materialização, é sugestionado aos preceitos sociais e políticos em regência. Mais que isso, "o compromisso (estético) com a realidade (social), nos bons autores, filtra-se através do imaginário, da fantasia, da pesquisa, da poesia." (CIRNE, 1982, p. 23).

Em sua autobiografia, publicada em 2017, Sousa reforça que a criação de suas histórias se tornou um processo coletivo, porém com a seguinte ressalva:

> Os roteiristas têm liberdade para inventar, pois na nossa atividade não dá para colocar amarras na imaginação. Mas isso não quer dizer que pode entrar qualquer coisa nas páginas. Como as histórias da Turma da Mônica Jovem se desenvolvem num terreno que ainda não está totalmente mapeado, seja em enredo, estética, efeitos, comportamento ou linguagem, vamos avançando muitas vezes na base da tentativa e erro. O manual de restrições da fase adolescente também recebe acréscimos a toda hora. É delicado trafegar entre tradição e inovação. (SOUSA, 2017, p. 280).

Também é dito (2017) que os roteiristas do estúdio se dividem em núcleos: um focado em histórias cômicas e outro dedicado a aventuras. "O humor e as situações do universo infanto-juvenil sempre preponderaram nas revistas dos vários personagens integrantes da Turma da Mônica, mas a aventura e a ação têm vez com frequência [...]" (FEIJÓ, 1997, p. 62). Há ainda um terceiro núcleo, dedicado especificamente à revista *Turma da*

Mônica Jovem e, possivelmente, selos editoriais mais recentes, como *Turma da Mônica: geração 12*.

Curiosamente, os profissionais de criação responsáveis pela roteirização das histórias estão espalhados ao redor do país, de modo a contribuir com a variedade de referências para os gibis e favorece a criação de novas personagens (LUISA, 2019). "A liberdade de criação nas histórias em quadrinhos é relativa, e que as necessidades de sobrevivência do quadrinista é motivadora de muitas das opções que fará ao longo da vida." (BARI, 2017, p. 31).

Cada rascunho passa pela aprovação de Marina Sousa, filha de Mauricio, que avalia ritmo, layouts e mensagens que são transmitidas (LUISA, 2019). Revisões feitas pelo próprio Sousa também são recorrentes, tanto na versão clássica como na *teen*. Pode-se citar um *case* em que a avó de uma personagem era chamada de "maluca", o que foi interpretado pelo quadrinista como desrespeitoso e ofensivo (SOUSA, 2017).

As correções, também feitas por sua esposa, Alice Takeda, são feitas de forma objetiva, por meio de anotações em lápis ou caneta vermelha. "Os roteiristas já entendem o que o círculo quer dizer e sabem o que fazer" (SOUSA, 2017, p. 280), resultando em ajustes narrativos e imagéticos cometidos de antemão à publicação definitiva. Sobre a tabulação de regras básicas a serem consideradas nos produtos editoriais, há também especificações sobre igualdade de direitos, identidade e diversidade:

> [...] no quesito identidade, está escrito que 'as meninas combinam com o que quiserem ser'. No da diversidade, que 'não importa origem, etnia, religião, estrato social, local de moradia, se tem alguma deficiência ou não, toda menina é uma dona da rua'. E, no capítulo da autoestima, 'que as meninas possam ser felizes do jeito que são, sem achar que precisam mudar sua aparência ou seu jeito de ser'. (SOUSA, 2017, p. 281).

Na *Turma da Mônica Jovem*, a ideia é que as personagens sejam pautadas pelo empoderamento feminino. "Descontando o fato de que a palavra empoderamento deve ser o anglicismo mais feio que já baixou por aqui [na MSP], a causa é urgente e necessária", diz Sousa (2017, p. 281). O mote "somos todas donas da rua", por outro lado, não significa a presença de bandeiras. Trata-se, segundo Mauricio (2017), de um cuidado perante uma "minoria barulhenta que vê problema em tudo" (2017, p. 281).

Diversidade e inclusão são revalidadas, também, com a formação de um comitê específico sobre esses valores na MSP, "*que está iniciando seus trabalhos e tem, entre suas metas, contribuir com a redação da política de diversidade da empresa e a elaboração e atualização de manuais.*"[23]. Suas orientações, amplamente divulgadas, são acrescidas de treinamentos regulares a desenhistas e roteiristas, a saber: oficinas, dinâmicas e palestras sobre a temática étnico-racial, inclusão de pessoa com deficiência, equidade de gênero, entre outras.

Enquanto temáticas como a homossexualidade "despertarem reações", quaisquer reivindicações de leitores pela presença de personagens gays não devem ser sanadas pela decisão unilateral de um roteirista. "Nós temos limites, claro, mas não cerceamos liberdades individuais", explica (SOUSA, 2017, p. 281). Em outras palavras, cuida-se para que a manutenção dos valores socioculturais da Turma da Mônica não faculte em escândalos midiáticos estimulados por grupos conservadores, já que "antes das vertentes criativas, as econômicas" (CIRNE, 1972, p. 43).

Por mais que a ordem na indústria cultural seja satisfazer aos desejos do público, agradar a "gregos e troianos" é aqui o desafio do profissional criativo em construir uma referência comum capaz de agradar a um número expressivo de leitores. Não obstante, Cirne (1972) adverte que "os quadrinhos estão impregnados da ideologia pequeno-burguesa, individualista, visto que nascidos sob os signos do capitalismo e da Segunda Revolução Industrial." (CIRNE, 1972, p. 19).

A evolução desses paralelismos entre a ficção e as transições sociais é ilustrada pelo autor no livro *A Explosão Criativa dos Quadrinhos* (1972), que exemplifica a predominância da fantasia nos quadrinhos norte-americanos durante a década de 1930, como uma consequência da crise no sistema capitalista. Mais que isso, os quadrinhos são vanguardas das classes populares, o que significa uma divisão de potencial para novas linguagens e a necessidade de se evitar narrativas redundantes. Logo, opções criativas se fazem necessárias como uma estratégia que visa esquivar-se de estruturas repetitivas, que se tornam recorrentes na abordagem de temas similares entre si e resultam no aprofundamento das personagens.

Tantos mandamentos, alusivos aos processos impalpáveis da criação, somam-se à automatização dos procedimentos característicos das linhas

---

[23] Informação disponibilizada pela Mauricio de Sousa Produções via e-mail no dia 6 de abril de 2022, disponível neste livro.

de produção do estúdio, que caminha para uma crescente simplificação e padronização de elementos gráficos. "Uma mesma gama de cores, por exemplo, é utilizada para todas as revistas de uma determinada empresa; é através desse padrão que se vinculam a criação e a produção." (LUYTEN *et al.*, 1989, p. 24).

É a opção que um desenhista possui de construir seu trabalho à mão ou digitalmente, por exemplo. Ou ainda a adição de textos, cores e retículas 100% computadorizada (LUISA, 2019). É uma recodificação de linguagens, cujos sistemas se complementam com ordenações de cunho social, econômico, artístico e cultural (SANTAELLA, 2003). Juntos, esses padrões atualizam o modelo "mauriciano", que segue os moldes tradicionais da construção gráfica e que se beneficia do desinteresse generalizado de parte do público leigo sobre os bastidores do processo criativo. No entanto essas regras todas estariam limitando o potencial artístico a partir da mecanização de seus códigos narrativos?

As particularidades mais específicas de cada profissional se permitem ser localizadas por fãs mais atentos: é o caso de Emerson Abreu e seus roteiros. O potencial do artista dentro da indústria, hoje reconhecido nas redes sociais, pode ser observado como uma evolução de processos criativos, que resultaram em inovações nos padrões estético-narrativos da Turma da Mônica. A utilização de piadas irônicas e ácidas, somada à idealização de histórias complexas, ritmadas e de personalidade diferenciada, também influenciou diretamente a estética das personagens, uma vez que o uso de expressões faciais excessivas presentes em seus esboços foi levado gradualmente para o resultado publicado.

O contraste entre esses parâmetros e o uso tradicional da Turma da Mônica em projetos institucionais, educativos, produtos licenciados, musicais, peças teatrais, longas-metragens e até mesmo nos roteiros de outros roteiristas é evidente. O uso de um layout exagerado e de uma linguagem expressiva, bruscos ao se comparar com os demais padrões, é identificado como uma característica marcante de seus storyboards. Estes são vestígios valiosos da visão e trabalho de um artista (SALLES, 2004), responsáveis por transpor a ideia de um quadrinista para o papel, instruir desenhistas, coloristas e arte-finalistas e ainda visibilizar possíveis ajustes a serem corrigidos. Equilibrados. Dosados...

A princípio, o seu traço era "consertado" pelos desenhistas para que ficassem mais próximos dos paradigmas da MSP, o que ainda ocorre eventualmente. Com a crença de que o direcionamento dos quadrinhos de Mauricio de Sousa para o público infantil não justifica o uso de uma linguagem "boba" ou "simplista" (ABREU, 2010, s/p), Abreu teria sua estética adotada por determinados desenhistas, a exemplo de José Aparecido Cavalcante, nos desenhos finais. Outra característica marcante de seu ofício é prezar pela identificação existente no binômio personagem-leitor, por meio de narrativas que fogem da artificialidade e que agregam personalidades fortes para seus protagonistas e secundários — como Xaveco e Denise.

Figura 36 – Expressividade característica do roteirista Emerson Abreu

Fonte: Mauricio de Sousa Produções (2006, p. 7)

A edição n.º 5 de *Turma da Mônica Jovem* – 1ª série (Panini Comics), publicada em 2008, gerou polêmicas com a história "Os Meninos são todos iguais", visto que a mídia especializada enfim percebeu o uso recorrente de gírias nas histórias de Abreu protagonizadas por Denise. Uma percepção tardia, ao considerar que o uso de expressões como "babado forte", "pão com ovo" e "a louca" já eram utilizadas por ele desde 1998 na edição *Magali* n.º 245 (Globo), com a história "A tribo das modernosas". O vocabulário da personagem, repleto de alusões ao universo LGBTQIA+, causou discussões na Comunidade da Turma da Mônica no antigo Orkut, onde leitores a chamavam de "mini-puta" e/ou "mini-*drag*" (ABREU, 2009, s/p).

Ao considerar que a língua é um sistema de comunicação heterogêneo mutável de "ações linguísticas, cognitivas e sociais" (RAMOS, 2012, p. 743) conforme seu contexto sócio-histórico e a plataforma onde é empregada, o uso dessas expressões no ambiente virtual representa uma costura de discursos diversificados, que refletem as interações sociais e a ideologia, mutável por mudanças histórico-culturais (SANTANA, 2005), de cada usuário, com um dinamismo acentuado pela falta de um diálogo face a face (PEIXOTO; SOARES, 2010).

Nelas, identifica-se o radicalismo advindo do ativista virtual e a exposição daquilo que lhe é visto como controverso. É pertinente considerar que tais radicalismos não se limitam ao universo Turma da Mônica ou especificamente a visão de Abreu, estando presente na atualidade das Indústrias Criativas em suas diferentes esferas e áreas do conhecimento.

Tudo aquilo que é produzido para render uma opinião se expõe ao manifesto crítico, seja ele massivo ou específico.

Entre os fãs de Mauricio de Sousa, é possível observar *webpages* especializadas em quadrinhos, como o blog *Arquivos Turma da Mônica*, que busca celebrar edições antigas e revisitar os primórdios das personagens. Nele, há uma opinião geral contrária aos direcionamentos tomados por Abreu, tal como outras inovações surgidas recentemente nos produtos editoriais que, de alguma maneira, fogem dos padrões estéticos e morais adotados nas primeiras revistas.

Ao falar especificamente sobre a Denise, Mauricio de Sousa (2017, p. 280-281) afirma:

> Hoje, a Denise é uma adolescente com comportamento liberal, postura avançada, discurso mais solto. A gente pesquisa, fala com os filhos, troca opiniões o tempo todo com os jovens para tentar reproduzir o jeito como a galera fala. O estúdio não cria expressões, apenas reproduz o que está na boca do povo. Pois não é que começaram a brotar e-mails e mensagens no Whatsapp e nas redes sociais questionando o emprego de termos usados pela Denise? A síntese da enxurrada de mensagens era: 'Mauricio, por que você está ensinando a nova geração a falar como homossexual'? Fui revisar os diálogos da Denise e não achei nada alarmante. Deixei como estava. O resultado é que, com o tempo, Denise vai ganhando mais espaço, conquistando mais fãs. Muitos pedem que ela tenha uma revista só dela. É possível.

Tais discussões sobre linguagem e comportamento, conforme a visão de Abreu (2009), são frutos da formação retrógrada e balizada que as crianças recebem dos seus pais. Uma nova polêmica surgiu quando canonizou a separação dos pais de Xaveco, que vive com sua mãe e visita seu pai no final de semana. A MSP buscava criar uma figura para essa abordagem, mas este quis mostrar que o divórcio é um processo natural e que ocorre com qualquer um. O artista argumentou:

> [...] muita gente dizia que era um absurdo abordar um tema tão polêmico numa revista voltada ao público infantil! Em contrapartida, as mães separadas elogiaram a iniciativa porque seus filhos sentiam-se alienados lendo as histórias da Mônica, onde toda família era perfeita e todo mundo tinha pai e mãe! (ABREU *apud* A CAPA, 2009, s/p).

Situação semelhante ocorreria com a Magali, dessa vez ao abordar o tema "reencarnação" em história de mesmo nome publicada em 2004. Na trama, é revelado que a fome da Magali é fruto de uma carência despertada por vidas passadas, uma vez que a personagem teria reencarnado diversas vezes ao lado do amor da sua vida, que sempre acabou morto por alguma tragédia que impedia a união de ambos. "Os pais católicos odiaram! Acharam que eu estava colocando conceitos religiosos deturpados na cabeça dos seus filhos", ressaltou o quadrinista (ABREU *apud* A CAPA, 2009, s/p). Em contrapartida, grupos espíritas adotaram o roteiro para explicar o conceito de modo didático e simplificado para crianças.

Figura 37 – Capa/trecho - *Magali* n.° 368 (Editora Globo)

Fonte: Mauricio de Sousa Produções (2004, p. 21-22)

Há casos e casos no "Mônicaverso", que denotam velhas e potenciais polêmicas do processo criativo. "Dentuça, eu?", publicada na primeira série da *Turma da Mônica Jovem* (2016), gerou repercussões controversas nas redes sociais em função de uma suposta "apologia ao aborto". A expressão "Meu corpo, minhas regras" é dita pela protagonista no segundo quadro da página 92, em meio à polarização dos amigos sobre sua decisão de usar ou não um aparelho dental.

A cena foi compartilhada sem o devido contexto no ciberespaço, o que levou a reações antifeministas de usuários: "Largando a assinatura em 3, 2, 1... Não se pode compactuar com assassinatos! Seja responsável, nada justifica matar um ser indefeso em prol das próprias regras imorais!";

"Turma da Mônica querendo dar uma de politizada. Continuem sendo apenas divertidos, como sempre foram"; "Mônica fascista!"; "Turma da Mônica nunca mais!" (GELEDÉS, 2016, s/p).

Figura 38 – Trecho da revista *Turma da Mônica Jovem* – 1ª série n.º 94 (Panini Comics)

Fonte: Mauricio de Sousa Produções (2016, p. 92)

Em nota, a MSP esclareceu o real contexto: "Há mais de 50 anos, as histórias em quadrinhos da Mauricio de Sousa Produções são feitas para divertir e entreter, mas também para levantar discussões saudáveis, sempre com muito respeito a todos", acrescentaram. A autora da história, Petra Leão, recebeu mensagens de apoio e ameaças contra a dita "doutrinação esquerdista".

A ausência de ataques ao roteirista Marcelo Cassaro, equivocadamente creditado na revista, corrobora a recepção machista advinda de grupos conservadores (GELEDÉS, 2016). O empoderamento feminino, por outro lado, é um ideal evidente nos comportamentos de Mônica e suas decisões, em conformidade com o manual de orientações e regras do estúdio (SOUSA, 2017).

A revista *Mônica* – 2ª série n.º 62 (Panini Comics, 2020), traz a história "Para aprender com as crianças". Nela, Mônica explica aos leitores, com o uso da metalinguagem, que crianças não possuem intolerância, desavenças e valores de ódio como os adultos. Não desejam o mal ao próximo, não possuem intolerância religiosa, nem compactuam com práticas como a depredação do meio ambiente ou a naturalização do trabalho infantil.

Como exemplo, é feita uma crível alusão ao vazamento de óleo nas praias nordestinas, ocorrido em 2019. "Quem tem preconceito são os adultos", afirma a menina no terceiro quadro da página 47. Na mesma página, destaca-se o seguinte trecho, que sugere a figuração de um casal homoafetivo:

Figura 39 – Trecho da revista *Mônica* – 2ª série n.º 62 (Panini Comics)

Fonte: Mauricio de Sousa Produções (2020, p. 47)

Tal interpretação é sustentada pelo discurso de Mônica, que diz que uma criança não se importa se outra pessoa possui dois pais ou duas mães. Poderia ainda ser associada a outros contextos, como adoção ou demais estruturas sociais[24] que fogem dos padrões conservadores impostos em sociedade. Duas moças, uma asiática e a outra negra, aparecem de mãos dadas, como uma pressuposta sugestão de relacionamento.

[24] Forma como indivíduos ordenam uma vida social, o que inclui a construção de núcleos familiares (SOLOMON, 2016).

O desenho transmite a intenção de expandir a representatividade de grupos historicamente reprimidos em sociedade, evitando maiores polêmicas midiáticas com a ausência de uma confirmação explícita a ponto de despertar a atenção exaltada de conservadores homofóbicos. Seria então um meio-termo, sem o uso evidente de bandeiras, que poderia se encaminhar gradativamente para a total utilização de personagens homossexuais. A evolução estética da Turma da Mônica também pode ser localizada, com o uso de letras computadorizadas e uma arte-final menos espessa, produzida digitalmente.

Essa é uma transição comunicacional ocasionada por acúmulos complexos e não lineares, que resultam em reajustes que se integram gradativamente aos antigos padrões. "É certo também que, em cada período histórico, a cultura fica sob o domínio da técnica ou da tecnologia de informação mais recente." (SANTAELLA, 2003, p. 14). O profissional criativo passa ainda a compartilhar a autoria de suas produções com softwares, em uma união acentuada em que "o sangue tem o mesmo valor que a corrente elétrica." (DOMINGUES, 2003, p. 6).

A revisão constante de práticas consideradas necessárias em comunicações com o público infantojuvenil permite averiguar a evolução dos valores estéticos e morais da Turma da Mônica, atualizados de tempos em tempos com a participação de Mauricio de Sousa, dos seus primórdios "politicamente incorretos" a sua crescente responsabilidade social. A existência de um código de regras e instruções para o profissional criativo mantém ativa a influência de modelos norte-americanos e sua luta contra a "imoralidade".

Mas seria possível interpretar a supervisão dos quadrinhos como censura, similar ao que se viu em tempos de ditadura? O moral e o imoral são conceitos submissos àquilo que atualmente é naturalizado ou abominado pela esfera social, sendo esta constantemente mutável e polarizada. A preocupação excessiva com a ausência de ofensas e polêmicas que remetem à raça, política e religião pode soar como controversa quando colocada face a face com o temor midiático de confrontar explicitamente os preconceitos sociais mascarados por ideais de "proteção à infância e a favor dos bons costumes". Se valores como violência, ofensa e nudez devem ser evitados em prol de um exemplo positivo aos leitores, unidades temáticas como a representatividade de grupos historicamente discriminados já não deveriam ser translúcidas em prol do que é certo?

O "quadrinho enlatado" passa a se responsabilizar por uma mediação de valores, que provoca prós e contras na durabilidade de obras inéditas e republicações. A adequação de profissionais às determinações de uma supervisão maior pode ser vista como um eco do criador original, assim como a limitação de códigos que mantém o frágil tom de inocência e neutralidade ideológica para um público leigo. A liberdade criativa aparenta estar, ironicamente, quase sempre limitada ao viés institucional de uma empresa comercial, suas tradições e inovações.

3.4 Dos jornais para o ciberespaço

Sob influência do desenvolvimento tecnológico e suas múltiplas formas de entretenimento, o meio digital torna-se cerne da Mauricio de Sousa Produções. "Em um contexto em que as mídias impressas têm enfrentado reduções expressivas" (TEIXEIRA, 2019, p. 85), a disposição de aplicativos como Banca da Mônica, *streaming* lançado em 2018, atualizam a experiência do usuário tradicional, habituado a frequentar livrarias e revistarias. Com versões digitais das histórias lançadas desde 1950, passam a contornar os retrocessos políticos e econômicos que permeiam o Brasil com a manutenção do custo-benefício. "Possui interface de fácil manipulação, entrega uma leitura até digna das versões digitalizadas, porém, erra ao vender um produto cujo acervo seria completo." (LAUDENIR, 2019, s/p).

Dentre os principais dilemas encontrados por seus usuários, estão a dificuldade de armazenar revistas em dispositivos móveis, a ausência de uma indexação cronológica e um acervo abrangente ou ainda a ausência de recursos básicos, como a memorização das últimas páginas lidas e a inexistência de um plano familiar (LAUDENIR, 2019). A escassez de conteúdo gratuito, às custas do que se via na versão antiga do site da Mônica, também é criticada. "Os fãs passam a demonstrar interesse por aspectos externos ao texto, demonstrando uma preocupação constante com o suporte de publicação de determinadas histórias rotuladas de 'clássicas' ou 'adultas'." (GOMES *apud* VERGUEIRO, 2013, p. 82).

Considerando que "os hábitos e gostos dos consumidores condicionam sua capacidade de se converterem em cidadãos" (CANCLINI, 2015, p. 157), a descrição da plataforma como uma boa ideia mal-executada por seu design sugere, a partir da ânsia por acessibilidade e gratuidade, uma disposição sucessivamente limitada a acessar produtos oficiais. Principalmente ao disputarem com a exposição informal advinda de perfis de fãs em redes como o Instagram e o YouTube. O conteúdo ainda valeria mais que as plataformas (FERNANDES, 2022).

Enquanto isso, o setor editorial tradicional brasileiro passa por instabilidades que podem ser identificadas por seus próprios autores e consumidores. Editoras como a JBC, dedicada a mangás japoneses, passaram a vender seus produtos somente em *comic shops* e lojas especializadas. A Cultura e Saraiva, até então as principais livrarias do país, tiveram centenas de funcionários demitidos e unidades fechadas como resultado de complicações jurídicas e crises irreversíveis. Em contrapartida, serviços como a Amazon passam a dominar a venda de livros, com uma logística on-line de vendas que já se fixou no território nacional (SMEE, 2018).

Atualmente, produções gráfico-editoriais virtuais são uma alternativa para os altos gastos com produção, impressão, distribuição e aquisição, que permite ainda cativar determinado público aos poucos e chamar a atenção de financiadores. Eventos brasileiros como HQ Mix, FIQ e a Comic Con Experience criam um vínculo com fanáticos que já não depende mais exclusivamente dos jornaleiros e empresas distribuidoras. Cabe ao profissional criativo decidir os suportes que melhor atendam a si e seus respectivos leitores (MIGUERES, 2017), inclusive tablets e celulares.

Em proeminente demonstração das transições mercadológicas características do setor criativo investigado, está o impacto da pandemia provocada pela Covid-19. Observou-se como a ausência de eventos presenciais dedicados às histórias em quadrinhos direcionou o contato entre autores e consumidores para o ambiente virtual, o que levou ainda a prejuízos e queda de produção. Estas, na qualidade de "artefatos culturais, que concedem (re)significados a princípios da cultura" (FAGUNDES, 2020, p. 37), tendem a recodificar hábitos consumeristas na medida em que alcançam novos formatos para se apresentarem ao mundo.

A excepcionalidade do status quo prejudicou um cenário já em crise, ao considerar o fechamento de *comic shops* e bancas de revista. As que perduram passam a se reinventar com a venda de outros produtos, focados em games, filmes de heróis e influência da cultura japonesa. O ciberespaço tornar-se-ia, simultaneamente, um ambiente de concorrência e aparato para modernizar a interação com a clientela.

Editoras e quadrinistas se viram obrigados a adiarem seus lançamentos sem determinar novas previsões (VITRAL, 2020). A própria Comic Con Experience precisou transitar para uma edição integralmente on-line em 2020, que não contou com o mesmo impacto singular das atividades ao vivo e interações diretas com personalidades nacionais e internacionais.

A diversificação de técnicas criativas e a migração para o ciberespaço por meio do marketing digital são alternativas do profissional criativo para produzir e divulgar obras autorais, além de manter a saúde mental abalada pela atual crise global. Plataformas de financiamento coletivo também foram recorridas para suprir a ausência de rentabilidade, uma realidade que antecede a pandemia.

Além de agilizar a produção gráfica com o uso de ferramentas intangíveis, o modo de se relacionar com leitores também recebeu dimensões mais amplas e reinvenções que focam na venda on-line. A democratização de temas sociais pertinentes e diálogos sobre igualdade também se tornou mais abrangente, em meio a plataformas atraentes para artistas independentes e filiados a editoras (AGUIAR, 2020). Esses ambientes permitem visibilizar o trabalho de quadrinistas não consagrados para novos usuários, o que inclui o compartilhamento de *webcomics* em redes como Facebook e Instagram.

"A adoção da modernidade não substitui necessariamente suas tradições" (CANCLINI, 2015, p. 198), apenas as atualizam. Portanto, a realidade digital segue como social (ARAUJO *et al.*, 2014). A digitalização traria novas possibilidades de reapresentar o código dos quadrinhos, mantendo suas reflexões, além de abrir perspectivas inéditas de inovação e criatividade, de modo a tornar obsoletas dadas justificativas para grafismos e repertórios estéticos de tom pejorativo. Isso por viabilizar um leque de alternativas gráficas, "como a aplicação de cores e híbridos de impressão." (ARAUJO *et al.*, p. 16). Desde 2013, *Mônica Toy* alicia o diálogo universal com espectadores ao redor do mundo, mediante a ausência de diálogos em qualquer idioma — uma estratégia de internacionalização. Com uma linguagem intermídia, "a tirinha de jornal de antigamente hoje é o YouTube" (MASSON, 2017, s/p), em que a essência narrativa é mantida. O próprio Mauricio de Sousa dispõe de sua conta pessoal no Twitter para publicar tabloides e apurar a recepção pública quanto a seus produtos.

O desapego ao analógico, fomentado por tempos de isolamento social e seus ensinamentos, levaria a MSP a testar novos códigos, "promovendo o surgimento de linguagens multifacetadas que hibridizem características dessas várias mídias" (FRANCO *apud* VERGUEIRO *et al.*, 2013, p. 41). Reitera-se a necessidade do profissional criativo de tornar suas criações transcendentes ao tempo, moldáveis perante atores políticos nada passíveis, pertencentes a uma nação industrial heterogênea de vontades cognitivas díspares. "O público pensa, critica, escolhe, rejeita... Tanto que a palavra de ordem de quem trabalha dentro da indústria cultural é 'dar ao público o que ele quer'." (FEIJÓ, 1997, p. 12).

O engajamento nas redes sociais, susceptível de potencializar a marca, pode ser constatado em números, divulgados em 2022: "São 18 milhões de inscritos no canal da Turma da Mônica no YouTube. No Instagram, 1,2 milhão de seguidores, e no Facebook, 1 milhão" (SILVA, 2022, s/p), em uma competição diária com produtores de conteúdo digital. Durante o isolamento social, em 2020, houve um crescimento de 75% nas visualizações de vídeos oficiais, registrando-se um total de 80,5 milhões de horas assistidas (O VALE, 2020). Quanto aos conteúdos publicados ao longo da pandemia da Covid-19, Cascão até lavaria as mãos, no Twitter (O VALE, 2020), de modo a engajar uma repercussão midiatizada consciente quanto aos cuidados preventivos de higiene e saneamento.

> Foram mais de 315 mil publicações referentes à Turma (um aumento de 75%) e mais de 89,8 mil publicações sobre o Cascão (um aumento de 225%). As mensagens de solidariedade e o tom educativo em uma comunicação clara e direcionada para o público infantil foram bem recebidos pelos internautas. Os dados são da Stilingue, plataforma líder nacional de Inteligência Artificial (IA) para o idioma Português (PT-BR) — com foco em Social Intelligence & Responding em tempo real. [...] O Instagram teve um crescimento de 63% no alcance médio dos posts; o Facebook registrou uma alta de 57% no engajamento das publicações e, somente o Twitter obteve uma marca de 200 mil interações em uma única semana. (O VALE, 2020, s/p).

A opinião pública ao que se vê nas redes, incluindo páginas e páginas de quadrinhos divulgados clandestinamente, ou ainda conteúdos de caráter institucional, cômico ou promocional, está continuamente sujeita a expressões emocionais. Positivas ou negativas, "podem ser valiosas para as empresas que obtêm mais informações sobre o que seus produtos ou serviços despertam nas pessoas" (SOLOMON, 2016, p. 68), a partir da mineração de opiniões. O processo inclui a coleta e análise de termos, expressões e comentários adotados para se referir a uma instituição ou bem de consumo. Desse modo, torna-se possível avaliar prós e contras de decisões corporativas, inclusive editoriais.

> Redes sociais consomem frases irônicas, que são apropriadas e redistribuídas pelos seus participantes, sem que se saiba de

> sua origem ou da natureza do discurso do qual as mesmas são destacadas. Então, temos um ambiente de mediação cuja interatividade é grande, mas a participação ativa é relativamente pequena. (BARI, 2017, p. 25).

A ascensão contínua do *fandom* na internet, dotados de um sentimento de afiliação a uma obra cultural de interesse coletivo, permitiria identificar a aceitação de novos padrões estéticos e morais, consoantes à proibição de certas práticas na literatura dos quadrinhos, a adoção de outras e, ainda, a eclosão da representatividade negra como requisito determinante das linhas que transitam a terceira série de publicações das revistas da Mônica pela Panini Comics. Jeremias e Milena, enfim, assumem o "palco", fosse ele analógico ou digital.

4

REPRESENTATIVIDADE NA MAURICIO DE SOUSA PRODUÇÕES

Os avanços são frutos da luta. E não tem volta.
(Djamila Ribeiro)

Evolução e retrocesso são conceitos adversos que, nas Indústrias Criativas, podem percorrer um mesmo prisma de acordo com o horizonte multifacetado do profissional criativo. O passado editorial da Mauricio de Sousa Produções, conforme visto, transita para novas gerações de consumidores do mercado nacional de HQs. Essa transição inclui duas discussões, discrepantes, mas equivalentemente polêmicas.

A primeira dita uma necessidade irrefutável de transcender o "quadrinho enlatado" (CIRNE, 1982) para a representação de um brasileiro distinto da homogeneização social. Ou seja, abster-se da visão da abstração de meninos(as) puramente universais em seu olhar idealizado da infância, uma até então zona de conforto sem maiores preocupações quanto à diversidade étnica e sociocultural da construção diegética e sua normatização. Isso principalmente "para que as crianças não caiam na armadilha dos discursos montados pelas instituições, que cada vez mais procuram reproduzir sujeitos disciplinados e que reproduzem os padrões considerados normais." (ALBUQUERQUE, 2015, p. 13).

Na década de 1970, Cirne (p. 64) já questionava: "por que Mauricio de sousa, nos últimos anos, não tem tentado uma abrasileiração progressiva dos personagens que giram em torno da Mônica?" Para isso, tornar-se-ia necessário um autopoliciamento, não limitado apenas ao bom senso, mas cuidadoso perante a necessidade de distorções fisionômicas, a manifestação transparente de discursos humanistas e, concomitantemente, o deslize de interpelações que, mesmo quando inclusivas, soassem "desajeitadas ou inadequadas" (ALBUQUERQUE, 2015, p. 14). É aqui que efetivamente entra a responsabilidade de assumir uma posição abertamente antirracista.

A segunda discussão assevera a renúncia a maiores manifestações imagéticas e textuais ditas como incorretas, suscetíveis a escândalos midiáticos e um pressentido mau exemplo aos mais novos, protegidos na atualidade contra sugestões de violência, discriminação e quaisquer episódios dissonantes do estabelecido por grupos dominantes como decoro social. Refere-se à "moralização da cultura e ao 'politicamente correto', que são dois lados da mesma moeda e opostos complementares." (MIORANDO, 2019, p. 160).

Relacionam-se aqui duas questões homólogas, mas essencialmente distintas, uma vez identificada a representatividade como demanda sócio-histórica, agregada de intenções conscienciosas e também comerciais. E que, portanto, transcende as desavenças no que diz respeito aos limites do que se é ou não correto expor em produtos criativos. Racismo é racismo. Escassez é escassez. Gafes são gafes. Assim como a negligência é negligência.

> Esse silenciamento, por sua vez, colabora para a manutenção das desigualdades que envolvem as representações socialmente construídas acerca dos papéis desempenhados e dos valores atribuídos a homens e mulheres, negros e brancos. (ALBUQUERQUE, 2015, p. 7).

A autodeclaração negra, sob o olhar de Agostinho (2021), inclui a precisão de referências benéficas à construção do ser, impressas nos traços estéticos, características e finalidades — extrínsecas e intrínsecas — atinentes às personagens.

> Imaginem o impacto na subjetividade de uma criança preta, pobre e favelada que adora ler e que tem o seu primeiro letramento literário através das HQs, mas que não se vê representada ali... Essa mesma criança ama a Turma da Mônica, mas tem como representação mais próxima de si, fundamentalmente pelo cabelo crespo, a personagem que tem pavor a banho. (AGOSTINHO, 2021, p. 10).

Embora dissemelhantes, ambos os aspectos (a representatividade e a moralização), identificados gradativamente no portfólio editorial do estúdio, estão atrelados ao mesmo propósito. Mas seria ele responsabilidade social ou mero marketing de promoção social? Ou um e outro? "Não há inocência e nem nitidez entre as fronteiras de diversão, educação e comercialização." (CASTRO; OLIVEIRA, 2013, p. 61).

Identificar o papel das questões raciais na construção identitária de um personagem ficcional exige sua análise escrutina, de modo a detectar formas icônicas e estereotipadas, os imaginários subjacentes e as situações referidas na mídia, por meio do entendimento da simbolização que o constrói. Afinal, "imagens não se deixam simplesmente ver" (SCHWARCZ; GOMES, 2018, p. 47), ocultando intenções subjetivadas, às vezes propositalmente. Mas, estando pertencentes a culturas múltiplas e dinâmicas, permitem ser alteradas, transformadas, ressignificadas e questionadas.

As modificações estéticas e morais nos quadrinhos da Turma da Mônica, como "uma estratégia de promoção dos direitos culturais" (MIORANDO, 2019, p. 151), significariam uma evolução ética, construtiva e de potencial pedagógico, desconstruindo-se ideais discriminatórios e homogeneizadores. Ao mesmo tempo, configurariam um retrocesso no instante em que enclausuram condutas, limitam possibilidades criativas e, particularmente, sobressaem à continuidade do crucial entretenimento, que passa a ignorar a inevitabilidade de conceder méritos intelectuais de enfoque gráfico e narrativo.

A censura de textos multimodais e imagéticos, previamente repudiada por Mauricio de Sousa (2018), viria a ser uma escolha consciente? Uma vez adotada a representatividade e normatizadas as preferências do profissional criativo, não há mais brechas para inadequações ofensivas, ao passo em que "quem lê se sente representado e se diverte." (FERNANDES, 2022, s/p). Somente, é claro, quando há diversão. O problema de concentrar esforços no discernimento da comunicação é que se

> [...] não houvesse uma preocupação muito forte com esta 'mensagem' poderia haver um maior espaço para o humor, a ludicidade e a criatividade na produção da tira ou história, abrindo maiores possibilidades de interpretação, exigindo mais a imaginação e a criatividade e dando espaço para o riso e a brincadeira. (SCARELI, 2003, p. 2).

Então o que falta para as atuais linhas editoriais do estúdio nivelarem a representação multicultural e a transmissão de bons exemplos morais sem a perda parcial ou total de sua essencialidade cômica e criativa?

4.1 Inclusão social e Direitos Humanos

A Turma da Mônica, atrelada a projetos sociais e uma diligência à integração sociocultural, está além do mercado editorial em níveis unicamente comerciais. Fundado em 1997 como Sociedade Civil de Interesse Público

(Oscip), o Instituto Mauricio de Sousa (IMS) produz ações, campanhas e revistas especiais, dedicadas a temas como "respeito, justiça, solidariedade, responsabilidade e conscientização" (IMS, [2014?], s/p) sobre direitos e deveres cidadãos. Gratuitas e de tom assumidamente pedagógico, são atreladas à missão institucional de diminuir "níveis de exclusão e desigualdade" (IMS, [2014?], s/p), com temas relacionados a "áreas de cultura, construção do conhecimento, saúde, cidadania, esportes, artes, preservação do meio ambiente e inclusão" (IMS, [2014?], s/p).

A MSP foi uma das pioneiras a disponibilizar animações com audiodescrição, tradução em Língua Brasileira de Sinais (Libras) e já desenvolveu conteúdos em conjunto com o Comitê Paralímpico Brasileiro (cobertura da paralimpíada de Tóquio); Graacc (campanha Carequinhas, com personagens de cabeça pelada); Fundação Síndrome de Down (em conjunto com a PUC-Campinas e a Fundação, foi desenvolvido guia de cuidados contra a Covid-19); e Amigos da Vida, ONG de referência no atendimento às pessoas que vivem com HIV/Aids no Brasil (revista *Amiguinhos da Vida*).

O IMS desenvolveu diversos conteúdos em parceria com organizações como Fundação Dorina Nowill para Cegos, Instituto MetaSocial (ligado às pessoas com síndrome de Down); Revista Autismo; Centro Neuro Days e Matraquinha (ligados às pessoas que fazem parte do espectro do autismo); Associação Brasileira de Linfoma e Leucemia (Abrale) e Associação Desportiva para Deficientes (ADD). Apoia a campanha Lacre Solidário, que arrecada lacres para contribuir com a doação de cadeiras de rodas. Em benefício mútuo entre organização e seus colaboradores, "*ter pessoas com deficiência permite que a empresa se torne mais plural e democrática, gerando de fato a inclusão no mercado de trabalho*"[25].

A responsabilidade social, dita como fundamental por Mauricio de Sousa (LOVETRO, 2018), originou publicações como

> Turma da Mônica em O Estatuto da Criança e do Adolescente, edição em quadrinhos do ECA que já foi distribuída a 30 milhões de crianças, Turma da Mônica em Viva As Diferenças, sobre a inclusão social de crianças com deficiência, e Turma da Mônica em Objetivos Globais, parte do projeto Impacta ODS, desenvolvido em parceria com a Aldeias Infantis, Rede Brasil do Pacto Global da ONU, Global Reporting Initiative

[25] Informação disponibilizada pela Mauricio de Sousa Produções via e-mail no dia 6 de abril de 2022, disponível neste livro.

> — GRI e CEBDS, uma série de gibis da Turma da Mônica que retrata de forma lúdica o que são os objetivos do desenvolvimento sustentável, entre eles a erradicação da pobreza e o acesso à educação de qualidade. (LOVETRO, 2018, s/p).

O panorama, por outro lado, não deve ser confundido com o escanteio de interesses específicos, podendo ser previamente solicitados por entidades governamentais ou iniciativas privadas. O caso mais emblemático viria em 2018, com a distribuição de um almanaque sobre o papel das forças armadas focada em escolas militares (PEDUZZI, 2018).

Em horizontes gerais, há uma concordância entre os valores retratados e a necessidade das histórias de se alinharem a "demandas politicamente corretas, substituindo a misoginia e a violência presentes nas histórias originais pela inclusão e a diversidade." (FREITAG *et al.*, 2020, p. 194). O que se percebe, inclusive, é uma tendência das edições de linha em manter vivências e moldes inofensivos, agregados de modelos comportamentais pautados pelo *ethos* e respeito à representatividade e integração social, assimilando-se progressivamente daquelas de propósito exclusivamente didático.

> Além dessas modificações, novos personagens vêm sendo incorporados às histórias: Dorinha, cega, em 2004, em homenagem a Dorina Nowill, que também era cega e trabalhou para criação de leis e campanhas a favor dos deficientes visuais; também em Luca [estreado em 2004], personagem cadeirante, paraplégico, fã de Herbert Vianna (que, em acidente, ficou paraplégico) e inspirado nos atletas paraolímpicos; André [estreado em 2003], personagem com características comportamentais do transtorno do espectro autista, que como tem olhos diferentes, não olha nos olhos de outras crianças, não as cumprimenta e não tem entusiasmo para brincadeiras (os demais não o excluem das brincadeiras e respeitam suas diferenças de atitude); e Tati [estreada em 2009], menina com síndrome de Down, inspirada em Tathiana Piancastelli. Mauricio de Sousa afirmou que sempre buscou em seus personagens a representatividade das crianças da vida cotidiana. O cartunista reconhece que 'se distraiu' por muito tempo ao fato da inclusão social, mas, quando os debates vieram à tona, percebeu a importância de incrementar crianças com necessidades especiais nas histórias, o que lhe rendeu prêmios e homenagens, inclusive pelo Senado Federal. (FREITAG *et al.*, 2020, p. 194, p. 194-195).

Estes não seriam os primeiros nomes: Humberto, com deficiência auditiva e de fala, já aparecia desde *Zaz Traz* n.º 1 (Continental, 1960). De início, era retratado sem maiores detalhes com seu dialeto limitado ao murmúrio "hum hum". Em agosto de 2011, foi dito como surdo, em *Saiba Mais!* n.º 48 – "Inclusão Social" (Panini), compreendendo os demais amigos por meio de gesticulações informais, leitura labial ou Libras. Até então, só havia ele e raras ressalvas, como o esquecido Hamyr, futebolista portador de muletas (*Mônica* n.º 27, Globo, 1989). "O ser humano possui a necessidade de se autorreconhecer em um arquétipo, e é justamente neste ponto que, se observa a importância das histórias em quadrinhos." (FERNANDES; COSTA, 2019, p. 348).

O final do primeiro milênio e início do segundo significou um recorte temporal determinante na implementação da diversidade sociocultural, calcada na canonização de figuras mais representativas. Surgiram, após, outros personagens inéditos, como Marina, Nimbus e Do Contra (esses de descendência japonesa) e Doutor Spam, que, também inspirados nos filhos de Sousa, seguiram o padrão de dotar características excêntricas em sua essencialidade. É o caso, por exemplo, de Mônica, com sua força exorbitante, da fome hiperbolizada de Magali ou de Cebolinha, de cinco fios na cabeça e dislalia ininterrupta. "O riso advém das pequenas variações em torno das características dos personagens" (SANTOS, 2013, p. 10), incluindo suas imperfeições inatas.

Já Luca teria uma solução criativa para agregar a sua personalidade: uma cadeira de rodas tecnológica, incrementada por Franjinha (*Cebolinha* n.º 223, Globo, 2004), capaz de funções irreais como voar e acionar mecanismos táticos para sua acessibilidade. Seria ainda habilidoso no basquete. Dorinha é dona de Radar, um cão-guia dedicado e obediente, demonstra personalidade dócil, gosta de moda e expõe uso aprimorado dos demais sentidos — geralmente de modo a atestar sua capacidade de não depender da ajuda dos amigos para vivenciar sua rotina. "Com sua mentalidade inovadora e disruptiva, a menina sonha em ser estilista e criar uma nova linha de roupas inclusiva quando ficar adulta." (MORAES, 2021, s/p).

No início dos anos 2000, observa-se a preocupação de apresentá-los aos leitores e manter a presença da dupla, dentro e fora das revistas, sem abrir mão de detalhes fundamentais como leveza e comicidade. Há exceções, embora não haja uma marcação unânime ou hierarquicamente ordenada do quão fluida e significativa possam ser suas aparições, tendo cunho predominantemente orgânico. No longa-metragem *Uma Aventura No Tempo* (2007), houve uma consideração do roteiro em incluí-los na trama, embora Luca se limitasse à cena final. *Cases* do gênero, quando recorrentes, reforçam o pensamento superficial de que a representatividade se limita a uma obrigação mercadológica, similar a *product placement*[26] mal executado, impossibilitada de ser adotada com espontaneidade mimética ou desprovida de uma postura excessivamente paradidática.

Tati e André, a princípio, só se viam nas histórias pedagógicas. A menina, após chegar aos periódicos (*Cebolinha* – 1ª série n.º 53, Panini Comics, 2011), teria uma participação mais recorrente entre o final da segunda e começo da terceira série de publicações das revistas da Mônica pela editora Panini, iniciada em 2021. André seguiria o mesmo caminho, em 2019 (*Turma da Mônica* – 2ª série n.º 51, Panini Comics, 2019). Ainda viriam os sorodiscordantes Igor e Vitória, portadores do vírus HIV/Aids, em 2012, Edu, um menino com distrofia muscular de Duchenne (DMD) devidamente acolhido pelos colegas de escola, em 2019, e Violette (Fran), do título *Chico Moço*, que, após perder parte da perna direita (2016), atua no atletismo paralímpico. Agora há Bernardo, com nanismo. E a lista cresce.

No geral, estes (Figura 40) "fazem parte das aventuras, e são amigos de toda a Turma" (FRACHETTA, [2021?], s/p), mas permanecem com aparições mínimas nos materiais institucionais até então desprovidos das vastas características excêntricas dos demais. Suas necessidades especiais sucederam originalidades mais pitorescas, enquanto "os enredos se desenvolvem de modo que são explicitadas informações sobre cada tipo de deficiência e como é possível ter uma vida normal mesmo com algum tipo de limitação." (FERNANDES; COSTA, 2019, p. 353).

Desse modo, o diferencial criativo de cada é, com prós e contras, restringido a seus déficits físicos ou intelectuais, por meio da sociabilidade. A dessemelhança com o arquétipo recorrente de Mônica e cia. busca, presumivelmente, evitar maiores polêmicas relativas a uma depreciação não intencional de pessoas com deficiência e, ao mesmo tempo, priorizar a construção da identidade sujeito-leitor às custas de maiores *gags* carregadas de traquinagens, com um humor incorreto ou exorbitante.

---

26 "Colocação de produtos ou marcas dentro de uma ação de algum produto midiático, sejam estes peças de teatro, obras de literatura ou artes plásticas, músicas, notícias ou audiovisuais" (RIBARIC, 2019, p. 23). Seu uso pode ocorrer de forma orgânica ou indiscreta, dependendo do nível de sutileza como é integrado à propriedade intelectual. Quando há uma quebra na experiência de entretenimento do usuário, tendem a causar incômodo, produzindo um efeito antagônico à adesão daquilo que se é promovido.

É cabido complementar que, além dos trabalhos com o Comitê de Diversidade, o tratamento de cada tipo recebe consultoria de entidades especializadas, a saber: a síndrome de Down tem o apoio da Associação para o Desenvolvimento Integral do Down (Adid); aspectos relacionados às pessoas com deficiência visual conta com a Fundação Dorina Nowill e palestras com a Associação Desportiva para Deficientes (ADD); a paraplegia de Luca teve participação de Jairo Marques, colunista da *Folha de S. Paulo*; o espectro do autismo teve argumento do desenhista autista Rodrigo Tramonte.

O processo inclui indicar personagens inclusivas como capazes de "aprender, sentir e brincar" (SILVEIRA, *et al.*, 2019, p. 7). A isenção talvez ficaria para o Humberto, cuja particularidade, ainda que respeitada, rende alívios cômicos, assim como as dos protagonistas. Logo, o mérito de desconstruir uma visão de "pena" ao que é diferente dos modelos midiáticos se baralha ao desafio de lidar com a diversidade de forma despojada, interessante e sem maiores contenções criativas.

Figura 40 – Inclusão social na Turma da Mônica

Fonte: Cavalcante (2015, s/p)/Mauricio de Sousa Produções (2018, p. 89)

Já as diferenças raciais incluíam, desde 1960, a Turma do Papa-Capim, representante da cultura indígena e inspirada em povos que habitavam o sul da Bahia. Transmite "um índio estereotipadamente brasileiro, visto que andam quase nus, com o cabelo em forma de cuia e falam português."

(CARDOSO *et al.*, 2013, p. 11). Com histórias debruçadas na reflexão dos valores socioculturais de um aborígene cognoscente e sua rotina, contribui para ampliar os conhecimentos do leitor quanto à variedade significativa de papéis sociais (a exemplo da figura do Pajé ou do Cacique), costumes nativos, além de espécies de fauna e flora. Junto a Chico Bento, foge do terreno genérico e mais desbrasileirado do Limoeiro, com "traços profundos de brasilidade." (DOS SANTOS, 2013, p. 9).

Papa-Capim (além de cafuné, Jurema etc.) "luta pela preservação da floresta, combatendo o desmatamento e a caça ilegal, assim como as queimadas, as fábricas e os pastos, buscando proteger o planeta do aquecimento global." (MORAES, 2021, s/p). Cocares, pinturas de guerra, flechas e cabaças viram objetos de discurso subordinados a indagações densas, cuja orientação argumentativa predominante é a de que o estilo de vida nas aldeias, ideal e harmônico, transcende as futilidades gananciosas do homem moderno, partindo do choque cultural ímpeto ou previsto de antemão pela má fama da mediocracia.

Esse contraste pode ser entendido como "um desconforto, um mal-estar, causados por inúmeras diferenças - costumes, sistemas de valores, atitudes e hábitos de trabalho — e que tornam difícil o convívio, o desempenho e até o raciocínio em ambientes culturais diferentes" (STESSEN *apud* FRAGA, 1999, p. 24). Em tom de denúncia, a convergência desses debates escancara uma fachada educacional nas narrativas, o que tampouco significa necessariamente um olhar divagante daquele advindo de um quadrinista branco, submisso a normatizações criativas estabelecidas por outros brancos. Em suma,

> [...] incorporamos valores, desejos e formas de agir que se dizem 'adequados', almejando sempre alcançar a sociedade ecologicamente correta. Contudo, o que vem sendo estabelecido nestas como 'adequados' são adequados para um grupo de pessoas - homens brancos, heterossexuais, de um segmento de classe média - que avalia o mundo por um posicionamento moderno, adquirido no âmbito das ciências naturais, de certezas assentadas em tendências que desqualificam e/ou hierarquizam outras culturas e seus respectivos conhecimentos como não desejáveis. (CASTRO; OLIVEIRA, 2013, p. 61).

Essa inconstância de possibilidades de adequação estética-narrativa levaria a uma retroalimentação acarretada nas publicações da atualidade, mas precisamente na terceira série de publicações das revistas da Turma da Mônica pela editora Panini: a substituição definitiva de tangas — incluindo a de Papa-Capim — por camisas e bermudas, às vezes acrescentadas de sandálias e acessórios tribais, como observa-se adiante. Sabe-se que

> [...] *foram feitas pesquisas e estudos a respeito dos indígenas (povos originários brasileiros), com ações que envolveram, entre outros consultores, a ONG Autonomia e Katu Mirim, indígena do povo Boe Bororo, rapper, cantora, compositora, atriz, ativista e fundadora do coletivo Tibira, cujas letras discutem pela óptica indígena a demarcação de terras, o resgate da ancestralidade, o indígena no contexto urbano, o uso indiscriminado de sua cultura e a forma como é tratado no Brasil, em especial o grupo indígena LGBTQIA+ no Brasil.*[27].

Figura 41 – Núcleo de Papa-Capim passa a usar roupas do cotidiano moderno

Fonte: Cavalcante (2015, s/p)

[27] Informação disponibilizada pela Mauricio de Sousa Produções via e-mail no dia 6 de abril de 2022, disponível neste livro.

"Certo ou exagero do politicamente correto?", questiona o tópico criado por um usuário no Reddit[28] (2021). Partindo da recepção pública discrepante encontrada no fórum, a intencionalidade responsável por essas mudanças aquiesce o debate crítico acerca do impacto e necessidade de revigoração no âmbito criativo. Afinal, crianças chinesas, quando questionadas por Sousa se estranharam ao ver o indígena só de tanga, responderam que não. "Por que estranhariam, se ele era alegre e divertido?" (SOUSA, 2017, p. 266). A seguir, foram selecionados trechos de comentários pertinentes ao tema em discussão (Tabela 1):

Tabela 1 – Comentários extraídos do Reddit (2021) sobre as histórias do Papa-Capim

Comentário A - "[...] *o conteúdo está sendo impactado minimamente por essa mudança. Eu não consigo ver como isso pode ser considerado um exagero*".
Comentário B - "[...] *o mercado não faz isso por ideologia. faz por di-nhei-ro, gra-na, pesquisa de mercado* [...]".
Comentário C - "[...] *É o cúmulo da ironia uma galera que geralmente defende o mercado liberal com unhas e dentes falar isso tão sistematicamente nas redes* [...]".
Comentário D - "*Cara, não acho q seja por ser politicamente correto, deve ser pq hoje em dia a maioria dos índios usa roupa, mesmo em aldeia. A ideia deve ser que ele é um um índio real, não um índio caricato. É minha suposição, não conheço a realidade indígena*".
Comentário E - "[...] *Fico pensando se isso seria o certo e se não seria meio que uma forma de "apagar" a cultura deles e mostrar o domínio da civilização branca sobre estes povos*".
Comentário F - "*Politicamente correto?? É o mais perto da realidade não??*".
Comentário G - "*Achei esquisito mas provavelmente é só falta de costume. Igual falaram aqui, acho que tem menos a ver com o fato de ele ficar só de tanga e mais com a necessidade de quebrar o estereótipo*".
Comentário H - "[...] *Eu mesmo posso afirmar como representações positivas de minorias na Turma da Mônica ajudaram a desmantelar preconceitos meus quando eu era criança. E imagina a felicidade de uma criança lendo histórias que realmente tem a ver com sua realidade, em vez de versões baseadas em idealizações de séculos atrás* [...] *Usar roupa não faz de ninguém menos indígena, e é importante que o gibi quebre esse estereótipo. No geral, acho que no final das contas é sim uma mudança positiva* [...]".

Fonte: o autor (2022)

Sabe-se que a "flexibilidade das identidades não deve ser compreendida como um problema" (ALBUQUERQUE, 2015, p. 16), embora sua recorrente

[28] Plataforma que consiste em um compilado de fóruns (denominados *subreddits*) organizados por temas, de modo a reunir usuários com interesses em comum.

simplificação ao "politicamente correto" a torne frequentemente problematizada e rodeada de incidências. Não tão somente a polarização entre o pensamento depreciativo e a necessidade de quebra da estereotipagem (comentários G e H), como o dissentimento entre a liberdade imaginativa e a sistematização de códigos quadrinhísticos é apontado (comentário C). Há também a indiferença ao impacto (comentário A), seu reconhecimento como estratégia mercadológica (comentário B) e a pressentida necessidade de se reproduzir a realidade em sua total exatidão (comentários D e F).

O comentário E sugere o efeito reverso à inclusão, em que as tendências hegemônicas da urbanização e da industrialização da cultura destoam da etnografia originária e concernente à civilização, tornando-se uma descaracterização de ótica eurocentrista. O reordenamento de vestes nativas para progressistas, considerando que "uma das formas mais marcantes de se fortalecer a identidade de um grupo social é enaltecer seus elementos culturais" (CHINEN, 2011, p. 10), incluiria debates sobre a ressignificação do indígena moderno e seu apagamento estrutural. Ou a supervalorização do estilo de vida colonial, com a típica imposição de haveres hodiernos para os "ingênuos" nativos. Além do mais, o "politicamente correto" seria positivo por impulsionar a inclusão, quando dosado sem radicalidades. Do contrário, padece em meio a uma série de contradições socioculturais esquizofrênicas e adversas. Seria, por acaso, um ato fascista adulterar personagens consagrados no imaginário coletivo?

O intuito de desconstruir o predomínio da branquitude, ainda que carregado de idiossincrasias estereotipadas do pensamento ocidental, é evidenciado na circulação de outros personagens (Figura 42), como o ausente Massaro, Tikara e Keika, representantes da cultura oriental — sendo os dois últimos criados para celebrar o Centenário da Imigração Japonesa no Brasil (2008), "já caracterizados como integrados na sociedade brasileira." (KUWAE, 2013, p. 41). Geralmente vistos em *cameos*[29], teriam assiduidade em histórias que demandam explicações acerca de práxis do Japão (a exemplo de *Turma da Mônica Jovem - Primeira Série* n.º 47, Panini, 2012).

[29] A expressão *cameo appearance* se refere a aparições especiais não previstas de figuras públicas em produções culturais como filmes ou séries televisivas.

Figura 42 – Principais personagens de descendência oriental na Turma da Mônica

Fonte: Guia dos Quadrinhos [entre 2007 e 2012]

Haveria também Neusinha (e seu pai) e Hiroshi (Hiro), dos núcleos de Pelezinho e Chico Bento, respectivamente, imersos entre os demais. A variação linguística adotada para cada papel nipo-brasileiro opera como mostra das diferentes alternativas de retratação de um mesmo eixo racial, com traços identitários desiguais. Tikara, Keika e Hiro expressam o português-padrão da norma culta, predominantemente adotado nos produtos editoriais da MSP, enquanto Massaro e Neusinha simulam um sotaque japonês carregado de regionalismos, expresso por locuções em que a letra "L" é substituída por "R", por exemplo. Como Chico Bento, facultam o enfraquecimento de uma rejeição sociolinguística, com a integração de múltiplos recursos da comunicação.

Seria também habitual nomes como Mônica e Magali aparecem fantasiadas de nacionalidades distintas, reproduzindo comunidades indígenas (Figura 43) e orientais (Figura 44), até mesmo simulando olhos pequenos e puxados. Como exemplo está Cascão, trajado como chinês, em *Cebolinha* n.º 50 (Abril, 1977). Os limites quanto à inspiração de grupos étnico-raciais de outrem, inclusive como apropriação cultural[30], estão em constante discussão, principalmente sempre que manifestados por uma ótica eurocêntrica. É o caso do apoderamento de grafismos, artefatos e símbolos, tornando-os destoados de seu contexto histórico e emblemático.

Conforme a configuração pertencente a cada circuito linguístico, suas aplicações e propósitos,

> [...] a competência semiolinguística exige de todo sujeito que comunica e interpreta a aptidão para manipular–reconhecer as formas dos signos, suas regras de combinação e seu sen-

[30] Estratégia de dominação, definida como a intenção de apagar o potencial de grupos historicamente inferiorizados, extinguindo o sentido de suas produções intelectuais como forma de articular o genocídio simbólico. Desse modo, contribui com a continuidade dos estereótipos culturais (WILLIAM, 2019).

tido, sabendo que estes são empregados para exprimir uma intenção de comunicação. (XAVIER, 2017, p. 470).

Logo, a numerosidade de cenários de expressões possíveis para dado grupo que rompe com padrões hegemônicos passa a exigir a responsabilidade do profissional criativo de combater a violência e invisibilidade simbólica, tornando-se versátil a inclusão étnica e social.

Figura 43 – Caracterização de nativo americano, recorrente na década de 1970

Fonte: Mauricio de Sousa Produções (1976, p. 26)

Figura 44 – Cascão pinta sorriso no rosto para simular chinês

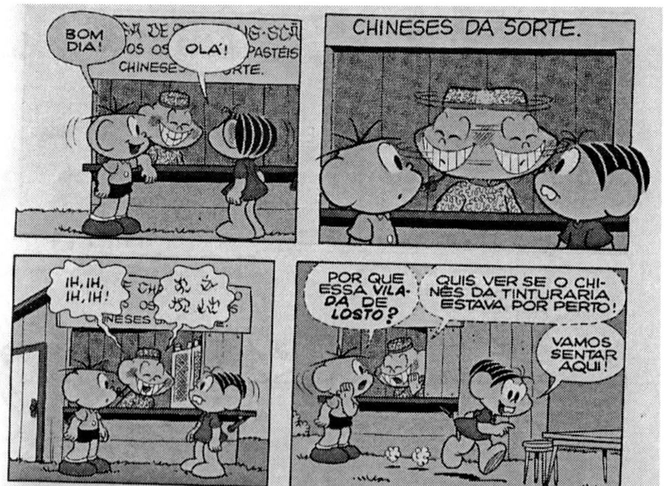

Fonte: Mauricio de Sousa Produções (1977, p. 63)

Já diversidade de gênero, reclusa e de caráter figurativo, limitar-se-ia a *cases* similares ao que ilustrou a explanação sobre a normatização do processo criativo e sua prerrogativa "antibandeiras" (Figura 45). A chegada de um personagem assumidamente LGBTQIA+ segue como uma promessa feita pelo próprio Sousa (2019), por influência de Mauro, seu filho declaradamente homossexual, sujeita ao "tempo" e "momento" certos (NT, 2019) — consoantes ao impreciso nível de receptividade dos leitores. Ainda assim, viria decididamente fora das histórias infantis, em versões adultas das personagens (QUERINO, 2018).

Figura 45 – Figuração homossexual em *Chico Bento* – 2ª série n.º 57 (Panini Comics)

Fonte: Mauricio de Sousa (2020, p. 64)

"Muitos internautas, no entanto, demonstraram rejeição à investida ideológica nos quadrinhos da Turma da Mônica, Chico Bento e outros. Para eles, não se trata de promover o respeito à diversidade, mas sim de fazer apologia à ideologia LGBT" (FILHO, 2020, s/p). A controvérsia incluiu, em 2009, a falha tentativa de introduzir Caio, adolescente alegadamente gay, em uma revista da Tina (*Tina* – 1ª série n.º 6, Panini Comics). Com uma participação esquiva, cabia ao próprio leitor introjetar sua identidade sexual (MIORANDO, 2019), configurando-se aqui uma fuga em relação à responsabilidade de articular um discurso representativo desambíguo. "Mas se tratou de uma interpretação errada. O Caio não é gay" (WEISS, 2015, s/p), disse Mauricio de Sousa, na retaguarda, para a *IstoÉ* (2015).

A exteriorização da homossexualidade, volta e meia, é referida como doutrinação política-ideológica, emancipadora da militância, incômoda a ideais antiliberais e seus costumes "tradicionalmente" hegemônicos. Dez anos após a estreia de Caio, viria um episódio de maior notoriedade na graphic novel *Tina: respeito* (Panini Comics, 2019), da quadrinista Fefê Torquato, com a inclusão de Kátia, personagem autoral, negra, autodeclarada como lésbica, de modo a contribuir para "entender como as identidades étnicas, regionais e nacionais se reconstroem em processos de hibridização intercultural." (CANCLINI, 2015, p. 136).

Figura 46 – Caio e Kátia, personagens LGBTQIA+ no "Mônicaverso"

Fonte: Mauricio de Sousa (2009, p. 20)/(2019, p. 44)

Versando o assédio em ambiente profissional como tema, incluiria demonstrações acessíveis de "machismo e assédio sexual" (LEMES, 2021, p. 593) adjuntos à quebra do incessante patriarcado. Tratando-se de uma releitura de Tina, torna-se perceptível, a título de compreender a personificação dos valores morais da MSP, que sua discussão transversal sobre omissão, feminismo negro, medo e impertinência configura iniciativa necessária, desprovida de erotismos supérfluos e manifesta como um amadurecimento vital para a centralidade do fenótipo descrito. Concebe o compromisso social expressivo acima de possíveis repercussões negativas, carecendo, por outro lado, a intrepidez de incluir Kátia nos quadrinhos originais, de ampla periodicidade.

A receptividade positiva partida do público, avistada em sites como Amazon [2019?], corrobora que legitimização de lutas como a antirracista, antimachista ou anti-LGBTfóbica, quando agregadas de qualidade estética e narrativa, funcionam na concepção de produtos inteligíveis oriundos da propriedade intelectual. Já incidentes como o ocorrido na XVIII Bienal Internacional do Livro do Rio de Janeiro (2019), no qual a Prefeitura Municipal do Rio de Janeiro alegou a exposição de "conteúdo sexual para menores" para justificar ações de censura e homofobia contra um beijo entre dois homens nos quadrinhos da Marvel Comics, compõem obstáculos para a representatividade nos quadrinhos, a serem superados pela intelectualidade do profissional criativo e do escrúpulo, honesto ou estratégico, das grandes corporações pertencentes à indústria do entretenimento.

Mesmo assim a diversidade sexual pode ser vista como uma demanda, leviana ou impositória, para referentes artísticos, considerando a constância de laços homoafetivos nas *fanpages*[31] e *fanfictions*[32] on-line (Figura 47) relacionadas à Turma da Mônica. Além disso, a MSP conta com o trabalho de pessoas representativas desses grupos, com destaque para negros, LGBTQIA+ e pessoas com deficiência, com ações afirmativas para ampliar sua presença, tornando o ambiente de trabalho mais diverso e inclusivo. *"Por meio do programa de jovens aprendizes, a empresa tem priorizado a contratação de funcionários pertencentes a grupos sociais minorizados"*[33].

Figura 47 – *Fanart*[34] celebra o *shipp*[35] dos personagens Cebola e Do contra

Fonte: Cebola e Do Contra – #Dcebola (2016, s/p)

---

[31] "Páginas criadas pelos usuários do Facebook para divulgar uma marca, uma empresa ou, simplesmente, para expor conteúdo voltado a um segmento de público específico. O sucesso desses espaços depende do engajamento dos seus usuários por meio da interação e do compartilhamento das postagens" (COELHO, 2017, p. 9).

[32] "Textos produzidos por fãs baseados em narrativas midiáticas já existentes" (COELHO, 2017, p. 31).

[33] Informação disponibilizada pela Mauricio de Sousa Produções via e-mail no dia 6 de abril de 2022, disponível neste livro.

[34] Artes feitas por fãs (DE ALMEIDA *et al.*, 2018).

[35] Neologismo informal presente no domínio discursivo interpessoal. Advém da expressão estrangeira *relationship*, traduzível como "relacionamento" (CASTRO, 2017).

Inclusive, Dione Nogueira, mulher negra, psicóloga, tecnóloga em marketing, que trabalhou com inclusão e orientação profissional de pessoas com deficiência na área de empregabilidade da Fundação Dorina Nowill, com destaque para o programa Embaixadores da Diversidade, colaborou em rodas de conversas com os roteiristas. O estúdio declara acreditar *"que a prática da diversidade e inclusão contribui com a criatividade organizacional e inovação, pois em um ambiente mais diverso há um grande potencial de inovação, uma vez que distintas perspectivas contribuem para encontrar soluções criativas coletivamente."*

Interessa-nos, sobretudo, a representação negra, em que o entendimento de que somos todos iguais em sociedade receberia novas camadas de afirmação. Antes, devem ser compreendidos os ganhos e prejuízos da recodificação de textos e desenhos, que vai da eliminação de diálogos ofensivos para grupos discriminados à extinção de "más práticas" comportamentais. O que, de fato, (se) passa ou não nas atuais revistas da Turma da Mônica?

4.2 O "politicamente correto"

Controvérsias à parte, a MSP afirma refletir valores que os norteiam desde os anos 1960: respeito, amizade, inclusão — visto que Mauricio de Sousa cresceu em ambiente diversificado. Entretanto *"a sociedade evolui, e as histórias acompanham essa evolução"*[36]. Para eles, o fenômeno "politicamente correto" é visto como *"um conjunto de ações que visam não ofender, excluir ou marginalizar grupos historicamente discriminados."* Ou, simplesmente, é fazer cumprir seus valores e *"não faltar com a boa educação"*.

Seu surgimento distanciava Cascão das latas de lixo e Chico Bento dos balões. Ele, inclusive, é embaixador do WWF-Brasil, contribuindo com as mensagens de proteção ao ambiente que pregava nos quadrinhos. Outra providência de notoriedade foi tirar os aventais das mães da Turma. Passam a ser retratadas como profissionais, distante do estereótipo "dona de casa", predominante na época de suas criações. Tarefas domésticas agora são divididas com os pais. Equidades como essa ganham presença na retratação de habilidades diversas, principalmente práticas esportivas, que refletem o paradigma real.

Mais que ser "correto", são valorizadas iniciativas criativas miríficas, entre elas uma parceria com o Sebrae Delas para incentivar o empreende-

[36] Informação disponibilizada pela Mauricio de Sousa Produções via e-mail no dia 6 de abril de 2022, disponível neste livro.

dorismo feminino desde cedo. Com elas, a tecnologia *QR Code* é empregada para fornecer dicas sobre setores como game, moda e alimentação, *"inspirando mães e filhas"*. Diante de ações e visões acertadamente louváveis, onde entram, então, polêmicas dignas de debate? O estúdio acredita que esse cenário amplia as possibilidades criativas. Já uma outra parcela dos fãs...

4.2.1 Critérios de análise

Ratificar os prós e contras da visão "politicamente correta" na linhagem editorial da MSP inclui ter a inteligibilidade que "a sociedade ficou muito mais alerta com os conteúdos voltados para os pequenos — hoje é difícil encontrar pais a fim de que seus filhos tenham como exemplos crianças que não tomam banho ou batem no coleguinha." (LUISA, 2019, s/p). Mais que isso, é abarcar preocupações mais nobres e amplas, que dizem respeito à integração da diversidade de formas e vida humana.

A comunicabilidade com fins de entretenimento segue como "inter-relação intencional específica entre seres vivos num determinado contexto" (GIANNETTI, 2006, p. 64), com o emprego de codificações específicas que estabelecem interações particulares entre o profissional criativo e seus espectadores (Figura 48).

Figura 48 – O tema "politicamente correto" seria ainda uma piada recorrente

Fonte: Mauricio de Sousa Produções (2007, p. 5)

Para a seguinte análise, foram considerados aspectos linguísticos, imagéticos, cognitivos e socioculturais, de modo a perceber a (re)construção de valores imersos na multisemioticidade das histórias em quadrinhos do estúdio. Entendê-los como estratégias narrativas de dimensão valorativa-cultural inclui atentar-se a noções como perspectiva, contexto e decodificação das ideologias a eles subjacentes. Para decifrá-las, desnudam-se as operações simbólicas construídas em trechos específicos das histórias tabuladas a seguir (Tabela 2):

Tabela 2 – Títulos escolhidos para verificar a evolução de valores da Turma da Mônica

História	Edição original	Ano de lançamento	Edição de republicação	Ano de republicação
"A conselheira"	*Pelezinho* n.º 52 (Abril)	1981 (novembro)	*As Melhores Histórias do Pelezinho* n.º 8 (Panini Comics)	2013 (dezembro)
"Transformações"	*Cebolinha* n.º 7 (Globo)	1987 (julho)	*Almanaque Temático* n.º 29	2014 (janeiro)
"Destino de um craque"	*Cascão* n.º 23 (Globo)	1987 (novembro)	*Almanaque Temático* n.º 30 (Panini Comics)	2014 (abril)
"O poderoso Cascão"	*Cascão* n.º 246 (Globo)	1996 (julho)	*Clássicos do Cinema* n.º 43 (Panini Comics)	2014 (abril)
"Uma lição para a Magali"	*Magali* n.º 221 (Globo)	1997 (dezembro)	*Almanaque Temático* n.º 51 (Panini Comics)	2019 (julho)
"A infância perdida de professora"	*Chico Bento* n.º 298 (Globo)	1998 (junho)	*Almanaque do Chico Bento* n.º 74 (Panini Comics)	2019 (abril)

História	Edição original	Ano de lançamento	Edição de republicação	Ano de republicação
"Eu acredito!"	*Cebolinha* – 2ª série n.º 20 (Panini Comics)	2016 (dezembro)	Não se aplica	Não se aplica

Fonte: o autor (2022)

O material selecionado recorta discursos verbo-visuais que percorreram os três principais ciclos de publicações editoriais periódicas da MSP: 1970 – 1986 (Abril), 1987 – 2006 (Globo) e 2007 – 2022 (Panini Comics). Partindo do princípio da pertinência (MARTINET *apud* BARTHES, 2001), em que se reúnem os aspectos que interessam a objetivos preestabelecidos, foram consideradas as direções listadas para uma análise sociocognitiva do referido corpus:

- *Lócus* espaço-temporal: continuidade lógica e/ou descaracterização do cenário original, sua intersubjetividade sociocultural e construção (ou desconstrução) da estereotipagem.
- Desenho/acabamento gráfico: permanência da organicidade e qualidade estética (ou a ausência delas) após o remanejamento superficial de elementos visuais recorrentes em republicações.
- Receptividade da mensagem (em *cases* de repercussão midiática): opinião pública manifestada no ciberespaço e sua receptividade a diferentes níveis de intervenção simbólica.
- Intencionalidade discursiva: motivações intrínsecas e extrínsecas expressas pela linguagem verbo-visual[37], que acarretam a eliminação de polêmicas (de conotação racista ou homofóbica, por exemplo), à reformulação de discursos preexistentes ou construção de novos.
- Possibilidades de decodificação: ressignificação do sentido expresso em trechos específicos, em que são perceptíveis reformulações, sejam elas textuais ou imagéticas.

A fim de validação, focou-se em comentários públicos de *webpages* especializada em quadrinhos e comunidades virtuais, acompanhados por

[37] Relação dialética entre códigos verbais e imagéticos.

anotações tautológicas ligeiramente próximas de um viés netnográfico[38] e raciocínio indutivo. Deve-se observar que, tomada em consideração a intencionalidade discursiva, adere-se aqui ao modelo "pragmático" de constituição de sentido (KOCH, 2005), em que a ação comunicativa é animada pela intenção daquele que produziu dado enunciado. Seu entendimento é percorrido pelo leitor, partindo do contexto relevante para decodificar sua enunciação. "Isto significa fazer uma análise dos elementos não de forma isolada, mas em agrupamentos, em combinação, em funcionamento com outros elementos" (KOCH, 2005, p. 25), sendo esses sinais verbais e não verbais que habitam uma mesma superfície linguística.

Foram tomados em consideração alguns dos traços etnográficos atinentes ao esquema Speaking (HYMES *apud* KOCH, 2005, p. 22), variantes a cada enunciação: fins; propósito; resultados e forma da mensagem/conteúdo, acrescidos pelo presente autor das distinções étnico-raciais das personagens em determinados momentos. Admite-se ainda uma interpretação parcial, considerando a pluralidade de interpretações possíveis e diferentes níveis do discurso-interpretação (BARTHES, 1977).

4.2.2 História I – "A conselheira"

A primeira história, "A conselheira", traz a resignação de semblantes visuais já mencionada em *Panther is the New Black* (2019): a edição *As Melhores Histórias do Pelezinho* n.º 8, de 2013, inaugurou um reestudo estético de seu núcleo de personagens, tornando-o "mais moderno, atualizado e universal", conforme nota editorial (SOUSA, 2013, p. 3). Tratando-se de uma republicação adulterada, a base textual é mantida, eliminando-se os lábios expressivos até então usuais na configuração imagética daqueles de afrodescendência, como Bonga, Cana Brava, Zé e Teófilo (todos da turma do Pelezinho).

Na trama, Bonga tenta convencer Pelezinho e Cana a trabalharem como adultos ao invés de apenas jogar futebol. Por intermédio de técnicas de edição gráfica, percebe-se em trecho divulgado pelo blog *Arquivos Turma da Mônica* (2013) a retirada das bocas rosadas de Pelezinho e Cana Brava, acompanhada pela diminuição dos órgãos carnudos de Bonga, que

[38] Considera-se este uma metodologia descritível e adaptável a assuntos diversos, similar a análise de conteúdo/discurso, para a investigação de mídias "blogs, fóruns, wikis, sites de redes sociais, bate-papos, grupos de notícias, podcasts, entre outras" (MONTEIRO; PEREIRA, 2019, p. 6).

passaram a simular uma pintura de batom. O quarto quadro da página 18 da republicação (Figura 49) aduz a fragilidade do procedimento, visto que simplesmente removeram a cor rosa dos lábios de Cana Brava, mantendo sua saliência original. Suprir signos sugere suprir sentidos psíquicos, "algo que só é dizível por meio deles" (BARTHES, 2001, p. 46) em meio a uma classificação semântica particular e específica.

Figura 49 – "A conselheira" em versão original (1981) e republicação (2013)

Fonte: Mauricio de Sousa Produções (1981, p. 42)/(2013, p. 18)

Nesse caso, é possível conjecturar a intencional desconstrução da estereotipagem fisionômica do negro, que embora desimpeça a decodificação da narrativa, sua ambientação e acepção, exprime uma conversão estética duradoura, necessária, porém capaz de desacomodar a memória afetiva do perfil de leitor anteriormente identificado como assíduo, apegado à originalidade diegética e circunspecto para maiores mudanças (Tabela 3).

Tabela 3 – Repercussão on-line da revista *As Melhores Histórias do Pelezinho* n.º 8

Webpage	Comentário	Avaliação netnográfica
Universo HQ (2013)	*"Que horror! Alterar o visual do personagem para somente a capa nao tem problema! Mas redesenhar as historias de décadas atrás é um completo absurdo! [...]"*	Rejeição hiperbolizada e parcial, contrária à adulteração de documentos criativos preexistentes. Desconsidera a necessidade simbólica das modificações gráficas, com uma receptividade abertamente negativa.
Universo HQ (2013)	*"[...] O povo tá ficando mais sensível? E o que vão fazer com o Jeremias? Vão deixar ele branco?"*	Indagação ironizada da circunstância, movida pela exemplificação de um cenário inverso ao ocorrido como forma de desassociar a preservação diegética da validação de estereótipos considerados racistas.
Universo HQ (2013)	*"Para a criançada que tá conhecendo o personagem, não sentirão tanto a diferença, mas para a gente que passou dos trinta e acompanhou as histórias clássicas na infância tá estranho demais... Enfim, não gostei".*	Manifestação da memória emocional, responsável pela reação de estranhamento e repulsa a modificações imagéticas de uma diegese de mais de 30 anos. Pode substituir ou agregar uma visão negligente quanto à permanência de estereotipagens.

Webpage	Comentário	Avaliação netnográfica
Universo HQ (2013)	*"[...] Essa caracterização dos negros com 'a cara preta e um circulo vermelho na boca para representar os lábios grossos', ou 'black face', é considerada um modelo preconceituoso e pejorativo antigo. Já deu MUITOS problemas pra todo mundo e o Maurício de Souza, que não é besta, decidiu retirar essas características. Apesar de ser uma auto-censura devido os tempos "politicamente corretos", tem sua razão de ser, NÃO está errado e concordo que tudo que possa ser usado como arma para o preconceito (ou DESCULPA para aqueles que veem preconceito em tudo) deveria ser eliminado. Principalmente quando NÃO mudam o conceito dos personagens em questão".*	Reconhecimento cognitivo de modelos estéticos racistas e suas consequências: o comprometimento da imagem institucional da MSP perante o público e/ou sanções econômicas provocadas por uma plausível diminuição dos números de venda de periódicos ofensivos a dado grupo sociocultural. Percebe-se o acolhimento do "novo" como artifício contrário a expressões artísticas pejorativas, alegadas como uma censura voluntária resumida à necessidade de se adequar ao fenômeno do "politicamente correto". As últimas colocações sugerem a convicção de que há uma manifestação exagerada do policiamento de estilizações depreciativas, que deve ser abafado de modo a evitar escandalizações. A sobreposição da essência instrumental-comportamental de Pelezinho à sua construção imagética também é observável.
Universo HQ (2013)	*"A mudança foi ridícula. Se nos quadrinhos caricaturados não se pode utilizar conceitos visuais iguais aos do Pelezinho para os personagens negros, então tem uma série interminável de estilizações relativas aos personagens brancos que também são estereotipadas".*	Argumentação leviana e parcial de que a continuidade de traços estereotipados em figuras brancas é uma justificativa válida para a permanência de preconcepções racistas. Logo, o respeito a um grupo étnico historicamente discriminado é condicionado a outro que é factualmente privilegiado.

Webpage	**Comentário**	**Avaliação netnográfica**
Universo HQ (2013)	*"O único título regular MSP q eu estava colecionando era As Melhores Histórias do Pelezinho, mas justamente por ser um clássico de minha infância da qual eu gostava muito (incluindo o visual dos personagens). Com essa mudança 'maluca' do visual, que DETESTEI, lá se vai mais uma coleção de quadrinhos que descontinuarei. Meu bolso agradece!!!"*	Insciência ou intransigência à quebra da estereotipagem. Exteriorização da memória emocional acrescida da exposição do poder de compra do consumidor, designada como punição às modificações estéticas que vão de encontro aos seus interesses. A interrupção da aquisição do produto (revista) se revela uma consequência mercadológica da reprovação à desconstrução de um imaginário fixado na mente do consumidor.
Universo HQ (2013)	*"Um horror!. Mauricio de Souza se rendendo aos chatos do politicamente correto. Perdemos nós. Fãs das HQs. EU pelo menos não vou deixar de comprar".*	Reducionismo da luta antirracista, aqui expressa no rompimento de padrões pejorativos, ao "politicamente correto". A adequação da representatividade é banalizada, misturada às demais padronizações normativas, a saber: desuso de expressões ofensivas, ausência de armas, nudez explícita, dentre outras. Também ocorre uma distinção infundada entre fãs de histórias em quadrinhos e produtores/consumidores que policiam a necessidade ou não de rever práticas controversas. O desagrado com as transformações estéticas de Pelezinho não se mostra precisamente suficiente para impedir toda e qualquer continuidade do consumo formal de suas revistas.

Webpage	Comentário	Avaliação netnográfica
Universo HQ (2013)	*"Se sou um desenhista não alteraria a imagem de qualquer personagem meu, mesmo que desagrade alguns... a criação é minha, lê quem quer. Quem não quer não encha o saco, não atrapalhe!".*	Sobreposição raivosa da integridade/originalidade do documento criativo à suposta necessidade de alterá-lo em prol da descontinuação de estereótipos ou da necessidade de agradar grupos específicos de leitores.

Fonte: o autor (2022)

Considerando que "as indicações pragmáticas de um enunciado podem servir para relacioná-lo com o contexto 'psicológico' de sua enunciação" (VOGT, 1989, p. 204), fica perceptível, heuristicamente, a predominância de posições contrárias às intervenções simbólicas acarretadas, que incluem a trivialização da eliminação de estereótipos e sua associação ao "politicamente correto". A "autocensura", diferente do que se via na ditadura militar, corresponde a um reparo histórico consciente que visa agregar positivamente às novas gerações, considerando a permanência dos lábios expressivos em publicações de teor histórico. É, por outro lado, enxergado como desrespeitoso pelo leitor de longa data.

Nesse caso, exclusivamente, satisfazem-se apenas a esfera midiática e seu policiamento? O choque ao "novo" também provém da violação de idiossincrasias fisionômicas, a exemplo da ocasional suavização da personagem Dona Morte em 2013 (Figura 50), julgada como declínio da fidelização provido pela intenção de não chocar ou traumatizar crianças.

Figura 50 – Variável alteração estética em Dona Morte, da Turma do Penadinho

Fonte: Arquivos Turma da Mônica (2014, s/p)

4.2.3 História II – "Transformações"

O argumento simulado e controvertido de que tudo se opera em decorrência dos tempos galgados pelo "politicamente correto" leva às investigações seguintes. Na segunda história, de fato, percebe-se o que pode ser verdadeiramente uma questão de se adequar à moralidade em vigor. A republicação de "Transformações", em 2014, visa evitar o mau exemplo com nova intervenção simbólica: a adição de uma cartolina colada a um muro, por trás dos rabiscos de Cebolinha. Desse modo, a parede segue irretocada, sem a perda de sua função narrativa (Figura 51).

Figura 51 – Rabiscos em muros passam a exigir presença de cartazes

Fonte: Arquivos Turma da Mônica (2014, s/p)

Na mesma época, houve declarações públicas de Mauricio de Sousa terminantemente contrárias ao fenômeno do "politicamente correto", alegando que "as crianças não são politicamente corretas. Nossa [sua] preocupação é transmitir valores bons, mostrar as boas relações entre pais e filhos, a importância da amizade" (BOURROUL, 2013, s/p). Alegadamente contrário a qualquer tipo de proibição, acredita que "a intenção é boa, mas a proposta está errada" (R7, 2014, s/p), a ponto de provocar más consequências tanto criativas como mercadológicas. Afirma:

> Vejam o que aconteceu com os programas infantis, por exemplo. Estão simplesmente acabando, por receio de anunciantes em expor produtos nesses programas e sofrer quaisquer tipos de restrição. Estamos destruindo indústrias inteiras, empregos e até carreiras. Não podemos viver num sistema fechado, com proibições absurdas. Histórias como

> eu escrevia há algumas décadas hoje provavelmente dariam problemas, o ministério público viria em cima de mim. (R7, 2014, s/p).

A inserção do cartaz, portanto, opera como meio-termo indiretamente imposto, não mais pela política autoritária de tempos ditatoriais, e sim pela vigilância imposta em uma democracia globalizada, midiatizada e constantemente vigilante. Mas a adequação à moral em sua constante mutação exige equilíbrio do profissional criativo, quando algumas das características das personagens são, por essência, incorretas. "Depende de quem roteiriza e dirige encontrar essa medida" (WEISS, 2015, s/p), ora sutil, ora não.

O intermédio das modificações gráficas associáveis a "pichações" (proibidas oficialmente desde 1998, conforme publicidade circulada nos gibis), ainda que possa ser visto como solução impeditiva de censuras e intervenções ainda maiores, acarreta na repercussão negativa advinda de perfis de consumo reacionários, identificada na sequência (Tabela 4):

Tabela 4 – Repercussão on-line relacionada à republicação de "Transformações" (2014)

Webpage	**Comentário**	**Avaliação netnográfica**
***Turma da Mônica - Quadro a Quadro* (2014)**	*"será que as crianças vão mudando com o tempo, ficando mais abobalhadas, a ponto de não saberem divergir o que é fantasia do que é realidade, ou será que os adultos estão ficando cada vez mais preocupados (neuróticos) em dar bons exemplos que estão procurando chifre em cabeça de cavalo?".*	Reflexão conexa do "politicamente correto" excessivo como reducionismo pedagógico, ou seja, tudo aquilo que subestima a capacidade da criança de discernir o bom do mau e o certo do errado. Afere-se uma interpretação crítica quanto às limitações do que deve ou não repercutir nas edições da atualidade.
***Arquivos Turma da Mônica* (2015)**	"[...] *Realmente, o pessoal do politicamente correto iria ficar chocado com muros pichados e rabiscados! É por isso que eu digo: Os rabiscos e caricaturas da Mônica no muro era bem melhor, não era?* [...]".	Convicção expressamente favorável à permanência da práxis alegada como incorreta. A indagação retórica estabelece seu ponto de vista como verdade a ser reconhecida pelos demais usuários, de forma a excluir aqueles que simpatizam com a recodificação de signos incivis.

Webpage	Comentário	Avaliação netnográfica
Arquivos Turma da Mônica (2016)	*"Verdade, também acho que os gibis têm que entreter, divertir e não só pra servir pra dar bons exemplos".*	Aceitação do papel didático e representativo do gênero estudado, condicionada ao não comprometimento da perpetuidade do entretenimento, que deve se manter uma premência criativa. O verbo "achar" opera como a "atenuação de seus compromissos com a verdade do que afirma." (VOGT, 1989, p. 209).
Grupo *Turma da Mônica* (Facebook - 2016)	*"Ou seja, essa geração chata e mimizenta afetou até a turma da Mônica".*	Depreciação provocativa cuja tendência é generalizar a gama de transformações estéticas e morais ocorridas na atualidade como uma única e desnecessária trivialidade.
Grupo *Turma da Mônica* (Facebook - 2016)	*"O politicamente correto é uma chatice enorme. O politicamente correto nada mais é do que uma falsa moral pois isso de politicamente correto não existe".*	Afirmação de semântica paradoxal, considerando a validação e seguinte desvalidação da existência do fenômeno "politicamente correto". No entanto entende-se o intuito de defini-lo como fraudulento, decorrente de uma enxergada hipocrisia existente nos processos de moralização do discurso, seja ele responsabilidade de uma pessoa física (profissional criativo) ou jurídica (instituição-base).

Fonte: o autor (2022)

A reação que se mostra prevalente é a discrepância à revisão de valores "incorretos", que discorre tanto de uma apreensão real perante o impacto de demasiada obsessão ao emprego de códigos imagéticos saudáveis quanto da mediocrização do compromisso dos quadrinhos com a ideação do imaginário infantojuvenil.

4.2.4 História III – "Destino de um craque"

A sucessão de modificações estéticas que envolveriam a etnia negra, além da cessação da pintura nanquim e dissociação da afrodescendência a cargos de baixa renda, segue na manutenção dos lábios expressivos. A terceira história, chamada "Destino de um craque" (Figura 52), sequencia a decisão editorial de retrair bocas originalmente expressivas, associáveis como fenótipos degenerativos cruéis que perpetuam do pensamento individual para a esfera coletiva.

Figura 52 – Remoção dos lábios rosados e circulares de Jeremias

Fonte: Arquivos Turma da Mônica (2014, s/p)

A exclusão simbólica segue permitindo repensar o imaginário cultural brasileiro, por intermédio de canetas ópticas e softwares de produção gráfica. São ferramentas que estão à disposição da criatividade e do domínio técnico de cada artista, sem que se saia dos moldes da arte mauriciana. A adaptação a novas tecnologias inclui vantagens mercadológicas, como a produção home office em tempos pandêmicos, e controversas.

A priori, a manutenção dos traços em Jeremias seguiria uma oscilação particular comparada com a de Pelezinho. Ao contrário das do futebolista, que seguiu com a modificação visual até o cancelamento de seus títulos, sua feição, que pode estar "longe de ser uma representação neutra e meramente facilitadora" (CHINEN, 2013, p. 77), sofreu idas e vindas. A desconstrução integral da caricatura polêmica em edições inéditas (a exemplo de *Cascão – 1ª série n.º 84*) não perduraria. Voltaria a ter seus lábios normalizados, que já se viam distantes há tempos do controverso círculo rosado. A reversão é, por conjectura, o resultado de uma nova reverberação negativa, reconhecível no ciberespaço (Tabela 5):

Tabela 5 – Repercussão on-line da história "Destino de um craque" (2014)

Webpage	Comentário	Avaliação netnográfica
Arquivos Turma da Mônica **(2014)**	*"[...] Ficou horrível. Para eles, até aceitam lábios das histórias antigas, mas círculo em volta da boca dos negros é inadmissível porque pensa que é preconceituoso. Lamentável. [...] Lembrando que foi só nessa história, e nas outras quando ele aparece de lábios mantiveram e na história 'O Mundo dá voltas' mantiveram também o personagem negro com círculo na boca. A implicância foi só com o Jeremias [...]."*	Desaprovação agressiva, procedida do argumento de que a correção incompleta de traços negroides desqualifica estes como preconceituosos. Sugere-se ainda uma tendência da MSP em concentrar-se na mensagem visual transmitida por personagens significativos, em comparação a figuras terciárias e de papel unicamente figurativo.
Arquivos Turma da Mônica **(2014)**	*"[...] Se querem hqs novas assim, até dá pra aceitar, só não gosto q mudem as hqs antigas para atender o padrão correto atual. Isso não dá. Infelizmente, ele fez a escolha dele de atender o politicamente correto dos pais, educadores e governo".*	Descontentamento relativo à adulteração de produtos criativos previamente publicados e a aceitação da quebra de expressões caricatas na produção editorial atual. A necessidade sócio-histórica de entregar uma produção intelectual despossuída de estereotipagens aparenta ser um aforismo indiferente.
Arquivos Turma da Mônica **(2014)**	*"De verdade eu penso que essas mudanças tem algo por trás. Não é possível que o Maurício faça isso por gosto ou apenas submissão ao politicamente correto. Deve haver uma pressão bem grande por trás disso tudo que eles não deixam transparecer".*	Percepção de uma pressão sociopolítica inteligível como mote para as transformações estético-narrativas na Turma da Mônica, geralmente invisíveis na cognição de um leitor leigo e desatento.

Fonte: o autor (2022)

4.2.5 História IV – "O poderoso Cascão"

O *case* seguinte ilustra como intervenções simbólicas são capazes de comprometer a lógica narrativa de uma história, como ocorrido em "O poderoso Cascão". A proscrição de armas (de brinquedo, inclusive) e demonstrações de violência levariam à substituição de uma metralhadora por uma lagosta, como uma facilitação gráfica desprovida de maiores sentidos. Em outras palavras, uma vez imposta ao qualificado profissional criativo a "autocensura" como agente condicional para a reedição da trama de 1996, optou-se por uma reconstrução mínima do desenho, de modo a simplificar o trabalho de recodificação estética (Figura 53).

Figura 53 – Armas de fogo dão lugar a outros objetos, inclusive lagostas

Fonte: Arquivos Turma da Mônica (2014, s/p)

A incoerência simbólica soa como dano colateral de uma supervalorização às normatizações anteriormente percebidas, questionando-se aqui o preço a ser pago pelo literal apagamento de radicalismos. Não falamos necessariamente de um custo econômico, mas sim do comprometimento de uma propriedade intelectual conexa. A contestação viria salientada em espaços virtuais (Tabela 6).

Tabela 6 – Repercussão on-line da republicação de "O poderoso Cascão" (2014)

Webpage	Comentário	Avaliação netnográfica
Arquivos Turma da Mônica (2014)	*"[...] Terrível. Onde já se viu a Mônica ter medo de lagosta!? Se ainda fosse rato, dava para aceitar mais. E onde já se viu bandido assaltar banco com lagosta!? Não faz sentido nenhum. Tudo sem pé nem cabeça, totalmente sem noção. [...] Eles que se preocupam tanto em tirar os absurdos das histórias, e colocam esse da lagosta na mão dos bandidos. Revoltante. Seria melhor não republicar. Sem contar o desrespeito com os roteiristas e desenhistas da época e toda a dedicação que tiveram alterando todo o trabalho que tiveram, para mudar tudo assim, sem mais nem menos".*	Indignação expressa à quebra lógico-narrativa, somada pelo discurso empático ao profissional criativo responsável pela construção original da obra investigada.
Arquivos Turma da Mônica (2014)	*"A turma da mônica atual esta terrivelmente uma verdadeira merda...vamos todos compras gibis Disney pessoal!(se é pra fazer alteração é melhor nem republicar a tal HQ...falta de respeito com os leitores)! kkkkkkkk :(".*	Aversão cômica, que zombeteia a rivalidade comercial Disney-Turma da Mônica, ao mesmo tempo que coloca a recodificação dos quadrinhos como repulsiva a ponto de não serem republicados em prol da integridade da obra.
Arquivos Turma da Mônica (2014)	*"Nem perco mais meu tempo questionando os caras que trabalham lá, porque eles jamais vão dar razão a nós em nome do bom senso de preservarem seus empregos. Também larguei mão de escrever para a MSP, pois também não levam a resultados. O jeito é esperar que um dia as coisas mudem e essas manias bobas acabem".*	A objeção às mutações alude discussões quanto ao ator responsável por elas: o profissional criativo ou a instituição a que estes são filiados. Pondera-se que o primeiro se abstém do comprometimento com o conteúdo original como consequência da subordinação, enquanto o segundo desatende rogativas que vão de encontro com o fenômeno "politicamente correto".

Webpage	Comentário	Avaliação netnográfica
Página *O Elefante* (Facebook – 2019)	*"Substituem a verdade pra mentira, isso o politicamente correto faz bem, e agora vão criar personagem gay, uma das consequências do politicamente correto é induzir ao apoio a ideologia de gênero. Quer dizer, a criança vai achar que bandidos usam lagostas para assaltar e que gays nascem gays".*	Manifestação de cunho conservador e abertamente homofóbica, inerente a *pages* assumidamente associadas à extrema direita. O "politicamente correto" é criticado oposto à corrente ideológica antiliberal e, presumivelmente, advindo da esquerda política. O que se defende, no entanto, é uma verdade unilateral que destoa da realidade: é construída uma associação tendenciosa entre *facto* de natureza ficcional e uma veracidade negada, criminosamente, por um viés negacionista. Dessa forma, tenta-se unidimensionar a homossexualidade a um espectro desprovido de sentido. Tendenciona a associação recorrentemente negativa entre os exageros da "autocensura" e a fortificação de lutas sociais como a antirracista e contra a LGBTQIA+fobia, mesmo quando estas não aparecem, a princípio, em discussão.
Página *O Elefante* (Facebook – 2019)	*"Depois que eu vi várias conotações sexuais no sentido bem maldoso eu não deixo mais meus filhos ler está porcaria e a dicção escrita do cebolinha é um desfaro pro aprendizado!".*	Reafirmação do poder de voz do consumidor, sobreposto a reflexões de cunho sociocultural e acrescida de delações desacompanhadas de exemplos ou evidências. Corroboração da persona consumidora submissa ao consentimento do pai ou responsável, que passa a ditar as regras e limites do acesso formal às revistas publicadas. A natureza anacrônica é salientada pelo comentário final, que estipula a reprodução da dislalia como nociva, de modo a subestimar a capacidade cognitiva da criança.

Fonte: o autor (2022)

A impossibilidade de uma manutenção temática, portanto, levou a narrativa a transmutar, impreterivelmente, uma direção ponderosa para cômica (para não se dizer promíscua). O cenário difere-se da reconfiguração da fisionomia negra no instante em que prejudica a decodificação da mensagem. A situação reconstruída retém uma quebra na linearidade da locução, propícia a provocar a estranheza no receptor. No entanto ambos os casos se mostraram vistos como "farinha do mesmo saco" a não ser proliferada. A receptividade das transformações imagéticas referidas, propensas a manifestações indisciplinadas e conservadoras, terminam por coadjuvar com a trivialização do enfrentamento à séria discriminação étnico-cultural.

4.2.6 História V – "Uma lição para a Magali"

A história "Uma lição para a Magali", republicada em 2019, acarreta uma demonstração de comprometimento narrativo provocado pela intervenção em cima de códigos ditos como discriminatórios: neste caso a gordofobia[39]. O sentido do último quadro é alterado por meio de interposições do desenho original, modificando o humor final da versão de 1997 (Figura 54):

Figura 54 – Quaisquer indícios de gordofobia passaram a ser modificados

Fonte: Mauricio de Sousa Produções (1997, p. 15)/(2019, p. 124)

[39] "Preconceito contra as pessoas gordas que vai além da pressão estética" (ARRUDA; MIKLOS, 2020, p. 118).

Roteirizada por Emerson Abreu, contou com outras mudanças bruscas: "Gula" torna-se "apetite". A expressão "frutinha" é substituída por "sem graça", simultaneamente ao recorte e recolocação das personagens (Figura 55). O desenho adulterado, deforme e insuficiente, acarreta situações inverossímeis, sem naturalidade, decorrentes do cuidado excessivo e improvisado em revestir signos motivadores da homofobia e da violência. Também não se limitaram a esta história, visto que outras reedições, a exemplo de "Mundo triste" (Figura 56), sofrem distorções similares.

Figura 55 – Realocação das personagens acompanha revisão da expressão "frutinha"

Fonte: Mauricio de Sousa Produções (1997, p. 5)/(2019, p. 114)

Figura 56 – Textos diversos que indicam homofobia passam a ser reescritos

Fonte: Mauricio de Sousa Produções (1989/2020, s/p)

A seguir (Tabela 7) esmiúça-se a resposta pública perante o rearranjo texto-imagem observado:

Tabela 7 – Repercussão on-line de "Uma lição para a Magali" (2019)

Webpage	Comentário	Avaliação netnográfica
Arquivos Turma da Mônica **(2019)**	*"Nossa... Que alterações mal feitas. Reaproveitaram a pose da fada madrinha (tirando o ar da graça no último quadro)* [...] *Na minha opinião, as histórias de hoje parecem mais propaganda feita promover os personagens e a marca pro pessoal comprar produtos dela do que para divertir quem lê... Antes, dava pra ver que a Turma fazia sucesso com as histórias e depois saiam produtos dela".*	Captação desaprovadora da reestruturação simbólica entre obra original e republicação. Apreensão da atual linhagem editorial da Mauricio de Sousa Produções como bens intercambiáveis semelhantes a estratégias de *branded content*[40], cujo objetivo de promover a marca se sobressai, mimeticamente, ao entretenimento. A consequência seria a domesticação das personagens.
Arquivos Turma da Mônica **(2019)**	*"Quando pensa que não poderiam se superar, essa da briga ter sido redesenhado foi ridícula, realmente alterou o sentido da história* [...]*".*	Incômodo à ruptura do sentido, isolada de maiores preocupações relativas ao "mau exemplo" ou injúria a grupos socialmente oprimidos.
Arquivos Turma da Mônica **(2019)**	*"Ótimas mudanças! Muito bom saber que eles tão tendo todo esse cuidado. Ganharam ainda mais minha admiração".*	Consideração favorável às mudanças expressa pelo apontamento à prudência da MSP em reestudar suas expressões textuais e imagéticas.
Grupo *Gibiteca* (Facebook – 2020)	*"Nada a ver essa censura".*	Atribuição sígnica das transformações estéticas e morais à prática de censura, irreverente às consequências do humor incorreto e maiores necessidades de sua revisão.

Fonte: o autor (2022)

É importante homologar que a reabilitação de antigas narrativas, do exagero a um reparo sócio-histórico válido, expõe um conjunto de *cases* denunciadores valiosos do metamorfismo de valores sustentados na obra em

[40] "Estratégia de comunicação de marca que pressupõe a associação do entretenimento à publicidade" (TRANCOSO; ABREU, 2021, p. 243).

estudo, que se caracteriza crescentemente adepta à responsabilidade social. Além da violência física e moral, a mesma nudez que deveria ser admitida em tempos de ditadura tornar-se-iam um veto acatado em resignação aos novos tempos de cancelamento midiático. Essa cultura, tragicamente necessária,

> [...] disseminou-se há alguns anos por meio de diversas redes, como forma de chamar a atenção para causas sociais, como o machismo, o racismo, a LGBT+ Fobia, o estupro, o aborto, além de questões ambientais e políticas. Porém, tal prática vem ultrapassando o limite do protesto legítimo e se transformando em linchamento virtual, ocasionado pelo fervor social exacerbado de defender o que julgam ser moralmente justo e correto. (GUIMARÃES, 2020, p. 13-14).

Não necessariamente deslegitima a necessidade de confrontar significativa parcela social conservadora e flagiciosa, mas sim cria um olhar inquietante sobre o que é digno e o que é tóxico, liberal ou retrógrado — seja nos quadrinhos, no ciberespaço ou na fala de radicalistas. Termina por transportar denúncias significativas, sejam elas "políticas, sociais ou ambientais" (GUIMARÃES, 2020, p. 17), para o ódio autoritário e vigilante.

4.2.7 História VI – "A infância perdida de professora"

O "caminhar sobre ovos" que evadiria o linchamento popular fez a história "A infância perdida de professora", originalmente publicada em *Chico Bento* n.º 298 (Editora Globo, 1998), também receber modificações de texto e imagem para sua republicação no *Almanaque do Chico Bento* n.º 74 (Panini Comics, 2019). Ao acreditar que voltou no tempo, o protagonista tenta convencer uma presumida versão criança da sua professora a aproveitar as diversões da roça. Com o uso de softwares de edição gráfica, a cena em que Chico Bento nadava nu no ribeirão tem o seu contexto inteiramente modificado. Uma sunga preta é colocada sobreposta ao caipira, que na versão de 1998 deixava a menina constrangida. O texto também é alterado, removendo quaisquer alusões à nudez infantil (Figura 57).

Figura 57 – Alterações textuais na história "A infância perdida de professora"

Fonte: Mauricio de Sousa Produções (1998, p. 13/(2019, p. 76)

Outro ajuste ocorre quando ambos comem goiabas colhidas da goiabeira do Nhô Lau. O verbo "roubar" é substituído por "pegar". Expressões como "Roubar?! Cruz-credo! Claro que não!" e "Nunca ouviu dizê qui as goiabas robada são as mior" também foram substituídas. Nhô Lau é redesenhado no terceiro quadro da página 75 (2019) para não aparecer com uma espingarda em mãos, a fim de evitar apologias à violência (Figura 58).

Figura 58 – Alterações imagéticas na história "A infância perdida de professora"

Fonte: Mauricio de Sousa Produções (1998, p. 12)/(2019, p. 75)

As expressões das personagens também passaram por revisões, uma vez que receberam tiros de sal na versão inicial. A lição de moral de aproveitar o tempo livre sem renunciar aos estudos é mantida. Observa-se ainda que as alterações não comprometem o sentido da história, apesar de que se esforçam minimamente para se sobreporem ao material de origem. Podem, inclusive, soar como forçadas para leitores mais experientes apegados ao conteúdo original, capazes de decodificar cada correção.

O discurso indutor do "politicamente correto" como "destruidor de infâncias", e que cria a perigosa ideia de causas socioculturais, morais e ecológicas como "mimizentas", acentua-se em função de *cases* do gênero. Isto é, passam a ser vistas como grandes responsáveis pelo comprometimento da obra criativa ou como uma demanda necessária, porém cobrada de forma rude, hipócrita ou extremista. Avaliam-se os seguintes comentários quanto à versão original da história (Tabela 8):

Tabela 8 – Opiniões à versão original de "A infância perdida da professora" (2019)

Webpage	**Comentário**	**Avaliação netnográfica**
***Gibiteca* (2021)**	*"O CARA ENCHENDO AS CRIANÇAS DE TIRO MEU DEUS KKKKKKKKKKKKK".*	Recepção cômica e estupefacta ao "incorreto", corroborada pela simulação de risos e uso de caixa alta.
***Gibiteca* (2021)**	*"Se a posse de armas for legalizada, cenas como essa serão comuns".*	Avaliação convicta ou sarcástica da ascendência da política conservadora, de modo a associá-la à existência de práxis "politicamente incorretas" nas histórias.
***Gibiteca* (2021)**	*"meu deus espantando as criança com uma ARMA".*	Repressão ao incorreto, corroborada pelo uso de caixa alta na palavra "arma" e que tipifica a criança como vulnerável, uma vertente que então deveria ser mantida na ficção espelhada no plano real.
***Gibiteca* (2021)**	*"No almanaque que eu tenho do Chico Bento, essa parte é editada!".*	Recognição da transição gráfica, suscetível tanto ao incômodo como à mera curiosidade.

Fonte: o autor (2022)

4.2.8 História VII – "Eu acredito!"

O último *case* ilustra mudanças que transcendem o "politicamente correto" a uma preciosa revisão de valores retrógrados, que até então permitiam normalizar a hediondez de opressões como o racismo ou a homofobia. Revela ainda que tal evolução estética e moral não se restringe à desconstrução de antigos produtos criativos, abrangendo a inclusão dos valores revisitados em repertórios inéditos.

Dessa forma, "Eu acredito!" marcou a dissolução do fichamento de brinquedos (e brincadeiras) masculinas e femininas, repercutindo nas redes sociais. Após deduzirem que Cebolinha pediu uma boneca de presente de Natal, Mônica e Cascão ficam preocupados com a possibilidade de algumas pessoas, "ao contrário deles", acharem esse comportamento estranho. A lição de moral que impulsionaria conflitos dialógicos entre usuários virtuais viria a cargo do Papai Noel (Figura 59):

Figura 59 – Trecho de *Cebolinha* – 2ª série n.º 20 (Panini Comics)

Fonte: Mauricio de Sousa Produções (2016, p. 17)

Sentidos são construídos por discursos de força ilocucionária advindos da consciência individual do profissional criativo (neste caso um roteirista), um ator social ativo dialogicamente, agregada da recepção de quem a decodifica. Seria, então, o responsável pelo sentido. Ou seria a instituição (MSP)?

> Quem fala, na verdade, é um sujeito anônimo, social, em relação ao qual o indivíduo que, em dado momento, ocupa o papel de locutor é dependente, repetidor. Ele tem apenas a ilusão de ser a origem de seu enunciado, ilusão necessária, de que a ideologia lança mão para fazê-lo pensar que é livre para fazer e dizer o que deseja. Mas, na verdade, ele só diz e faz o que se exige que faça e diga na posição que se encontra. Isto é, ele está, de fato, inserido numa ideologia, numa instituição da qual é apenas porta-voz [...]. (KOCH, 2005, p. 14).

Logo, entendido que personagens ecoam o discurso prezado pela instituição que os detém, as possíveis influências de suas representações para a construção das identidades das crianças — e adultos — tornam-se fonte de preocupação organizacional, seja por medo, respeito ou bajulação. As estereotipagens negativas, antes vistas como atividades linguísticas constantes, agora somem. A celebração empática de códigos e identidades nas páginas de quadrinhos também instigam o ódio, não pela descaracterização do passado, mas pela redefinição do futuro. Críticas relativamente válidas quanto à colocação de mensagens positivas acima do humor ou da aventura cederiam espaço para o ódio bruto (Tabela 9):

Tabela 9 – Repercussão on-line da história "Eu acredito!" (2016)

Webpage	**Comentário**	**Avaliação netnográfica**
Página *Mães pelo Escola sem Partido* (Facebook - 2016)	*"Sr. Mauricio de Souza, coloque sua equipe para pesquisar mais e deixa nossas crianças em paz!".*	Injunção egocêntrica, de cunho conservador, que deturpa a fala e o papel das ciências sociais no entendimento de correntes ideológicas e generaliza a criança leitora por intermédio de um pronome possessivo.
Página *Mães pelo Escola sem Partido* (Facebook - 2016)	*"Não vi nada de anormal. Vocês estão exagerando. Se uma criança deseja naturalmente um tipo de brinquedo é normal, sempre preferi brincar com brinquedos de meninos e daí isso não me fez lésbica. Meninos se desejam podem brincar com bonecas e se tornarem pais melhores ou pediatras. Ideologia de gênero é diferente de respeito aos gostos das crianças".*	Racionalização argumentativa do tema, partida da desconstrução de extremismos ideológicos da identificação do ódio desmedido à comunidade LGBTQIA+. O que não significa, necessariamente, sua aceitação.

Webpage	Comentário	Avaliação netnográfica
Página *Mães pelo Escola sem Partido* (Facebook - 2016)	*"Realmente o que espanta é a sutileza que usam para impor a ideologia. Como dito acima o problema nao é o brinquedo e sim e disseminaçao da ideologia de genero como se fosse apenas uma bonequinha inocente, ou usar historias de menininhos que so querem poder usar tutu de balet quando na verdade o negocio vai muito além disso. Essa persistencia em ganhar empatia da populaçao de forma, 'subliminar' quase, é sim desprezivel".*	Crítica de natureza homofóbica à imaginada promoção sutil de ideologias de gênero nas revistas. Inquietação resultante do enunciado contraposto a sua convicção reacionária, entregando um exemplo válido para justificar uma repugnância inválida.
***Mundo HQ* (2018)**	"[...] *Maurício de Sousa não está usando histórias da Mônica pra incutir ideologia de gênero, nem clara nem subliminarmente, nem está defendendo teoria A ou B, sendo contra ou a favor deste ou daquele. Como sempre fez nos seus mais de 80 anos de vida, Maurício – e os profissionais de seu estúdio – continua fazendo boas histórias e divertindo crianças e adultos de todas as idades".*	Desmitificação cética do quadrinho como propaganda ideológica, somada à valorização de seu propósito de entretenimento. Ocorre ainda a validação do gênero em questão como um produto intelectual não limitado ao consumo infantojuvenil.
Resposta ao perfil *Quebrando o Tabu* (Twitter - 2018)	*"Papai Noel sensato, pena que ele não existe".*	Apreciação cômica da visão ideológica de uma figura irreal, contraposta aos disparates da sociedade real.
Resposta ao perfil *Quebrando o Tabu* (Twitter - 2018)	*"Mas em entrevista recente, Mauricio Sousa disse que não levanta bandeiras de gêneros em suas revistas, que não é a função dos seus quadrinhos...".*	Acusação de dissimetria entre princípios institucionais e respectiva produção criativa. Atribui ao discurso hodierno a adesão da "ideologia de gênero", tipicamente empregada de maneira pejorativa ou desconfiada.
Resposta ao perfil *Quebrando o Tabu* (Twitter - 2018)	*"Agora os falsos moralistas vão proibir a turma da Monica".*	Pressuposição do impacto tempestuoso da fala da personagem (Papai Noel) a grupos de extrema direita e sua prescrição do que é moralmente correto.

Webpage	Comentário	Avaliação netnográfica
Resposta ao perfil *Quebrando o Tabu* (Twitter - 2018)	*"Até então, o Cebolinha cobiçava o coelho da Mônica (veja que nem é uma boneca, mas um bicho de pelúcia), de carrinhos, não uma boneca. Ademais, estão usando personagens infantis para satisfazer suas demências?".*	Limitação cognitiva que simplifica a homossexualidade como disfunção mental. Com o desprendimento do contexto situacional da história, o ato criativo é acusado como canal para autossatisfação ideológica do profissional das artes, de modo a desvirtuar causas sociais.
Página *Mais Brasil* (Facebook - 2020)	*"Com certez! Ser e boneca ou não!!! Importante é ser feliz... o qui importa!!!".*	Exaltação transigente e precisa do discurso consciente expresso na narrativa.

Fonte: o autor (2022)

Pode ser dito que a representação do correto se delimita aos olhares, abertos e fechados, de perfis geralmente obsessivos, previsíveis de receptividade. Cada comentário admite leituras distintas e expressa simultânea "atribuição de responsabilidade por um ato e apreciação do ato." (VOGT, 1989, p. 183). Ou ainda sua desaprovação.

A manutenção de temáticas do gênero ainda recorre à responsabilidade relativa às faixas etárias de cada produto, além da missão e valores institucionais somados às ações de diversidade e inclusão. Juntos, são componentes base para que os criativos possam dialogar com as atuais linhagens editoriais. "*As mudanças na sociedade e no mundo refletem mais no momento de elaborar uma trama do que eventuais debates sobre o 'politicamente correto' nas redes sociais*"[41].

O fim da estereotipagem desrespeitosa de grupos socialmente desprivilegiados levaria a representação negra a alcançar outro nível, não apenas estético ou moral, mas sim "protagonístico". Mutar-se-ia a ponto de receber a mesma ênfase e assiduidade de Mônica, Cebolinha, Cascão, Magali e Chico Bento. Mas afinal, "tudo, numa narrativa, é funcional? Tudo, até o menor detalhe, tem uma significação?" (BARTHES, 1977, p. 28). Sai, majoritariamente, o termo "politicamente correto" e sua aplicação àquilo que se convém. Entra, enfim, a representatividade.

[41] Informação disponibilizada pela Mauricio de Sousa Produções via e-mail no dia 6 de abril de 2022, disponível neste livro.

4.3 A construção do protagonismo negro

Além de Jeremias, nomes como Ditão, o pacato amigo de infância do Astronauta, e Nhô Dito, caricatura do "preto velho" nas histórias do Chico Bento, compunham uma minoria negra pouco expressiva (Figura 60), que incluía aparições pontuais de famosos (Figura 61). Em maio de 2003, a coleção *Você Sabia? Turma da Mônica* (Globo), de conotação didática, versou sobre a escravidão no Brasil.

A amiudada necessidade de atenuar o tema perante a criança levaria ao uso de implicações eurocêntricas: a princesa Isabel (1846-1921), ao lado de Mônica, assume a posição exímia de redentora dos oprimidos (Figura 62), ignorando a abolição como, a princípio, uma formalidade advinda da pressão popular, carregada de graves decorrências socioestruturais segregacionistas, inevitável para fins políticos e econômicos. "Se as primeiras gerações elevaram a princesa a um dos símbolos do abolicionismo, os ativistas contemporâneos refutaram a ideia de uma liberdade dada e reforçaram a atuação de quilombolas e escravos rebeldes no enfraquecimento do sistema escravista." (FRANCISCO, 2018, p. 38-39).

Figura 60 – Personagens Ditão e Nhô Dito eram raras figuras negras recorrentes

Fonte: Mauricio de Sousa Produções (1971, p. 48)/(2007, p. 9)

Figura 61 – Participações especiais de personalidades negras na Turma da Mônica

Fonte: Mauricio de Sousa Produções (2006, p. 13)/(2020, p. 46)/(2020, p. 8)

Figura 62 – Participação da princesa Isabel na revista *Você Sabia?* (Globo)

Fonte: Mauricio de Sousa Produções (2003, p. 33)

Seus reveses no âmbito do Direito Penal e da história humana dariam lugar à comemoração alegre e generalizada, em que negros e brancos estariam unidos. Jeremias, sem participação ativa, representaria o escravo, enquanto maiores contextualizações da cultura afro-brasileira viriam de Mônica, Cebolinha e Cascão, ao lado de personalidades históricas abolicionistas como Castro Alves, Rui Barbosa e José do Patrocínio. Agregado de passatempos e notas explicativas, além da ausência de menções a matrizes religiosas como o candomblé e a umbanda,

> [...] o maior equívoco construído por este padrão histórico, representado pela história em quadrinhos em questão, é identificar a abolição como uma conquista externa às muitas

> formas de resistência empreendidas por mais de três séculos pelos escravos, configurando um presente da elite governante. (FERRARO, 2013, p. 6).

Mais de dez anos depois, em 2014, uma criança negra de Nova Iguaçu repercutiu uma ação inusitada: pintou um desenho da Turma da Mônica na escola com lápis de cor marrom (Figura 64). Por iniciativa da professora, Joice Oliveira Nunes, a manifestação artística de Cleidison difundiu nas redes sociais com mais de 1.200 compartilhamentos, dita como uma exposição crítica da ausência de figuras afrodescendentes mais representativas, inclusive nas histórias em quadrinhos nacionais (MEDEIROS, 2014). Em nota oficial divulgada pelo *Jornal Extra* (RJ), Mauricio de Sousa (2014) elogia a atitude como "criativa e carinhosa". No entanto, apesar de reconhecer o peso da inclusão, alega não desprovir de personagens negras, entre elas Pelezinho, Jeremias e uma família baiana que nunca estreiaria (Figura 63).

Figura 63 – Família negra e baiana, anunciada por Mauricio de Sousa em 2011

Fonte: G1 BA (2011, s/p)

A princípio, o grupo de personagens jamais batizados era formado por um casal e seus três filhos, destinados a uma presença recorrente nas revistas de linha. Anunciados em 2011, a ideia era que, "na história, o pai será [fosse] produtor de eventos e a mãe uma veterinária. Um dos irmãos gosta de música clássica, o outro de axé e ritmos baianos, e a menina, que será [seria] uma das melhores amigas de Mônica, vai [iria] tocar berimbau e lutar capoeira." (G1 BA, 2011, s/p). Em meio a questionamentos sucintos quanto ao estereótipo baiano, também construir-se-ia a expectativa não cumprida de uma inserção valorativa da afro-brasilidade. Sousa complementa seu contra-argumento ponderando que "não há raça branca, negra, amarela... Pra mim [ele] existe a raça humana." (MEDEIROS, 2014, s/p).

O depoimento, mesmo sem mordacidades, acaba por enrijecer o pensamento de que a diversidade étnica-cultural é facultativa, irreverente à responsabilidade de desconstruir a imagem do negro como coadjuvante, ausente, cômico, caricato, bucólico, marginalizado e/ou unicamente mitológico em frente ao público. "Esse é um problema particularmente grave quando se trata de crianças e adolescentes, cuja elaboração da personalidade pode entrar em choque com os padrões de cor, credo ou valores de seu grupo." (CHINEN, 2011, p. 4). Entende-se que o compromisso antirracista, da partição de noções preconceituosas oriundas do discurso da dominação colonial ao desuso de códigos visuais patológicos, inclui a consolidação de ícones acima de mera figuração universal: fixos, perenes, representativos e empoderados.

Figura 64 –Turma da Mônica pintada por Cleidison com a cor marrom

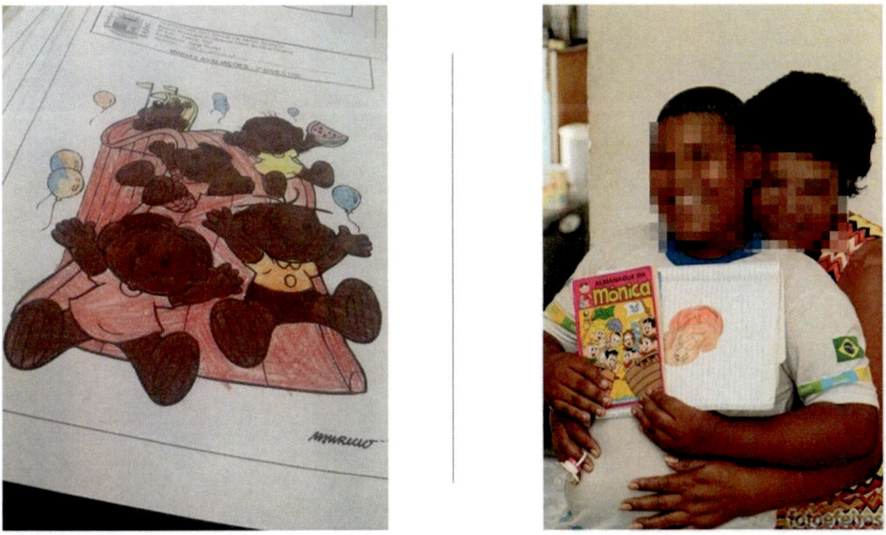

Fonte: Cléber Júnior / Extra (2014, s/p)

Em outras palavras, pictografar o saci nos quadrinhos a todo instante não basta para formar um indivíduo: cabe então ao profissional criativo acompanhar devidamente a realidade. "Fiz esse desenho para valorizar minha cor; [...] estou cansado de só ver personagens brancos. Sou muito orgulhoso de ser negro", justificou Cleidison, após despertar a atenção do quadrinista. O viral republicado em 2018 na página *Quebrando o Tabu*, no Facebook, permite um olhar à opinião pública à sua autocelebração da identidade intercalada à obra do quadrinista (Tabela 10):

Tabela 10 – Comentários extraídos da página *Quebrando o Tabu*, no Facebook (2018)

Comentário A - *"Nunca vi um oriental reclamando de representativide, mesmo não sendo representado em novelas, cinema ou brinquedos!!".*
Comentário B - *"Racista esse aluno e mal informado porque na historinha da monica tambem tem negro,alem da familia do cascão.Racismo* não é so praticado por *brancos.Desculpem as opiniões contrarias".*
Comentário C - *"Um dia eu percebi que meu primo de 7 anos não estava pintando nenhum desenho da escola que tivesse pele, e perguntei o motivo. Ele disse que o 'lápis cor de pele' tinha terminado, então eu perguntei pra ele se era só aquela 'cor de pele' que existia. Ele olhou para os lápis por um tempo, pegou o lápis marrom e começou a pintar. Agora, mesmo com uma nova caixa de lápis, ele quase sempre pinta os bonequinhos com o lápis da cor marrom, porque disse que acha que é a cor mais bonita".*
Comentário D - *"Eu nao sou afro descendente, mas ja vi atos de racismo inúmeras vezes. Na escola, no dia a dia, no trabalho. Ninguem merece se sentir inferior pela cor da pele. Ninguem pode ter o direito de inferiorizar. O menino pintou o desenho de marrom, por que estava cansado de só ver desenhos brancos. Isso nao me deixou chateada, isso me fez pensar que pra 'ELE' fez uma enorme diferença. Me coloquei no lugar dele e pronto".*
Comentário E – *"Oh bonito ver nossas crianças expondo suas idéias...me lembro do personagens Pelezinho único personagem da turma da Mônica negro...é pouco...".*
Comentário F - *"Nossa!!Tem gente com a mente tão fechada que não consegue entender a msg!!Que triste a ignorância!!Educação sucateada atingiu seu objetivo!!Bora garotão...fazer a diferença nesse Brasil idiotizado!!".*
Comentário G - *"acho que esse aluno é que está precisando aprender sobre diversidade, afinal existem alunos brancos, pardos, indígenas, orientais... mas ele pintou todos de negro".*
Comentário H - *"E vc sabe q o racismo é fortissimo no país que mesmo uma revista inclusiva como a turma da monica que se preocupa e incluir todo tipo de diversidade, não tem como principais pessoas que representam sei próprio país de maioria negra ".*

Fonte: o autor (2022)

São percebidas duas posições antitéticas diante do lapso histórico anteriormente aclarado. A primeira engloba a desconsideração do racismo, expresso majoritariamente por usuários brancos (foto de perfil), por meio do silogismo dissonante que diz que o silêncio de um grupo à opressão deveria justificar a quietude de outro (comentário A). Evolui para a insipiência ao tema, exteriorizada pela defesa ao "racismo reverso" e agregada da interpretação equivocada da raça-etnia de Cascão (comentário B), abordada mais adiante. Percorre também pelo demérito do estímulo à presença negra (comentário G), propensa ao ódio diante da sua representatividade ou à defesa de seu desmerecimento na produção cultural.

> Essa desvalorização do negro na literatura infantil traz efeitos significativos para as identidades de meninos e meninas, que ao não encontrarem referenciais positivos sobre a estética, cultura, valores e conhecimentos do povo negro, passam a negar seu pertencimento racial. (ALBUQUERQUE, 2015, p. 14).

A segunda extremidade é o contraponto ao desmerecimento de Cleidison e seu olhar questionador. Dignifica o impacto da diversidade de representações (comentários C e F) e expressa empatia (comentário D) ante um racismo reconhecido. O comentário H corrobora a negligência como práxis racista, podendo se manifestar, ainda, na forma de uma despretensão vagarosa. Já o E sugere o desconhecimento (ou esquecimento) de nomes como Jeremias ou Milena, indicando assim panorama discutível e pouco entusiasta na fixação de ícones negros.

Uma advertência ao desalinho da representação afro, além dos já contemplados por este livro, viria na descontinuidade estética de nomes menos conhecidos pelo grande público: Madame Creuzodete e Melissa, personagens da Turma da Mônica canonizadas por Emerson Abreu. As duas teriam sido idealizadas negras, embora sua etnia fosse volta e meia interpolada durante as etapas de colorização, de forma despercebida ou desconsiderada nos estágios de revisão dos roteiros materializados.

Em sua primeira aparição, Madame Creuzodete, caracterizada como uma cartomante de poderes místicos e personalidade gananciosa, contou com a coloração originalmente idealizada, descontinuada após falha vinda da equipe de coloristas. O lapso na comunicação torná-la-ia definitivamente branca, inclusive na *Turma da Mônica Jovem*. Em continuidade das transformações imagéticas corriqueiras em republicações, a história "Um aniversário nada previsível" (2001) alterou sua cor de modo a consolidar a mudança étnica (Figura 65), o que novamente não passaria despercebido à atenção do leitor dinâmico no ciberespaço (Tabela 11):

Figura 65 – Madame Creuzodete, idealizada negra, acabou tornando-se branca

Fonte: Mauricio de Sousa Produções (2001, p. 6)/(2014, p. 105)

Tabela 11 – Comentários extraídos do blog *Arquivos Turma da Mônica* (2014)

Comentário A - "[...] *O Emerson diz que, nas HQs, bota até aviso dizendo que ela é negra, e ainda assim ela aparece branca, até na TMJ... tipo... quê?* [...]".
Comentário B - "[...] *A alteração da cor da Madame Creuzodete foi ridícula. Pode até dizer q é um preconceito de certa forma, visto q a intenção do Emerson era q ela fosse negra sempre*".
Comentário C - "[...] *E, mesmo ela passando a ser branca ao longo dos anos, não era para alterar a cor na republicação dessa história só para ficar igual com a atual* [...]".
Comentário D - "[...] *E eu já sabia que a Madame Cleuzodete era negra, mas acho que mudaram a cor de pele dela, porque eu acho que negros não podem mais aparecer nas histórias atuais* [...]".

Fonte: o autor (2022)

Atenta-se como o perfil de *pages* antiliberais como *Arquivos Turma da Mônica* (2014) antepõe a preservação da essência criativa como mote (Comentário C), o que pode avigorar tanto o demérito à manutenção de tabus como o repúdio à atenuação da etnia negra e sua verbo-visualidade (Comentário B). A vinda de Melissa, ao lado de seu irmão Betão (Dr. Stavros), por outro lado, colocaria "em xeque" o ideal de equidade representacional ao ter sua pigmentação irregular de edição para edição (Figura 66).

A culpa viria do formato preto e branco da *Turma da Mônica Jovem* e seu uso de retículas para representar a cor negra? Afinal, se Madame Creuzodete poderia tornar-se branca ao ser republicada, por que a etnia de Melissa não foi corrigida nas duas vezes em que *Turma da Mônica Jovem* – 1ª série n.º 90 foi reeditada (2020,2021)? Em nível extratextual, teríamos a desatenção ou indiferença aos storyboards do roteiro (Comentário A) como uma inadvertência ao protesto Cleidison e o desmerecimento da intelecção do leitor (Comentário D).

Figura 66 – Personagem Melissa, sem e com retículas em sua pele

Fonte: Mauricio de Sousa Produções (2016, p. 106)/(2016, p. 70)

Esse mesmo leitor, capaz de assumir um posicionamento favorável ao protagonismo negro ou simplesmente repudiá-lo (Tabela 12), passaria a demandar ou criticar a desnaturalização da colonialidade, em uma comunicação desprovida de causalidades e construída pela veemente visibilidade de representações pós-coloniais. A reverberação de Cleidison, as normatizações do processo criativo e as propostas revolucionárias de nomes como Sidney Gusman e Mônica Sousa conceberiam mudanças significativas para a evidenciação da afrodescendência nas histórias em quadrinhos nacionais.

Tabela 12 – Comentários extraídos do fórum on-line *Eplay* (2019)

Comentário A - *"O que está me incomodando atualmente é essa enxurrada de personagens novos que surgem com a única obrigação de preencher cotas sociais... Não soa nada natural?".*
Comentário B - *"Quando transformam personagens já existentes em gays, negros, ou outras minorias reclamam e mandam criar novos. Aí quando criam personagens sendo essas minorias também reclamam. Ta dificil de entender".*

Fonte: o autor (2019)

Retomado o objetivo de compreender o enquadramento transitório da presença negra nos produtos da Mauricio de Sousa Produções de uma posição secundária para protagonista, são analisadas as personagens afrodescendentes de proeminência nas linhas editoriais da Mauricio de Sousa Produções, assim como a recepção pública de suas particularidades históricas e narrativas.

4.3.1 Dos gramados para o Bairro do Limoeiro

Em outubro de 1976, Edson Arantes do Nascimento (Pelé) ganhou uma adaptação definitiva aos quadrinhos, pela Mauricio de Sousa Produções. Saía "em comum acordo com o próprio Pelé, que tinha inclusive uma participação nas edições, como a de responder cartas de leitores, assim como interagir em processos dialógicos com os personagens das histórias." (MESSA, 2014, p. 39). Já havia emergido no gênero, indo da inspiração a outras figuras futebolistas (CHINEN, 2013) a uma versão politizada pelo estudante de medicina Takuyuki Kanni, entre janeiro e abril de 1964, durante a ditadura militar (VALENTE, 2015).

Personificado na figura futebolística de Pelezinho (o definitivo), o embaixador mundial do futebol estreou nas tiras de jornal na *Folha de S. Paulo*, quando já havia deixado de integrar times brasileiros, passando a atuar pelo Cosmos, de Nova York. A parceria futebolista-quadrinista viria de diálogos informais entre os dois, "que ocorriam, geralmente, em aviões ou aeroportos." (SOUSA, 1999, p. 36).

O jogador buscava uma representação adulta, "uma espécie de super-herói do futebol" (SOUSA, 2012, p. 5), enquanto o autor defendia uma versão criança, que transmitisse mensagens positivas e bem-humoradas. "Prevaleceram os argumentos de Mauricio de Sousa, que incluíam a afirmação de que a continuidade da marca do Rei estaria garantida se envolvesse o público infantil." (RAMONE, 2007, s/p). A decisão final viria da influência de Kelly e Edinho, filhos do "atleta do século" (SOUSA, 2017, p. 169), que, adeptos à alternativa de Sousa, ilustram o tato do empresário na compreensão de seu *target* (SOUSA, 1999).

Os estudos do novo núcleo de personagens-tipos incluíram depoimentos sobre a infância de Pelé, que conceberam os insumos criativos necessários para a criação de coadjuvantes marcantes e atribuições dinâmicas. "Cana Braba, o amigo gorducho e boca-suja, Teófilo, o almofadinha da rua, a vizinha descendente de árabes, com seus quibes arrasadores, transformou-se em Samira, e o goleiro que aceitava ganhou o apelido certo: Frangão." (SOUSA, 1990, p. 10).

Entre eles, é possível observar certos arquétipos fisionômicos e comportamentais, tabulados em seguida (Tabela 13). Para efeitos de precisão histórica, incluiu-se o "novo Pelezinho" adolescente, uma tentativa de reformulação estética descontinuada, externada apenas na publicação especial *Pelezinho – 50 Anos de Pelé* (Globo, 1990).

A estereotipagem serviria de base para uma construção diegética, que não se balizaria em figuras negras: a descendência turca de Samira assinalaria sua correlação com quibes, típicos do oriente médio, além de seu nariz exagerado, detentor de alívios cômicos. Já "os negros da série são invariavelmente representados com lábios avantajados e, em pelo menos uma das tiras, esse atributo é motivo de humor" (CHINEN, 2013, p. 226), como se veria adiante.

Tabela 13 – Personagens afrodescendentes recorrentes na revista *Pelezinho* (Abril)

Personagem	Arquétipo físico original (1976 – 2013)	1ª atualização do arquétipo físico (1990)	2ª atualização do arquétipo físico (2013 – 2014)	Transição fisionômica-comportamental
Pelezinho	 Fonte: Mauricio de Sousa Produções (1979)	 Fonte: Mauricio de Sousa Produções (1990)	 Fonte: Naliato (2013)	Personalidade levianamente travessa, geralmente decorrente de suas reações hiperbolizadas a tudo que envolva futebol ou sua namorada, Neusinha. Seus chutes e saltos, por exemplo, são equiparáveis à força de Mônica. Sua habilidade atlética é regularmente recordada em situações cômicas ou astutas. A supressão de seus lábios arredondados e a adição de um nariz não modificaram seu encargo narrativo ou protagonístico. Sua reformulação descontinuada de 1990 aparenta conceber a visão original de Pelé para o personagem: uma espécie de "super-herói mirim" (SOUSA, 1990, p. 19), de traços fisionômicos mais próximos da realidade. Curiosamente, a modificação estética de 2013 teve um antecedente em outubro de 1992, no inédito *Gibizinho do Pelezinho* n.º 24 (Globo) — já precipitando a tendência à abdicação de signos depreciativos. "Na série, a propósito, aparece Dondinho, pai de Pelé, logo nas primeiras histórias." (CHINEN, 2013, p. 226).

Personagem	**Arquétipo físico original (1976 – 2013)**	**1ª atualização do arquétipo físico (1990)**	**2ª atualização do arquétipo físico (2013 – 2014)**	**Transição fisionômica-comportamental**
Cana Braba	 Fonte: Mauricio de Sousa Produções (1979)	 Fonte: Mauricio de Sousa Produções (1990)	 Fonte: Naliato (2013)	Originalidade partida do hábito de expressar palavrões. Além da personalidade bronca e rústica, costuma exalar mau cheiro e surgir sujo após partidas de futebol, ocasionando tiradas análogas a Cascão. Seu palavreado chulo se manteve inalterado após suas transformações estéticas (diminuição dos lábios avantajados), embora este nunca fosse explícito. Tem-se que essa característica não sobreviveria em histórias inéditas. Sua apresentação na *Folha de S. Paulo* (1976) o descreve como inspirado em um "moleque baiano, mulato, baixo, pernas tortas, em arco, boca grande, lábios grossos e 'ares de brigão'", de modo a alavancar a representação tipográfica do negro baiano e brigador.
Bonga	 Fonte: Mauricio de Sousa Produções (1979)	 Fonte: Mauricio de Sousa Produções (1990)	 Fonte: Mauricio de Sousa Produções/ ONU Mulheres [2016?]	Tomando a estereotipagem como um sistema fluido, Bonga intensifica a ânsia de conceber o lugar-comum da negra "oferecida", carente, namoradeira e sedutora, descrita como uma interseção entre sensualidade e ingenuidade. "O uso da imagem de mulher negra, sensual, sedutora, tem sido uma estratégia amplamente utilizada na mídia, reforçando um estereótipo de gênero." (ROSO *et al.*, 2002, p. 86).

Personagem	**Arquétipo físico original (1976 – 2013)**	**1ª atualização do arquétipo físico (1990)**	**2ª atualização do arquétipo físico (2013 – 2014)**	**Transição fisionômica-comportamental**
				Após o decrescimento de seus lábios, assumiria uma postura empoderada em 2016 para o projeto Donas da Rua, iniciativa da MSP que busca "contribuir para que os direitos das meninas sejam respeitados, para que elas possam ser o que quiserem ser" (MSP; ONU MULHERES, [2016?], s/p), com mensagens de respeito e igualdade que devem ir além da força de Mônica. Tal posição, entretanto, circunscreve-se a uma imagem midiática e publicitária, considerando ainda a ausência de histórias inéditas com o núcleo de Pelezinho desde a década de 1990.
Teófilo	 Fonte: Mauricio de Sousa Produções (1979)	 Fonte: Mauricio de Sousa Produções (1990)	 Fonte: Mauricio de Sousa Produções (2014)	Perfil atlético, halterofilista e galanteador, sem maiores traços de personalidade além da necessidade de exprimir seu físico. Atravessou a mesma reformulação das demais figuras negras, com a suavização ou omissão de seus lábios.

Personagem	Arquétipo físico original (1976 – 2013)	1ª atualização do arquétipo físico (1990)	2ª atualização do arquétipo físico (2013 – 2014)	Transição fisionômica-comportamental
Zé	 Fonte: Mauricio de Sousa Produções (1979)	Não se aplica	 Fonte: Mauricio de Sousa Produções (2014)	Clichê estereotipado do lacaio negro submisso ao branco, carregado de personalidades depreciativas associadas a um arquétipo cômico atrapalhado, a saber: subalternidade incondicional e voluntária, insensatez e pilantragem. Sua servidão automática a Jão Balão, menino branco e encrenqueiro, atribui-o a posição similar à de Cascão diante de Cebolinha: cúmplice de planos maliciosos e que compromete suas execuções. No entanto o relacionamento aqui é notadamente abusivo (Figura 67).

Fonte: o autor (2022)

Figura 67 – Parceria abusiva entre Jão Balão e Zé

Fonte: Mauricio de Sousa Produções (2012, p. 6-7)

A partir das nuances apercebidas, Pelezinho e seus amigos iniciaram a tendência do estúdio em adaptar personalidades esportivas de forma estratégica, coincidente à apropriação da celebridade como manobra de vendas — o que não exclui, necessariamente, méritos de cunho intelectual ou artístico no processo criativo que levou ao seu êxito nos quadrinhos nacionais. O protagonismo negro, por outro lado, viria da necessidade tática de reproduzir um ícone real bem-sucedido, sem indícios de qualquer espontaneidade consciente perante a representatividade negra. Fato corroborado pelo emprego desmedido de trivialidades na elaboração diegética das figuras em questão, escanteando a racialidade como categoria socialmente relevante. Trata-se ainda de uma filtração eurocêntrica da infância do verdadeiro Pelé, uníssona às representações afrodescendentes vigentes na época.

4.3.2 Velhas representações

Entende-se que "raça, no Brasil, jamais foi um termo neutro; ao contrário, associou-se com frequência a uma imagem particular do país, oscilando entre versões ora mais positivas, ora mais negativas." (SCHWARCZ, 2013, p. 18). Assim como em outros títulos da MSP, a pigmentação negra nas tiras de Pelezinho, em preto e branco, alternava em níveis distintos: a pele mulata geralmente vinha desprovida de qualquer coloração, perceptível, todavia, pelo uso dos lábios ainda mais expressivos. Em alguns casos, a cor viria a partir de pequenas retículas ou da pintura total com nanquim. Esse caso ocorreria, principalmente, amiúde na caracterização de personagens baianos e/ou de vestes correlacionáveis a escolas de samba (Figura 68).

Figura 68 – Nas primeiras tiras da MSP, a pigmentação de figuras negras variava

Fonte: Mauricio de Sousa Produções (1987, s/p)

Com o auxílio da coleção *As tiras clássicas do Pelezinho* (2012-2013), com historietas veiculadas entre 1976 e 1979, pode-se identificar a correlação entre humor e estereótipo fisionômico apontada por Chinen (2013, p. 226), assim como a suscitação de imagens parcamente realistas e pouco gratificantes. Nomes como "Zé Boquinha" e a problematização cômica da boca saliente criam uma debreagem espacial enunciativa privada de maiores posições empáticas, estabelecendo tal semblante como deformidade a ser evitada, contida ou ridicularizada (Figura 69):

Figura 69 – Piada com lábios expressivos em tira de Pelezinho

Fonte: Mauricio de Sousa Produções (2012, p. 14)

O cabelo *black power*, que na década de 1970 fortificou a resistência do partido dos Panteras Negras nos Estados Unidos, deixa de operar como "a reconstrução da autoestima pautada na real história e cultura dos povos africanos" (SENRA *et al.*, 2018, p. 1) para se reverter a mero alívio cômico (Figura 70), vulnerável à construção de um translado negativo da renegação de identidades africanas ou da depreciação de suas feições inatas desde a infância.

Uma vez estabelecido dado código como a reafirmação da resistência de um grupo, dever-se-ia assumir a consciência de que este, "inserido na cultura de um povo, possui significados" (WILLIAM, 2019, p. 27) a serem considerados e, principalmente, respeitados. Diante de uma maioria negra, a identidade afrodescendente, que passa pela produção cultural e tom da pele, carregada de desvantagens historicamente acumuladas, aqui estaria no cerne da turma de Pelezinho e, simultaneamente, não estaria.

Figura 70 – Piada com cabelo *black power* em tira de Pelezinho

Fonte: Mauricio de Sousa Produções (2013, p. 46)

Após se consolidar nas tiras de jornal, Pelezinho protagonizou sua própria revista pela Abril, entre agosto de 1977 e maio de 1982, totalizando 58 edições, além de oito almanaques e da trilogia *Pelezinho Copa 86*. "O sucesso não se limitou aos gibis publicados no Brasil e em outros países, pois Pelezinho virou boneco e estampou as embalagens dos mais variados produtos, desde alimentos a materiais esportivos, até diversos tipos de brinquedos." (RAMONE, 2007, s/p). Mas, após esse mesmo ano (1986), sumiria dos "gramados editoriais" (SOUSA, 2012, p. 5) após o fim do contrato inicial com o jogador, ao menos até a transição editorial da Mauricio de Sousa Produções para a editora Globo.

A partir dela, recebeu histórias inéditas e republicações, incluindo único almanaque, os especiais *As Grandes Piadas do Pelezinho* (1987), *Pelezinho Especial Copa 90* (1990), *Pelezinho – 50 Anos de Pelé* (1990) e dois gibizinhos inéditos (1992). Distantes do "politicamente correto", suas histórias "representavam apenas a celebração de ser criança, mostrando o mundo infantil como ele realmente se descortinava diante dos pequeninos olhos daqueles leitores." (RAMONE, 2007, s/p).

Por questões contratuais e possíveis adversidades criativas ou mercadológicas, Pelezinho aparecia e desaparecia das bancas de revista, "aos trancos e barrancos". Sua tentativa de relançamento não vigoraria nos anos 1990, o que inclui a já mencionada tentativa de *reboot*[42] que, no fim, apenas ilustraria o anúncio de um serviço telefônico de São Paulo com o seu nome. Após promessas não cumpridas de relançamento, a parceria enfim foi renovada em 2012, pela Panini Comics, com ampla exposição midiática, na época acompanhada pelo presente autor.

[42] O termo "*reboot*" significa reestruturação e redesignação de uma obra fictícia.

Aproveitando-se da proximidade da Copa do Mundo de 2014, contaria com concursos culturais, licenciamento de marca, merchandising e ação midiáticas na 22ª Bienal do Livro de São Paulo. Não haveria histórias inéditas, no entanto. Títulos como *Pelezinho Coleção Histórica* (2012 - 2014), As *Tiras Clássicas do Pelezinho* e *As Melhores Histórias do Pelezinho* (2012 - 2014) perduraram até 2014, logo após a repercussão polêmica e generalizada de suas mudanças estéticas. Ainda assim, seria o futebolista mais longevo e popular de Mauricio de Sousa.

Após uma leitura de todas as edições já veiculadas, verificou-se a ausência de maiores discussões sobre racismo, empoderamento negro ou menções de proeminência sobre seus traços fisionômicos. O protagonismo do personagem viria substancialmente de sua aptidão no futebol, contornada de *gags* típicas da época, sobretudo visuais. "Muitas atitudes de Pelezinho seriam hoje consideradas politicamente incorretas como a de chutar e cabecear um dentista, de quem o herói tinha medo e pavor em visitá-lo." (MESSA, 2014, p. 39).

Entretanto a constância de palavrões, bombas, brigas, assédios, jogos de azar, traquinagens, golpes, nudez e assaltos seguiria enraizada até às reedições da editora Panini — inclusive naquelas carregadas de adulterações fisionômicas. Imagina-se que a necessidade de excessivas intervenções textuais e imagéticas obstaria que situações dessa espécie ocorressem sem o comprometimento íntegro da lógica narrativa.

O vínculo tirânico entre Zé e Jão Balão ou o linguajar de Cana Braba, por exemplo, só poderia ser inteiramente revisto se houvesse a abertura para histórias inéditas. No entanto maiores conversões comportamentais, assim como as fisionômicas, poderiam ser rejeitadas como a descaracterização de códigos averbados na memória afetiva do leitor saudosista.

> A possibilidade de se reconstruir um imaginário comum para as experiências urbanas deve combinar o enraizamento territorial de bairros ou grupos com a participação solidária na informação e com o desenvolvimento cultural proporcionado pelos meios de comunicação de massa, na medida em que estes representam os interesses públicos. (CANCLINI, 2015, p. 110).

O impasse quanto à permanência de personagens basilarmente estereotipados a dado grupo sociocultural, nas Indústrias Criativas, acentua-se em tempos de vigilância pública. Até mesmo nomes como os Looney Tunes, retratos da jocosidade nos estereótipos étnicos e sociais mais corrosivos (como os latinos), são cancelados na atualidade por ponderado incentivo a racismo, xenofobia e cultura do estupro. Mas "não seria o mundo assim mais divertido?" (COSTA, 2008, p. 79). Ou a sobrevivência da qualidade criativa não estaria necessariamente avariada à ressignificação de códigos?

Os novos traços de Pelezinho seguiram até o desenho animado *Planeta Futebol*, estreado em 2014 no Discovery Kids, com episódios curtos focados na diversidade multicultural dos países participantes da Copa do Mundo (RAMONE, 2014). Distantes da verborragia liberta dos quadrinhos de base, trocariam as *gags* por momentos didáticos, com a controversa estereotipagem de figuras étnicas diversas (a exemplo de um afro-equatoriano obcecado por bananas). Nesse mesmo ano, "acabou o tempo do Pelezinho" (SOUSA *apud* BALATTINI; VALENTE, 2017, s/p) nos quadrinhos. Ao menos por enquanto.

4.3.3 A recodificação de Bonga

Bonga traduziria bem a contrapostura fisionômica-comportamental entre tempos antigos e novos, transpassando dos comportamentos "lascivos" para os "princípios de Empoderamento das Mulheres da ONU — uma iniciativa da ONU Mulheres[43] e do Pacto Global que orienta o setor privado na promoção da Igualdade de Gênero no ambiente de trabalho, mercado e comunidade" (MSP; ONU MULHERES, [2016?], on-line). No projeto Donas da Rua, encabeçado por Mônica Sousa e expresso em *posts* nas redes sociais[44], seu comportamento sedutor é endossado como manifesto de maturidade e segurança. Sua fama de boa conselheira, uma vez desprovida de banalidades, seria ressaltada (Figura 71).

Figura 71 – Bonga representa figuras negras históricas no projeto Donas da Rua

Fonte: MSP e ONU Mulheres ([2017?,], s/p)

[43] Entidade da ONU dedicada à igualdade de gênero e ao empoderamento das mulheres.

[44] Em parceria com a ONU Mulheres, o mote do projeto é a construção de um imaginário positivo quanto à representação da mulher e seu papel na sociedade, por meio de um empoderamento expresso em publicações oficiais no Instagram e Facebook. Além de frases estimulativas e depoimentos reais, costumam utilizar todas as personagens femininas recorrentes nas linhas editoriais da MSP para representarem personalidades históricas reais do gênero (MSP; ONU MULHERES, [2016?]).

Não cabe aqui denegrir a iniciativa, tampouco sua valiosa significação, mas sim apontar as contradições/limitações diegéticas ocorrentes na produtização do empoderamento e na nítida cisão discursiva entre produtos editoriais e peças publicitárias. Afinal, seus propósitos, valores econômicos, artísticos e obliquidades sociodiscursivas são, por essência, propensões taxativas das Indústrias Criativas. Mas "um lugar de criatividade pode, sem dúvida, dar vazão ao perigo de romantizar a opressão." (KILOMBA, 2019, p. 68). Ou simplesmente de vendê-la.

De lábios nada volumosos, Bonga estamparia camisetas temáticas licenciadas, disponíveis na loja on-line da Turma da Mônica, enrijecendo o caráter versátil da Mauricio de Sousa Produções e seu "Mônicaverso". "Mas cabe perguntar se essa versatilidade como produtores contribui para que [os consumidores] sejam cidadãos." (CANCLINI, 2015, p. 198).

Contribui uma vez que, "no lazer, no entretenimento, nos novos regimes de distinção simbólica, [...] o que se nota, além da comercialização de produtos, é a construção, ou reconstrução, da imagem e da identidade." (BENDASSOLLI *et al.*, 2009, p. 14). A renovação identitária contou, em 2017, com a reinterpretação feminista de Bonga na exposição Donas da Rua da Arte, na Semana da Arte HeForShe, realizada no Museu de Arte Moderna de São Paulo (MAM).

Nela, 23 mulheres artistas foram convidadas a estilizar as criações de Mauricio de Sousa (FINOTTI, 2017), homologando a representatividade como prática de significação valorizada não exclusivamente no produto, mas também nas suas etapas de produção. Vê-se uma ação não somente válida como necessária, inclusive diante da participação de profissionais negras, considerando a forma como representações racistas se penetram naturalmente em esferas públicas e privadas (KILOMBA, 2019).

A designer branca Ana Lage agregou sua visão à personagem (Figura 72), corroborando a desestereotipação como uma atenção atinente a negros e brancos — para estes como uma responsabilidade mediante precisa reparação sócio-histórica. Argumenta que:

> A Bonga da década de 70 era vista como namoradeira, maria chuteira.... Eu quis com essa citação da Karol Conka ressignificar todos os esteriótipos que ela veio carregando, e mostrar que ela é na verdade decidida, dona de si, das suas vontades e principalmente do seu corpo. (LAGE, 2017, s/p).

Figura 72 – Releitura da personagem Bonga feita pela designer Ana Lage

Fonte: Ana Lage (2017, s/p)

Ao ser contatada durante a escrita desta obra, Lage traz uma nova consideração: a necessidade de recorrerem a uma personagem do núcleo de Pelezinho é retrato da falta de representatividade preta que a Turma da Mônica em si possuía até então. Complementa: *"Fiz o meu melhor, o que era capaz de entregar na época, hoje tenho, inclusive, críticas à minha interpretação. Na tentativa de quebrar estereótipos de submissão, inconscientemente, apelei para o da 'negra raivosa'."*[45].

A grafiteira negra, LGBTQIA+ e paulistana Cristiane Monteiro (Figura 73), que atuou entre 2018 e 2021 como designer e consultora da MSP na área de projetos temáticos, associou a oportunidade de personalizar Bonga à inspiração otimista para jovens meninas afrodescendentes e descreveu o feito como uma realização pessoal, tendo sido escolhida para falar na mesa-redonda de abertura da exposição. Em *post* publicado em seu Instagram, diz que:

> Sou dessas Donas da Rua que por onde passa deixa uma marca. Em muros, becos e vielas. As vezes em outros formatos também em artes digitais, telas, papel ou aquarelas.

[45] Informação disponibilizada por Lage via e-mail no dia 24 de outubro de 2022.

> Nem sei mais o que falar sobre o que é fazer parte desse projeto, só sei que é a realização de um sonho de infância... (MONTEIRO, 2017, s/p).

Figura 73 – Mônica Sousa e Cristiane Monteiro ao lado de sua reinterpretação de Bonga

Fonte: Crica Monteiro Graffiti e Ilustração (2017, s/p)

Pelezinho, por outro lado, lidaria com o empoderamento de modo similar ao verdadeiro Pelé: um símbolo incontestável de representatividade a suas gerações, entretanto distante de ativismos ou engajamentos impetuosos (PIRES, 2020).

4.3.4 Ronaldinho, Neymar Jr. e a polêmica do macaco

Após as falhas tentativas de adaptar outros futebolistas negros para os quadrinhos (Figura 74), Ronaldinho Gaúcho retomava o futebol nas revistas da MSP em maio de 2006, em plena transição comercial da Globo (três edições em 2006) para a Panini Comics (101 edições, sendo uma delas um almanaque especial, entre 2007 e 2015). Inspirado em Ronaldo de Assis Moreira, seguiria personalidade similar à de Pelezinho (no entanto medroso e imaginativo), diferenciando-se por um núcleo contido, menos excêntrico e mais objetivado na temática do futebol. Inspirado na família do jogador, manteria um carisma congruente à qualidade gráfica-narrativa das publicações, do seu ápice ao cancelamento em 2015, após a queda de vendas.

Entre eles havia Dona Miguelina, a mãe zelosa, Diego, melhor amigo e fã, Assis, o irmão mais velho e figura paterna, Deise, a irmã moderna, goleira e empenhada nos estudos (Figura 75), além de secundárias como Marilu, menina excêntrica de cabelos azuis, e Terê Terê, a fofoqueira.

Figura 74 – Diego Maradona e Ronaldo Fenômeno em projetos engavetados

Fonte: Revista *Quem* (2015, s/p), Marcus Ramone (2009, s/p)

Figura 75 – A Turma do Ronaldinho Gaúcho

Fonte: Vírgula (2014, s/p)

Após a leitura total das publicações (incluindo o gibi institucional *Turma da Mônica & Ronaldinho Gaúcho – Na Prevenção do Uso de Drogas*, lançado pelo Instituto Cultural Mauricio de Sousa em 2006), a discussão racial ver-se-ia, mais uma vez, ausente, em descompasso com o real cansaço do jogador diante de insultos racistas (GE, 2014), inclusive após ser chamado de "macaco" por um político mexicano (PLACAR, 2014). Entretanto ações designadamente incorretas ou traços de estereotipagem não predominavam, sendo que sua diegese se formou já no novo milênio.

A cultura africana manifestar-se-ia na aptidão pouco explorada do protagonista em tocar pandeiro, instrumento popularizado nos ritmos afro-brasileiros (em especial o samba). Por vezes, contracenava com a Turma da Mônica, em histórias de mesma desenvolução. O licenciamento e a transmidiação aqui incluiriam bonecos, roupas, artigos escolares, jogos em celular, além de jogos de tabuleiro, vinhetas, o álbum de figurinhas *Copa do Mundo 2006* (Globo) e a animação italiana *Ronaldinho Gaucho's Team*, em 2011 (2014 no Brasil). Esta, com 52 episódios, respalda seu sucesso influentemente na Europa, sendo publicado em mais de 30 idiomas (O TEMPO, 2011) em países como Croácia, França, Holanda, Itália, entre outros (RIBEIRO, 2019).

Uma indolência difusa quanto à representatividade para crianças negras pode ser apontada em um anúncio de 2007, promovido pela imagem de um menino branco (Figura 76). Não se trata da desafricanização de símbolos ou da opugnação da negritude, apenas uma indiferença que seria rompida, nos anos seguintes, nas atividades comerciais da MSP.

Figura 76 – Criança branca ilustra anúncio de boneco do Ronaldinho Gaúcho

Fonte: Mauricio de Sousa Produções (2007, s/p)

Chinen (2013) relembra *case* (Figura 77) que, na época acompanhado pelo presente autor, repercutiu em comunidades do extinto Orkut, dedicadas à Turma da Mônica:

> [...] uma história de Ronaldinho Gaúcho publicada no número 24, de dezembro de 2008, chegou a criar uma certa polêmica por causa da personagem Deise, que, ao se ver no espelho com o cabelo desarrumado, se comparava a um mico leão. Alguns leitores viram um componente de racismo nesse episódio por tratar com preconceito um tipo de cabelo mais comum em pessoas afrodescendentes. Involuntariamente, Mauricio tocou numa questão particularmente delicada que é a da autoimagem e da valorização de um padrão de beleza em detrimento de outro, aspectos que devem ser trabalhados na educação das crianças na construção de sua própria identidade. (CHINEN, 2013, p. 227).

Figura 77 – Trecho da revista *Ronaldinho Gaúcho* n.º 24 (Editora Panini)

Fonte: Mauricio de Sousa Produções (2008, p. 40)

A linguagem, em seu sentido figurado, opera como veículo metafórico, de natureza cognitiva, inclusive inconscientemente: é a associação entre a cor preta e o mal, o uso metonímico do termo "macaco" ou a literalidade negativa de expressões como "comida queimada", por exemplo. Nesse *case*, a inexistência de propósitos evidentemente discriminatórios dá lugar ao entendimento que, "mesmo que de uma forma não plenamente consciente, expressões de cunho racista faz com que o racismo seja não apenas reproduzido, como também naturalizado." (MENDES, 2016, p. 10).

É interessante observar como reverberações do gênero, incitadas por repetidas ocorrências racistas no futebol, asseveram o debate acerca da validade de movimentos como "#somostodosmacacos", que terminariam por reforçar agressões e estereótipos historicamente ofensivos ao invés de combatê-los. Após o incidente de 2014, em que o jogador negro Daniel Alves comeu uma banana arremessada pela torcida durante uma partida, Neymar da Silva Santos Júnior iniciou a corrente ao publicar fotografia comendo a fruta ao lado de seu filho. Em parceria com a agência de publicidade Loducca (GELEDÉS, 2014), a ação viralizou e recebeu o apoio de outras personalidades, entre elas Luciano Huck, Michel Teló, Dilma Rousseff e, inclusive, Magali (Figura 78).

Figura 78 – Turma da Mônica aderiu ao movimento "#somostodosmacacos"

Fonte: Portal Geledés – Mauricio de Sousa Produções (2014, s/p)

Em *post* publicado no Facebook oficial da Turma da Mônica, registraram-se comentários como: "minha infância morrendo agora com a Magali reproduzindo racismo velado"; "A *hastag* somostodosmacacos foi criada por um publicitário da banda global para lucrar com isso, pura e simplesmente";

"essa *hashtag* é ridícula!!"; "#somostodoshumanos #eunaosoumacaco"; "entendo a boa vontade, mas acho que essa forma de expressão contra o racismo pode ser muito perigosa"; "oportunistas"; "não, maurício... Não acredito nisso".

Observou-se repulsa de grupos ativistas negros, discordantes da ideia de se apropriar da ofensa como a melhor maneira de neutralizá-la. "O que se tem é um homem negro com visibilidade dizendo que o discurso racista do opressor está certo." (FARIA, 2014, s/p). Incluíram discussões sobre o negacionismo racial nas afirmações do jogador que dizem "não ser preto", imersas à ilusão de que negros de tom claro não enfrentam preconceitos e ao desdém da autoestima de crianças negras inspiradas por ele. Posteriormente, essas falas receberam a tomada de consciência racial, em 2020, quando Neymar declarou ter orgulho de sua afrodescendência (RÍMOLI, 2020).

Neymar Jr. (Figura 79) seguiria os moldes de *Ronaldinho Gaúcho*, a partir de abril de 2013. No entanto, não teria a mesma longevidade, saindo de circulação em 2015 sem vendas expressivas. Ainda assim teve amplo licenciamento, publicações na França, Bélgica e Suíça, e receberia destaque em mídias audiovisuais: a série animada *Neymar Jr.*, exibida em toda a América Latina (NALIATO, 2014), a websérie *Neymar Jr. Responde* (MENDES, 2019) e o jogo *Neymar Jr. Quest* para *iOS*, *Android* e *Windows Phone* (ZAMBARDA, 2015). Com um núcleo pouco inspirado, o protagonista contracenava com a irmã Rafaela, aspirante a jornalista, o pai, Seu Neymar, e a mãe dedicada, Dona Nadine, também baseados em familiares reais.

Figura 79 – Capa de *Neymar Jr.* n.º **1** (Panini Comics)

Fonte: Mauricio de Sousa Produções (2013, p. 1)

No total, teve 27 edições publicadas pela Panini Comics (1ª série com 24 edições e 2ª série com apenas 3). Mais uma vez, verificou-se a ausência de qualquer empoderamento em todas as publicações: "É o caso de se questionar se eles foram transformados em personagens de quadrinhos por serem negros ou por serem celebridades esportivas" (CHINEN, 2011, p. 9), o que, por sinal, não é difícil de se supor. O mesmo vale para outras caricaturas de esportistas, no entanto pontuais. Ademais, "macaco é macaco, banana é banana e racismo é crime" (MENDES, 2016, p. 47).

4.3.5 E o Cascão?

A transposição da Turma da Mônica para o *live-action* em 2019, com o longa-metragem *Laços*, despertou polêmica em seu *cast*: a escalação do ator mirim Gabriel Moreira, branco, para interpretar Cascão (Figura 80). Sua equivocada associação à afrodescendência viria do cabelo crespo nos quadrinhos, além de refletir o estereótipo do negro sujo e humilde impregnado no imaginário racista. "Pressupõe-se que a criança, possuidora de cabelos crespos, terá este protagonista como referência" (CASTRO; MIGUEL, 2017, p. 24), por mais que Mauricio de Sousa esclareça que, diferentemente de Jeremias, Cascão nunca foi idealizado ou representado negro (RODRIGUES, 2018). Seria racista enxergá-lo como um?

Figura 80 – Gabriel Moreira caracterizado como Cascão para o filme *Laços* (2019)

Fonte: Turma da Mônica O Filme (2019, s/p)

Por sinal, o "penteado" definitivo de Cascão viria de mãos negras: o arte-finalista Sérgio Tiburcio Graciano (Figura 81), um dos mais antigos funcionários da MSP, falecido em 2019. Com o uso do dedo polegar, criou uma estilização a partir de acidental borrão com tinta nanquim, que se tornou padrão do personagem. "Em 2016, o arte-finalista se aposentou. Tinha 80 anos de idade e 51 de empresa, o que lhe rendeu o troféu Bidu de Cristal. A Mauricio de Sousa Produções o oferece a todos que conseguem permanecer cinco décadas na casa" (JUNIOR, 2019, s/p).

> Se o próprio preconizador do personagem, afirma nunca o ter feito negro, como compreender essa crítica do público? Como definir o Cascão negro, se o próprio Mauricio de Sousa afirma que jamais seu personagem foi negro? Será que estamos diante de um discurso racista? O personagem em questão tem a sua aversão a banho, tem as suas sujeiras, isso seria o critério utilizado pelo público para defini-lo negro? E assim, esse público estaria levando essa característica do personagem ao negro em geral? (BARBOZA; LIMA, 2020, p. 89).

O problema, na verdade, estaria na analogia entre o cabelo crespo, uma característica inata a arquétipos afrodescendentes, e a sujeira. Inclusive, já teria sido associado à palha de aço (Figura 82) em revistas e animações. Tanto é que, em 2008, as entidades jornalísticas em prol da igualdade racial, entre elas Cojira – DF, Cojira – SP, Cojira – RJ e Cojira – AL, repudiaram tira publicada em *O Estado de S. Paulo* (Figura 83), que ilustrava Cascão tendo sua cabeleira "cortada" com um martelo, logo após seu cabeleireiro usar uma tesoura comum para aparar os cabelos de Mônica e Cebolinha. Acusada de ser uma representação perniciosa e digna de questionamentos vindos do movimento social negro, a historieta concebia alegada hierarquização comprometedora à autoestima de crianças negras (COJIRADF, 2008).

> Já em outra tira de desenho que também causou comoção na comunidade negra, mostram cenas de nascimentos, quando a cegonha aparece para entregar o bebê Cebolinha e a Mônica, enquanto na casa do Cascão esse papel da entrega do recém-nascido fica a cargo de um urubu — ave mais conhecida pela predominância da cor preta de sua plumagem. (FERREIRA, 2010, p. 531-532).

Figura 81 – Caricatura do arte-finalista Sergio Graciano, criador do cabelo do Cascão

Fonte: Gonçalo Junior (2019, s/p)

Figura 82 – Associação do cabelo crespo de Cascão à lâmina de aço

Fonte: Mauricio de Sousa Produções (2010, p. 64)

Figura 83 – Tira da Turma da Mônica repudiada por entidades negras

Fonte: Cojira – DF (2008, s/p)

O bate-boca acerca das ditas características étnicas de Cascão se assemelhavam a outra contestação pública, ocorrida no livro *O Gênio e as Rosas e Outros Contos* (Globo, 2004), que trazia textos de Paulo Coelho ilustrados pela Turma da Mônica. A contraposta representação do "bem" e o "mal" aparece, respectivamente, na figura do personagem Anjinho (loiro e de olhos azuis) e uma criatura humanoide (Figura 84) de pele negra (DUARTE, 2012). Ambos os casos lidam com viventes não negros, mas que, uma vez agregados de fenótipos raciais, acabam por incitar, subjetivamente, o debate acerca da repetição do passado depreciativo no presente, em referentes artísticos e comunicacionais. No ciberespaço, destacam-se os seguintes comentários (Tabela 14).

Figura 84 – Representação do "mal" no livro *O Gênio e as Rosas* (Globo)

Fonte: Mauricio de Sousa Produções (2004, p. 31)

Tabela 14 – Comentários on-line em torno do debate sobre a etnia de Cascão

Comentário A - *"Olha se me permite vou dar minha opinião como pessoa negra com vivencia negra. O Cascão É NEGRO SIM, só que sua negritude é apagada, negritude não é só cor de pele, negritude é herança, fenótipo e genótipo, uma pessoa menos retinta q outra não é necessariamente menos negra, o Cascão obviamente tem traços negroides e a família dele transborda cultura negra, o problema e que os gibis não tem autores fixos, e em algumas historias ele é diferente. Oq acontece e um embranquecimento do personagem pq a sociedade so tolera em vez de aceitar os negros, então quanto mais próximo de se parecer com alguém branco melhor (por isso um garoto branco pra interpretar ele) mas o personagem transborda negritude por isso muita gente considera ele negro, claro q tem o fator do personagem ser sujinho e isso colabora com um imaginário racista, mas o racismo ta no fato de um personagem negro ter essas características e não no fato de enxergamos ele como negro. Ou seja o racismo esta no Mauricio de Sousa que atribuiu ao personagem essas características".*
Comentário B - *"ja existe um personagem negro q é o Jeremias, então sem necessidade dele ser negro".*
Comentário C - *"Na verdade sempre achei que ele era mulato,como eu e muitos membros da minha família. Não vou entrar nos méritos pq é matéria de terceira série,mas* não é só o cabelo dele que me remeteu a esta *conclusão.O pai dele alem de ser retratado com a pele um pouco mais escura,tem o mesmo cabelo do filho.E a mãe inclusive também é retratada com cabelos crespos,não encaracolados.Mulatos também podem nascer com pele mais clara,não é pq tem pele clara que é geneticamente tido como caucasiano,rs...".*

Fonte: o autor (2022)

O comentário A respalda a noção de que a decodificação do leitor, conforme sua própria perspectiva sociocultural, termina por sobressair à verdadeira diegética. No entanto a premissa do rodízio de coloristas, nesse caso, não se sustenta, com base tanto na visão original do autor como na paralela evolução estética de Jeremias. O comentário B minudencia a passividade diante da falha solução criativa de incluir uma única e superficial existência negra nos quadrinhos, enquanto o C exprime a identificação do personagem com a pele mulata.

A acusação de apologia a um imaginário racista, por outro lado, acabou se avultando após a história "O gibizinho da Marina", de *Mônica* – 1ª série n.º 16 (Panini Comics, 2008), em que Emerson Abreu concebeu a piada não canonizada de que Cascão é loiro de olhos azuis, tornando seu cabelo crespo em decorrência da sujeira. Com o típico humor cínico e nonsense do roteirista, a situação, que não deveria ser levada a sério, alavancou o bate-boca na esfera virtual (Figura 85).

Figura 85 – Repercussão das características fenotípicas de Cascão

Fonte: Twitter (2020, s/p)

A má repercussão desses atritos sugestionaria uma preocupação midiática quanto à inclusão racial. A partir dela e, principalmente, da reverberação de Cleidison, projetos como as *Graphics MSP* e Donas da Rua enfim reconheceram uma revolução na representatividade negra nos quadrinhos da Turma da Mônica. A primeira delas ganharia nome e lacinho na cabeça: chegava, enfim, Milena.

4.3.6 A filha da veterinária

O termo "protagonismo" deriva do grego *protagonistes*, de modo que "protos" pode ser entendido como principal ou primeiro e "agonistes" é traduzível como lutador ou competidor. Nas diferentes alçadas das Indústrias Criativas, entre elas os quadrinhos, o vocábulo é empregado para se referir a um personagem central, enquanto seu uso no campo da Sociologia refere-se a sugestão de "uma abordagem mais democrática nas ações sociais." (FRIEDMANN, 2017, p. 2).

Fala-se aqui, portanto, de agentes dominantemente ativos e transformadores. Também "refere-se à nossa capacidade de participar e influir no curso dos acontecimentos, exercendo um papel decisivo e transformador no cenário da vida social. Exercer o protagonismo significa não ser indiferente em relação aos problemas de nosso tempo." (DE AZEVEDO *et al.*, 2015, p. 83). A posição de notoriedade, no sentido da dimensão cultural, termina por refletir sua significação política e social, criando-se um elo inextricável (PERROTTI *apud* GOMES, 2019, p. 12) entre tais conceitos. Opera ainda como um ato de resistência à opressão, mobilizador de transformações, que assume a frente do espaço dialético no combate a antagonistas e obstáculos atrelados à causa ou grupo ao qual se refere. Dito posto,

> [...] ser protagonista implica na tomada de posição de sujeito social ativo, que age e reage com e em relação ao outro (presente ou não na cena da ação). Enfim, o protagonista é aquele que age, que reage, que se ergue, que se coloca em relação aos interesses do coletivo. (GOMES, 2019, p. 13).

Numa perspectiva afrocentrada, a atenuação da responsabilidade étnica, social e cultural, apercebida principalmente pelas intervenções gráficas no acervo histórico de décadas de publicações "incorretas", não bastaria para romper com displicência a necessidade de construir modelos de representação significativos à comunidade negra. Por conseguinte, a reavaliação de códigos conservadores e adversos demandaria a construção de um novo arquétipo, capaz de ressignificar sua orientação existencial, provocar narrações valorativas à afrodescendência e finalmente expor, ainda que sem admitir, uma crítica ao legado eurocêntrico e tortamente afrodiaspórico, que por tanto tempo perdurou nos quadrinhos nacionais.

O empreendimento de Mônica Sousa em promover o empoderamento e visibilidade feminina levaria, no ano de 2017, a um ponto de virada expressivo: a primeira edição da Corrida Donas da Rua[46] apresentou ao público Milena (Figura 86), cuja construção diegética busca, evidentemente, remediar a escassa participação negra na MSP. Midiaticamente falando, "Milena foi criada para reforçar a representatividade das meninas negras nos quadrinhos, animações e eventos *live action*, para que elas se vejam nas histórias e saibam desde cedo que são Donas da Rua." (SOUSA *apud* PORTAL

[46] Evento do projeto Donas da Rua, ocorrido no parque do Ibirapuera, em São Paulo, em 17 de dezembro de 2017. Nele, promoveu-se uma caminhada de três quilômetros e uma corrida de sete quilômetros entre adultos e crianças com o objetivo de promover a equidade de gênero (ONU MULHERES BRASIL, 2017).

GELEDÉS, 2019, s/p). Chegou às revistas dois anos depois, notoriamente na história "A nova amiguinha", em *Turma da Mônica* – 2ª série n.º 45 (Panini Comics, 2019).

Conforme entrevista (que consta ao fim do livro), foram necessários estudos que aprofundassem conteúdo étnico-racial para a concepção de Milena, incluindo palestras e conversas internas com a participação da executiva, comunicadora e ex-consulesa da França Alexandra Loras; a jornalista, empreendedora e criadora de conteúdo Monique Evelle; e a *youtuber* Nátaly Neri, do canal Afros e Afins, por exemplo. Inclusive, recentemente, foram ministradas palestras de enfrentamento ao racismo por Benilda Brito, pedagoga, mestre em Gestão Social/Administração pela Universidade Federal da Bahia (Ufba), com pós-graduação em Psicopedagogia e Recursos Públicos, ativista dos movimentos feminista e negro desde a década de 1980 e participante do N´zinga – Coletivo de Mulheres Negras de Belo Horizonte, além de consultora da ONU Mulheres. Milena

> [...] é neta de uma professora de piano, chamada Laurinda, a Dona Lalá, e de um *luthier* (profissional que trabalha na construção e manutenção de instrumentos musicais), o Sr. Doriva, mais conhecido como Seu Dodô. É filha de Silvia, veterinária que cuida dos pets do bairro do Limoeiro, e de Renato, um produtor musical descolado. Ela tem dois irmãos: Solange (Sol) e Fabinho (Binho). As primeiras sílabas dos nomes dessa família formam a escala musical: Doriva, Renato, Milena, Fabinho, Solange, Laurinda e Silvia. (SÃO PAULO PARA CRIANÇAS, 2019, s/p).

Figura 86 – Revelação de Milena ao grande público no evento Corrida Donas da Rua

Fonte: Diário de Pernambuco (2017, s/p)

Como "a primeira garota negra a alcançar status de protagonista nos gibis" (UOL, 2017, s/p), a ideia é incluí-la em "todas as plataformas possíveis" (ALMANAQUE DA CULTURA, 2019), além de incorporar sua imagem em *posts* nas redes sociais acerca de empoderamento e orgulho racial. A seguir, organizam-se as características de Milena e seus familiares nas seguintes tabelas (15 e 16), elaboradas após identificação e leitura íntegra de suas principais aparições (2019 – 2022):

Tabela 15 – Construção fisionômica-comportamental da personagem Milena

Arquétipo físico	**Arquétipo comportamental**
 Fonte: Mauricio de Sousa Produções (2022) • Cabelo preto *black power*, crespo, espetado e cacheado. • Pele negra, cuja pigmentação é mais atenuada se comparada à de Jeremias, Pelezinho, Ronaldinho Gaúcho etc. • Lábios expressos de forma contida. • Padrão vestuário inclui laço rosa no cabelo, camisa rosa de mangas bufantes, macacão laranja de detalhes amarelos, brincos arredondados (amarelo/rosa) e tênis rosas, cujos atacadores de velcro aparecem nas cores azul, amarelo e rosa.	Milena é descrita como integrante da família Sustenido[47], afro-brasileira e de fortes raízes musicais. Curiosamente, apareceu em algumas capas e na história "Nomes", em *Mônica* – 2ª série n.º 42 (Panini Comics, 2018) antes de sua estreia oficial. É referida como habilidosa, cheia de atitude e possuidora de autoestima. Dispõe de talento como pianista, é protetora dos animais e gosta de futebol (ONU MULHERES BRASIL, 2017). Expõe personalidade dócil e carinhosa, sem medo de expor suas opiniões aos amigos, ao mesmo tempo que se preocupa constantemente com o bem-estar destes. Sua individualidade é pormenorizada como muito empoderada, além de odiar desigualdades. Ama dançar e cantar. Rareia quaisquer traços comportamentais cômicos provenientes, especificamente, de imperfeições ou tendências a ações não exemplares. Tal contexto levaria parcela do *fandom* a associá-la, de forma pilhérica ou crítica, à "filha da veterinária", considerando ainda a constante reafirmação dessa posição nas histórias (Figura 87). Suas habilidades com o piano seguem pouco exploradas. Na revista *Geração 12*, tem superpoderes "quânticos", capazes de unir os dos demais protagonistas, e é especialista em cristais místicos.

47 Alusão à elevação de uma nota musical em meio tom (♯).

Arquétipo físico	Arquétipo comportamental
• Diferentemente das demais figuras negras, seus olhos seguem o mesmo padrão estético de Mônica. • Sua estética se mimetiza a cada padronização do "Mônicaverso" (ex.: versão *toy*, *baby*, *live-action* etc.).	Valores como empoderamento, colaboração, respeito às diferenças, representatividade e apoio mútuo são evidenciados por ela dentro do projeto Construindo Novas Histórias para Meninos e Meninas, em parceria com o Instituto Avon e a ONU Mulheres. Seu carinho por animais é refletido em uma gata de estimação, chamada Mostarda. Conforme sinopse da série *live-action Franjinha e Milena em Busca da Ciência* (2023), no HBO Max, Milena deve se descobrir como uma cientista, de modo a inspirar meninas no âmbito científico (TAKAHAMA, 2022).

Fonte: o autor (2022)

Figura 87 – Limitação diegética de Milena referenciada pelo roteirista Emerson Abreu

Fonte: Mauricio de Sousa Produções (2020, p. 29)

Tabela 16 – Construção fisionômica-comportamental da família de Milena

Persona-gem	Arquétipo físico	Arquétipo comportamental
Fabinho (Binho) Sustenido	 Fonte: Mauricio de Sousa Produções (2020)	Criativo, questionador e imaginativo, gosta de desenhar e tem um bom coração. Imagina-se assumindo os mais diversos ofícios no futuro, sugerindo assim o ideal de poder se tornar tudo aquilo que tiver vontade. Demonstra certa dependência da irmã, requerendo sempre sua atenção. Curiosamente, apareceu na história "Nomes", em *Magali* – 2ª série n.º 44 (Panini Comics, 2018), antes de sua estreia oficial. Sua integração à Turma da Mônica veio principalmente por meio de sua amizade com Dudu, que, junto de Tati, formam uma tríade recorrente nas revistas. Geralmente é quem dita as reges das brincadeiras, de modo a descontruir o clichê estereotipado no negro em posição submissa ao branco (habitualmente Dudu, um menino branco e loiro). Também alternam entre si as posições de "escudeiro" e "cavaleiro". Essa mesma desconstrução é vista, por exemplo, na habilidade de Binho com dobraduras, às custas na inaptidão de Dudu. Assim como Milena, também opera como aquele que soluciona dilemas ou que transmite alguma lição de moral partida de seu bom senso.
Solange (Sol) Sustenido	 Fonte: Mauricio de Sousa Produções (2020)	Integrada ao Bairro do Limoeiro como grande amiga de Xabéu Lorota (irmã adolescente de Xaveco), é boa contadora de histórias. Gosta de cantar e tocar guitarra, fazendo parte de uma banda (branca e até então figurativa, em que é a protagonista). Dentre suas funções narrativas, está a missão de defender a diversidade de gêneros musicais.
Dra. Sílvia Sustenido	 Fonte: Mauricio de Sousa Produções (2020)	Veterinária eficiente e que valoriza explicitamente a quebra de padrões midiáticos (cabelos lisos, por exemplo). Segue o arquétipo de mãe dedicada, mas que concilia seu trabalho com a família. Realiza ações solidárias voluntárias para uma organização protetora dos animais, o que inclui o resgate de cães e gatos de rua para adoção. É habilidosa, inclusive, para acalmá-los. Sua construção diegética busca desconstruir a imagem da mulher negra submissa ou atribuída a cargos domésticos, assumindo uma posição de profissional realizada e empoderada.

<table>
<tr><th>Persona-gem</th><th>Arquétipo físico</th><th>Arquétipo comportamental</th></tr>
<tr><td>Renato Sustenido</td><td>

Fonte: Mauricio de Sousa Produções (2020)</td><td>Embora anunciado como produtor musical, atua como um publicitário trabalhador, criativo e bem-sucedido. Em "A Coleção do Papai", de Turma da Mônica 2ª série – n.º 50 (Panini Comics, 2019), Renato afirma vir de uma família de baixa renda, o que não lhe tirou uma infância carregada de amor e educação. Na história "A Garota do Xampu", de Mônica – 3ª série n.º 1 (Panini Comics, 2021), aparece elaborando a campanha de uma linha capilar para cabelos crespos e cacheados, valorizando a quebra de paradigmas publicitários excludentes. Coleciona action figures, defendendo a criatividade acima do valor comercial.</td></tr>
<tr><td>Laurinda</td><td>Não foram identificadas aparições.</td><td>Não se aplica.</td></tr>
<tr><td>Sr. Doriva</td><td>Não foram identificadas aparições.</td><td>Não se aplica.</td></tr>
</table>

Fonte: o autor (2022)

Milena não seria arquitetada com o protagonismo futebolístico de Pelezinho ou com a até então passividade de Jeremias, estrelando capas e interagindo ininterruptamente com o restante do núcleo protagonista. Mas sempre há poréns que terminam por "desencantar" a pura ludicidade do universo dos quadrinhos. Entre eles, está a ausência de diálogos que explicitem a temática racial, porque, segundo Mauricio de Sousa, a criança não deveria fruir de "preocupações políticas", ainda que reconheça que suas revistas transcendam o entretenimento para a orientação comportamental.

"Para Mauricio, a discussão sobre o racismo é positiva, mas não é a proposta de suas histórias em quadrinhos." (GZH, 2017, s/p). Também de acordo com ele, a novata deveria seguir seu padrão otimista e bucólico cada vez mais acentuado. Mas ilustrar "uma vida social que deveria ser a vida normal e ideal no país" (GZH, 2017, s/p), distante dos problemas reais e limitada aos "comportamentos que sejam aceitos pela sociedade", seria uma tentativa de solução ou mera "porta de fuga"? O quadrinista resguarda (GZH, 2017, s/p):

> [...] a discussão que fique na porta da rua, lá para fora. Dentro de casa, estou fazendo histórias divertidas de entretenimento. Eu quero que as crianças vivam histórias normais familiares, não interessa a raça, cor, credo, tudo mais. O que interessa é o comportamento social, da personagem com outros personagens. O que for ainda motivo de busca de comportamento social, eu não ponho. Falo para os meus roteiristas que nós não devemos ouvir pessoas radicais, que nos sugerem coisas na base do comportamento do personagem. O radicalismo fala sempre de coisas que não foram bem resolvidas pelo comportamento social. Quando um hábito ou costume já estiver aceito pela sociedade, ele entra na nossa história. Se ainda estiver em discussão, meio eletrizada e radical também, eu prefiro que não, que a poeira baixe. Falo para os roteiristas que não devemos levantar bandeiras, nossa revista não é para isso. Mas se passar uma bandeira aceita pela sociedade, essa daí nós poderemos empunhar também porque estaremos falando a língua do povo. (GZH, 2017, s/p).

Não se pode ignorar o impacto positivo de Milena — tão menos o de Mauricio — para a formação de um repertório cultural digno de valorização. Todavia investigar processos criativos exige contestar preceitos de modo a rematar o melhor cenário possível, incluindo seu futuro debate na esfera acadêmica. A evidente contribuição antirracista na inserção da personagem, em contrapartida, intercala-se à montagem de personalidades e características visuais clichês, não avançando o que a doutora Valquíria Tenório da Universidade Federal de São Carlos (UFSCar) chama de "historicamente óbvio" (RCIA ARARAQUARA, 2018, s/p). O amadurecimento da MSP a nível de marketing segue estacado no instante em que levanta questionamentos, como: "por que não se arriscaram em criar uma personagem com um perfil diferente? Por que bater na velha fórmula da música e do futebol?" (RCIA ARARAQUARA, 2018, s/p).

A abordagem de Milena personificaria a expressão "faca de dois gumes", de modo que a válida e necessária representatividade acarreta, como um dano colateral, na construção de um protagonismo coagido e inorgânico. Mais que isso, sua posição de "ativista mirim na defesa do empoderamento feminino e da igualdade de gênero" (LUZ, 2021, s/p) operaria, na prática, como uma característica confinante, que acaba por impedir dadas situações criativas que já vinham antes limitadas pela obsessão temerosa ao "politicamente correto" e suas normatizações. Como forma de elucidar o que aqui é indiciado, observa-se a seguir o personagem Dudu.

Seu comportamento travesso, cujo ápice ver-se-ia em histórias essencialmente cômicas, seria gravemente atenuado após o menino se tornar instrumento de interação para Tati e Binho. Maiores traquinagens dariam a vez para a repetição temática das "brincadeiras muito criativas" de Binho. A diversão dá lugar aos bons exemplos, assim como seu comportamento travesso se converte em situações rasas, para não dizer abobadas, que corroboram o quão criativo e autossuficiente é o irmãozinho de Milena. De forma alguma busca-se questionar aqui a necessidade de salientar a integração ou a representatividade, mas sim interpelar: porque elas sempre precisam soar como uma obrigação e não como um encadeamento fluido de situações divertidas e, ao mesmo tempo, inclusivas, educativas ou responsáveis? Falamos aqui de cenários antitéticos que não podem coexistir? Mas profissionais criativos, como Emerson Abreu, já não provaram durante anos que essa é, sim, uma conjuntura possível?

É como se o medo de abordar diretamente temáticas sociais pertinentes e o simultâneo temor de dar brechas para representações intoleráveis criasse um equilíbrio falho, pedante ao artista e imerso na ilusão de que boas representações se limitam à reafirmação do bom comportamento, às maiores ausências de imperfeições e ao esquecimento da qualidade estética-narrativa. É nesse sentido que o "politicamente correto" ofusca e maleficia a percepção pública diante da importância sócio-histórica de introduzir Milena nos quadrinhos nacionais.

Logo, a problemática não estaria efetivamente no protagonismo negro, ou de qualquer outro grupo historicamente menosprezado, mas sim em sua abordagem medrosamente infantilizada, a ponto de subestimar o senso da criança e sua ânsia por boas histórias. Em síntese: Dudu deixaria de aprontar das suas para apenas "brincar com os amiguinhos" (Figura 88), enquanto o leitor, com exceção do ativista virtual de longa data, não conseguiria mais diferenciar uma revista editorial de linha de uma edição especial feita para fins didáticos (Figura 89):

Figura 88 – Personalidade contida de Dudu é um preço a se pagar pela diversidade?

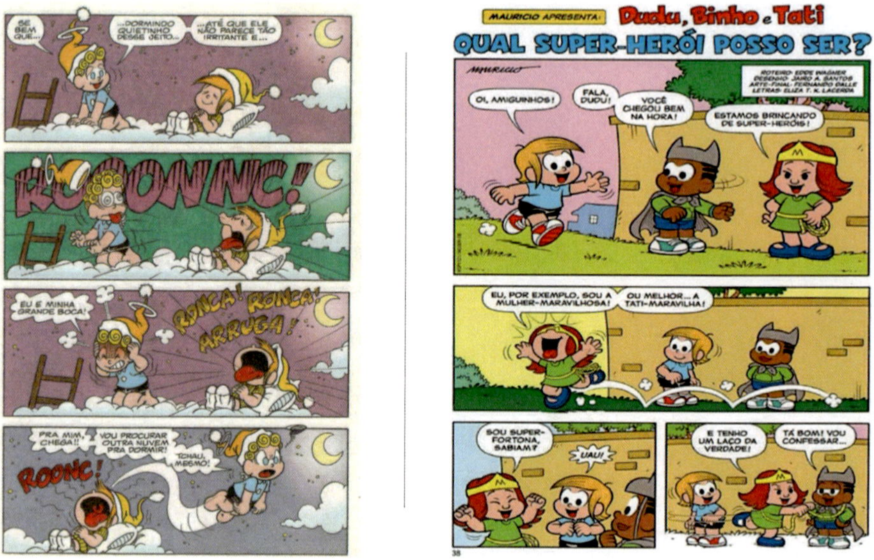

Fonte: Mauricio de Sousa Produções (2010, p. 8)/(2021, p. 38)

Figura 89 – Paralelo didático entre revista institucional e outra de linha mensal

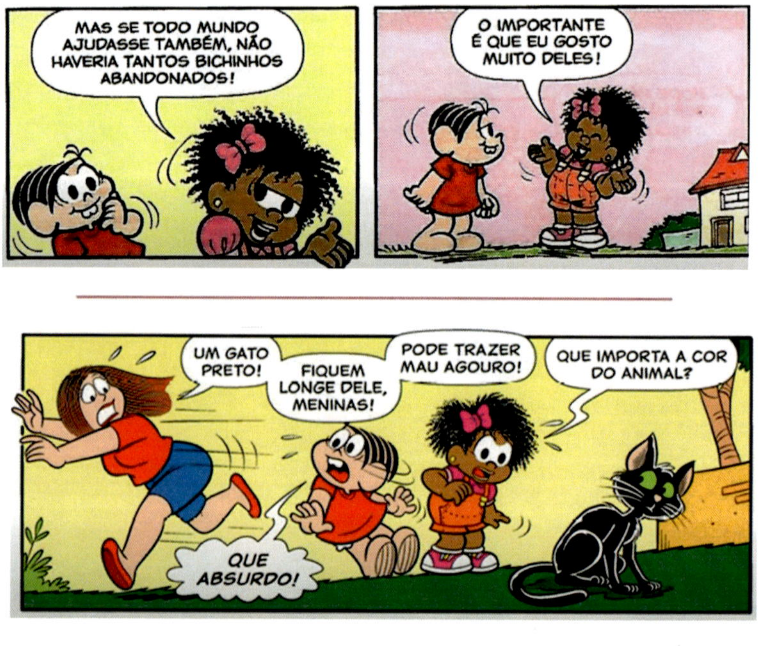

Fonte: Mauricio de Sousa Produções (2019, p. 81)/(2018, p. 10)

No ciberespaço, a mencionada recepção depreciativa a seu surgimento incluiria argumentos válidos que, entretanto, se conglomeram com declarações claramente racistas, que odiosamente depreciam a representatividade (Tabela 17). A inclusão de uma "moreninha", entendida como "representatividade barata", "frescura" e "lacração", termina por reiterar a imprescindibilidade de Milena para os quadrinhos nacionais, ao mesmo tempo que expõe as fragilidades de um protagonismo tardio e compulsório. Também é possível identificar sua negação, sendo vista por uns como um *filler*[48], bem como questionamentos sobre o seu propósito de agradar — que termina por descontentar grupos tanto a favor como contrários ao protagonismo negro.

Tabela 17 – Críticas virtuais à construção de Milena e seu protagonismo

Comentário A - *"até que a Milena foi bem desenhada, agora resta como será a personalidade e vai ser tudo certinho como os novos personagens. Deve ser levado tudo pelo politicamente correto mesmo [...]".*
Comentário B - *"Nome: filha da veterinária Idade: idade da filha da veterinária Personalidade: filha da veterinária".*
Comentário C - *"chata pra porra essa Milena hein".*
Comentário D - *"fofa de aparência. falta conteúdo. e eu queria que ela tivesse menos detalhes (só pra combinar c o restante da turma)".*
Comentário E – *"Necessária, porém a Milena é a representação de qnd vc cria um personagem inclusivo mas não desenvolve direito e aí recebe rejeição. Ela só precisa ser melhor desenvolvida (tipo o caçula do Maurício que nunca mais vi)".*
Comentário F - *"falta realmente uma característica que pegue pra ela. a da monica é a força, a do cebolinha é a inteligência, a da magali é a fome e a do cascão é o medo de água. a dela é o que gente? filha de veterinária? Q".*
Comentário G - *"Tantos personagens secundários maravilhosos loucos pelo protagonismo e colocaram ela. Sei que muito acham que ela é necessária por ser negra, mais então deixasse ela apenas como secundária assim como o Jeremias ué".*
Comentário H - *"Tá ficando beeeem chato já...muda pra Turma da Milena logo! Prq numca usaram o Jeremias como destaque tbm? Tinha toda Turma do Pelezinho que era maravilhosa e SUMIRAM! Necessária o kct! FORÇADA! ".*
Comentário I - *"Só queria uma personalidade pra ela, parece que ainda não tem, além dela precisa ter algum defeito que nem todos os 4 protagonista. Se ela tivesse aparecido nas historinhas antigas com certeza estaria sendo bem desenvolvida. Fora isso tô de boas".*

[48] Aquilo que não é visto como canônico em uma obra.

Comentário J - *"acho que ela tem potencial pra ser uma personagem amada, não tem pq odiar uma personagem tao normal, o propósito dela obviamente foi representatividade, mas pra isso precisam desenvolver ela melhor, só isso".*
Comentário K - *"Poderia ser mais explorada e com mais personalidade além de ser apenas "a filha da veterinária" ou "a cota de representatividade pra fins promocionais".*
Comentário L - *"A personalidade, não tem nada, só porquê é negra, não podem botar algum defeito como os outros, porquê seria 'racismo', na minha opinião, ela é a personagem mais sem graça que poderiam ter inventado, defeitos, que renderiam boas história, não tem, e como criaram ela já no "politicamente correto", foi pior ainda".*
Comentário M - *"Estranho criar uma personagem que logo de cara tem um ar, digamos, superior à Mônica. Veja que até na página de apresentação ela tem um 'quê' de pose. Não sei explicar. Ela poderia sim, ser uma Mônica negra. Milena é um nome lindo. A ideia do rosto e o cabelo são ótimos. Mas essas roupas deixaram-na com um visual nada a ver. Deviam ter feito com os pés da Mônica e uma roupa mais simples, justamente para ser fácil desenhar ela sempre com a Mônica. A MSP teve alguns personagens negros muito legais. Eu gostava muito da Bonga e do Canabrava (acho que é esse o nome dele) da turma do Pelezinho. Bem que poderiam reaproveitar cada num deles [...]".*
Comentário N - *"Na verdade não devia ter essa diferenciação de negros e brancos nas histórias. Colocariam brancos e negros nas histórias normalmente sem essa preocupação de raças. Eu quando lia os gibis nunca prestei atenção se Jeremias era negro ou não, nem ligava quando era pintado todo preto na Editora Abril, achava tudo normal e importava era com o conteúdo das histórias [...]".*
Comentário O - "[...] *O que torna ainda mais chatas as histórias é justamente o fato de se preocuparem demais e fazer todo esse alvoroço por causa do lançamento da personagem mais por ser negra do que por ser uma nova personagem em si* [...] *Hoje, na verdade se preocupam muito em rotular e pouco se lixam com a qualidade das histórias, que é o que realmente importa. Tudo para atender o politicamente correto* [...]".
Comentário P - "[...] *E não,não devemos ficar lembrando se fulano é negro,como se isso fosse combater o racismo,quando na verdade, é o contrário* [...]".
Comentário Q - "[...] *Não interessa a cor, e, sim, as qualidades dos personagens".*
Comentário R - *"A Milena foi mesmo criada por causa do Politicamente Correto, mas eu acho isso uma boa iniciativa, sem falar que precisamos de mais personagens femininas negras nos Gibis e eu achei bacana essa iniciativa, mas o problema é que eles vão fazer com que os personagens fiquem perfeitos demais, o que não é muito legal".*
Comentário S - *"Eu acho legal a inclusão de mais personagens negros além do Jeremias. O problema mesmo é o politicamente correto, que com certeza vão deixar eles certinhos e sem sal. Um exemplo é no caso da Dorinha e do Luca, que não se dão muito mal nas histórias para não passar a imagem de preconceito, ao contrário do que acontecia com o Humberto antigamente".*

Fonte: o autor (2022)

A representatividade segue simplificada ao "politicamente correto" (comentário A), desconsiderando-se por muitos (não por acaso de maioria branca) seu impacto representativo. A procedente reivindicação pela qualidade denota na absurda frieza à luta antirracista (comentários N e Q) e ao protagonismo negro (comentários G e H), mesmo que um posicionamento discriminatório não seja admitido.

É interessante extrair preocupações válidas decorrentes da ausência de traços diegéticos bem construídos (comentários B, D, E e F), mas que não deveriam diminuir a noção do preconceito diante da ideia de ser ou não "correto" (comentários L, O, R e S). O perfeccionismo de Milena é criticado, inclusive, sob o pretexto questionável de que falar de negritude estimularia o racismo ao invés de rechaçá-lo (comentário P).

O fã, *prosumer* e ator político intenta uma Milena mais bem desenvolvida (comentários J e K), falha no bom sentido da palavra (comentário I). Há os que apenas a repudiam (comentário C), favorecendo a má recepção de personagens imunes a imperfeições cômicas. O comentário M é curioso ao transparecer a dificuldade de um usuário, por conjectura branco (foto de perfil), de compreender a serventia do empoderamento, valorizando o arquétipo estereotipado de Bonga.

É claro que Milena traria uma série de contribuições dignas, inclusive para o processo criativo. Sua estreia nos gibis contou com o roteiro de Rafael Calça, roteirista da *graphic MSP Jeremias – Pele* (ALMANAQUE DA CULTURA, 2019, s/p). Também são proveitosas histórias nas quais aspectos da sua negritude, como a cor e o cabelo, são elementos basilares para o enredo, criando o vínculo representativo com aqueles que as leem (Figura 90). "Milena já aparece na tematização dos brinquedos do Parque da Mônica, em postagens nas redes sociais da Turma da Mônica, além de participar de eventos da Mauricio de Sousa Produções Ao Vivo." (ALMANAQUE DA CULTURA, 2019, s/p).

Mesmo sem um mimetismo orgânico, seu protagonismo em construção saúda uma causa social valiosa e que há tempos questiona:

> Onde estão as princesas negras? Onde estão os personagens negros? Onde estão as bonecas negras? Onde estão os heróis negros? Essas ainda são perguntas a serem postas frente à necessidade de, efetivamente, ressignificar a construção da identidade do negro, começando pela identidade da criança negra. (SILVA *et al.*, 2016, p. 4).

Figura 90 – Racismo e representatividade abordados subjetivamente na história

Fonte: Mauricio de Sousa Produções (2020, p. 26)

A igualdade racial seguiria se mostrando um bom negócio: a boneca de Milena (Figura 91), nos seus primeiros meses, vendeu mais que a da Mônica (GRUPO MULHERES DO BRASIL, 2022). Um estudo da organização Avante – Educação e Mobilização Social aponta que somente 6% das bonecas fabricadas no Brasil são negras (JUNIA, 2020). Estamparia ainda uma grife de roupas (Figura 92) dos cantores Emicida e Fióti (VARELA, 2019) e a linha "Milena Kids", com shampoo para cabelos crespos e cacheados (FERNANDEZ, 2021). Crica Monteiro, durante o período em que trabalhou na MSP, exaltou em suas redes sociais o impacto de tais iniciativas na sua vida e de suas amigas (Figura 93). Uma delas até diria: "quero também abraçar a Mônica preta." (MONTEIRO, 2019).

Figura 91 – Primeira boneca da Milena, lançada pela Turma da Mônica

Fonte: Lojinha da Mônica [2021?, s/p]

Figura 92 – Milena protagoniza coleção de grife da Lab Fantasma

Fonte: Pamela Alves/Thais Varela (2019)

Figura 93 – Crica Monteiro exalta a representatividade de Milena em seu Instagram

Fonte: adaptado de Crica Monteiro (2018)

A recepção positiva da "filha da veterinária" e sua repercussão também se mostraram facilmente percebidas no ciberespaço, não somente via comentários (Tabela 18), mas também em elogiadas iniciativas tomadas por meninas negras (Figuras 94 e 95). Tampouco seria coincidência que reações depreciativas (*emojis* de risadas, por exemplo) viessem de um mesmo perfil: branco, conservador e defensor de juízos extremistas, como a liberação do porte de armas.

Tabela 18 – Milena repercute elogios e expõe novas demandas por meio do ciberespaço

Comentário A - *"Tenho uma filha que se chama Milena eh muito parecida com ela... nossa ficou radiante quando viu a bonequinha... disse mamãe sou eu kkkkkk".*
Comentário B - *"Obrigadaaaaaaaa Turma da Mônica agora posso fazer o aniversário da minha filha no tema que ela quer com um personagem que ela se identificar".*
Comentário C - *"Faltava msm mais diversidade racial nessa turma tão amada.* Ótimo *conhecer a Milena".*
Comentário D - *"Quero Graphic MSP com história da Milena!".*
Comentário E - *"Sou professora e já encontrei várias Milenas lindas como a mais nova integrante da turminha Que linda!!!!.".*
Comentário F - *"Mauricio de Sousa produções e o tapa na cara para representatividade!!!".*
Comentário G - *"Que linda é a Milena e que exemplo maravilhoso ela iria ser se fosse vegana e mostrasse que não devemos maltratar nenhum animalzinho".*
Comentário H - *"Poxa fui procurar desenhos da Milena para a minha filha colorir e não achei. Fui procurar em almanaques tbm* não achei.😢😭*. Queremos mais histórias sobre a Milena e desenhos para colorir. Minha filha ficou super triste.*😢 👐 👐 ".
Comentário I - *"mo Estudios Mauricio de Souza sempre incluir todos à sua turma. Tem negros, cego, japones, mudo, cadeirante, etc... Acho que tá faltando alguém da comunidade LGBT. Podiam fazer um casalzinho. Ia ser fofo, e as crianças desde cedo aprenderiam a não crescer homofóbicas".*

Fonte: o autor (2022)

Dessa forma, a boneca da Milena deixa de ser somente um item comercial para compor um elo afetivo e representativo, arrasador de imagens hegemonizadas (comentário A). A identificação se acentua como demanda valorizada por pais ou responsáveis (comentários B e C), capaz de exacerbar novas (comentário D, G e H) e provocar a admiração (comentários E e F). Vale salientar que a ponderosa carência da representatividade LGBTQIA+ segue contestada (comentário I). A MSP propriamente dita[49] celebra o fato

[49] Informação disponibilizada pela Mauricio de Sousa Produções via e-mail no dia 6 de abril de 2022, disponível neste livro.

de meninas negras apontarem a personagem, dizendo: "*olha, ela é igualzinha a mim!*". Segundo ela, há diversos estudos revelando a importância de suas figuras representativas para crianças: "*Se elas precisam fazer uma tarefa da escola, por exemplo, e se vestem como seu herói favorito, elas persistem mais.*"

Figura 94 – *Cosplay* de Milena, com 1,2 mil compartilhamentos no Facebook

Fonte: Colégio da Paz (2020)

Figura 95 – Milena, pintada em muro de escola, em tuíte com mais de sete mil curtidas

Fonte: adaptado de Tati Nefertari (2020)

A acusada superficialidade de Milena nos quadrinhos também motivaria o ativismo virtual, de tentativas de aproximar seu vestuário ao de Mônica à repaginação de sua personalidade (Figura 96). Sua real caracterização, em contrapartida, funcionaria bem em *live-action*. A direção de Daniel Rezende, somada pelo carisma da atriz mirim Emily Nayara, daria à personagem uma participação orgânica e funcional no longa-metragem *Lições* (2021).

Nele, a personagem é inserida para provocar ciúmes em Mônica, além de apresentar a Magali o gato Mingau. A menina (Figura 97), que já lidou com situações de preconceito no ambiente escolar (BOURROUL, 2022), diz enxergar sua interpretação como uma vitória de grande responsabilidade. Reconhecendo a "falta da representatividade em muitos espaços" (NAYARA *apud* CARVALHO, 2021, s/p), celebra poder levar o orgulho que sente por seus cabelos para outras crianças negras.

Dando vida novamente à personagem, Emily protagonizou o episódio "Milena", na série lançada via Globoplay (2022). Estando dessa vez cativa na posição de protagonista, a "filha da veterinária" é, em partes, desconstruída perante as críticas públicas, de modo que suas limitações diegéticas se tornam solução criativa para o enredo: "ninguém é uma coisa só", afirma Dra. Sílvia diante das preocupações da filha em ser vista unicamente como amante dos animais. "Vergonha é ter vergonha de quem você é." Milena aqui aprende que deve se orgulhar de si, em metáfora ao empoderamento que se estende a outras personagens da obra.

Figura 96 – *Prosumerismos* em comunidades virtuais tentam otimizar Milena

Fonte: Monicaposting (2021, s/p)

Figura 97 – Emily Nayara como Milena em *Turma da Mônica – Lições* (2021)

Fonte: Breno Pessoa (2021)

Entre méritos e problematizações, Milena e sua família passam a ocupar todos os espaços possíveis na MSP, indo além das linhas editoriais para desenhos animados e transmidiatizações diversas. Tornar-se-iam referência, inclusive, para outros personagens. Dentre eles, viria o reposicionamento de Jeremias e sua vagarosa caminhada para o protagonismo.

4.3.7 A ascensão de Jeremias

Após perder os ares de "*black face*", Jeremias seguia com sua posição secundária (ou terciária, quaternária...), usando o boné vermelho que herdara do avô materno, Graciano (uma homenagem ao arte-finalista de mesmo nome), para esconder seus poucos fios de cabelo. Suas funções narrativas oscilavam, principalmente, entre provocar a Mônica, brincar com o restante da turma, coadjuvar os galanteios do amigo Titi — este branco, de personalidade machista e vazio intelectualmente — e compor a Turma do Bermudão, "que desfila pelo bairro de bermudas moderninhas e soltando gírias descoladas. Desta forma, ele acaba sendo muito mais cenário do que efetivamente um personagem com algum tipo de peso." (CARDIM, 2018, s/p). Raras eram as exceções em que lhe pertenciam o protagonismo, surgidas apenas em 1983 (a partir de *Cebolinha* n.º 125, da Abril), sendo algumas devidamente apontadas por Sidney Gusman em *Jeremias – Pele* (2018).

Um dos casos de maior proeminência seria *Mônica* n.º 5 (Globo, 1987) com história "O príncipe que veio da África", que o estabeleceu como tataraneto de um príncipe africano, escravo, que lutou pela liberdade. Sua interessante enunciação tracejada pela luta contra sistemas escravocratas avaria-se a um protagonismo pontual, recorrido pela circunstância temática do continente africano, além do uso da violência como remediação ao pensamento colonial (Figura 98). Se "os repetidos fracassos históricos desta supervalorização das posições oprimidas como fonte de conhecimento desencorajam sua restauração" (CANCLINI, 2015, p. 23), evidenciar a escravidão lesaria o desejo criativo de reposicioná-lo em um plano protagonístico. E sim, os quadrinhos também são fonte de conhecimento. A própria discussão racial aqui versada não libertaria Jeremias, a princípio, de suas limitações diegéticas, muito menos de suas participações esporádicas. Nem mesmo seu reajuste imagético se corrigiria de uma hora para outra, como visto anteriormente.

Figura 98 – Escravidão e racismo foram temas em "O príncipe que veio da África"

Fonte: Mauricio de Sousa Produções (1987, p. 72)

O sumiço ou perda do boné comporia suas tramas incessantemente, rendendo contrariedades e embaraços, como em *Mônica* n.º 41 (Globo, 1990). "E o Vento Levou (O Boné)" usou a até então normalizada ridicularização de momentos em que meninos aparecem brincando de boneca ou casinha, como alívio cômico final (Figura 99):

Figura 99 – Posição jocosa de Jeremias em histórias da Mônica

Fonte: Mauricio de Sousa Produções (1986, p. 58)/(1990, p. 45)

O lugar africano como sujeito e a prática simbólica na sua construção identitária ver-se-iam ainda mais fortuitamente, como em *Mônica* n.º 94 (1994, Globo). "O novo visual de Jeremias" colocaria o estilo rastafári como uma imposição de Magali (Figura 100), inicialmente recusada por Jeremias e, ao final, encoberta pelo boné vermelho, antes mesmo que o acessório passasse a ter uma justificativa emocional.

Sua atribuição às culturas negras viria por intermédio de um cabeleireiro negro, mas sem considerá-lo uma ferramenta de empoderamento. Os desatinos que o penteado provoca ao menino soam justamente o oposto a qualquer tentativa de tributo, além de reforçar sua atmosfera insegura. Uma provável indiferença do profissional criativo à autoafirmação afro-brasileira termina por soar como uma renegação proveniente do personagem às suas raízes, o que se alongaria nos anos seguintes com uma ocupação narrativa superficial (Figura 101).

Figura 100 – Jeremias com cabelo rastafári em *Mônica* n.º 94 (Globo)/*Almanaque Temático* n.° 54 (Panini)

Fonte: Mauricio de Sousa Produções (2020, p. 118)

Figura 101 – Limitação diegética de Jeremias era referenciada, mas nunca revista

Fonte: Mauricio de Sousa Produções (1996, p. 68)

Em *Magali* n.º 369 (Globo, 2004), quaisquer introversões capilares enfim davam lugar à real acepção por trás do boné (Figura 102), o que viria a ser canônico — considerando que nem todo evento retratado é referenciado ou considerado linearmente, inclusive em decorrência da alta quantidade de roteiros e roteiristas inerentes aos produtos editoriais da Turma da Mônica.

Figura 102 – Jeremias explica a Dudu o porquê de estar sempre com seu boné

Fonte: Mauricio de Sousa Produções (2004, s/p)

Assim como identificado em tabloides antigos, como os de Horácio, o racismo como tônica criativa seguia apenas pincelado no início dos anos 2000, não como a clara renovação mercadológica e agregativa à marca Mauricio de Sousa.

Figura 103 – A temática racial seguia pincelada em núcleos coadjuvantes

Fonte: Mauricio de Sousa Produções (2007, p. 31)

Em *Cebolinha* – 1ª série n.º 30 (Panini Comics, 2009), Jeremias assumiu a presidência do clube dos meninos (Figura 104), em alusão à eleição de Barack Obama, primeiro presidente negro dos Estados Unidos. Maiores referências às falas empoderadas do próprio, ou às de Martin Luther King Jr., por outro lado, não provocaram mais do que uma alusão sócio-histórica novamente momentânea: Cebolinha seguiria como líder nas edições seguintes, enquanto Jeremias voltava a ser "aquele do boné". "Qualquer relevante problematização de fundo, nem sobre o movimento dos direitos civis dos negros nos Estados Unidos, nem acerca de qualquer discussão do racismo como elemento estruturante da formação do Brasil." (AGOSTINHO, 2013, p. 12-13).

Em "O Jerê virou rasta", de *Turma da Mônica* – 1ª série n.º 79 (Panini Comics, 2013), nós o veríamos usando falsos *dreads* e gorro jamaicano, substituindo a Turma do Bermudão por um grupo rastafári após esta rejeitar o "saco de tricô" na sua cabeça. Alguns pontos são passivos de inquietação: Jeremias aprenderia, com a renúncia dos elementos que reafirmam a resistência negra, a não mudar para agradar os outros, querendo "ser o que não é". Seus novos e temporários amigos, incluindo dois brancos, utilizam o penteado e caracterização como uma moda, aparentemente ignorando suas significações (Figura 105), compondo a aculturação, "produtificação" e retirada do afrodescendente do centro de sua história (WILLIAM, 2019).

Figura 104 – Jeremias em alusão à vitória política de Barack Obama

Fonte: Mauricio de Sousa Produções (2009, p. 59)

Figura 105 – Jeremias é rejeitado por meninos de *dreadlock*

Fonte: Mauricio de Sousa Produções (2013, p. 64)

Em 2017, no Dia da Consciência Negra, Mauricio de Sousa recebeu o Troféu Raça Negra (Figura 106), que afirma contemplar personalidades, negras ou não, "que, dentro dos mais variados campos de atividade, contribuem para a construção de uma sociedade mais plural." (SOUSA, 2017, s/p). Ocasionaria até mesmo condecorações controversas, como criticada homenagem ao político João Dória, que extinguiu a Secretaria de Promoção da Igualdade Racial (DONATO, 2017). Antes mesmo que Jeremias viesse a ter qualquer notoriedade, o prêmio antecedeu o que viria a ser mais uma reparação à sua "injúria histórica" (SOUSA, 2018, p. 5) do que a contribuição arrojada ou voluntária à luta antirracista.

Figura 106 – Mauricio de Sousa recebe Troféu Raça Negra ao lado de Jeremias

Fonte: Troféu Raça Negra (2017, s/p)

Com a intervenção editorial de Sidney Gusman, o racismo e sua condescendência enfim foram colocados em foco na *graphic novel Jeremias – Pele* (2018)[50], provando ser possível abordá-lo com qualidade perante um público também infantil. Como são raras as interpretações da subdivisão populacional e suas relações étnico-raciais expressas em uma literatura tão acessível, não é por acaso que a obra viria a ser objeto específico de estudos, de artigos de graduandos a teses de doutorado.

[50] Ler *Panther is the New Black: representação e cultura na comunicação do filme Pantera Negra* (2019).

A ideia inicial de que Jeremias escondia o couro cabeludo por pura "calvície" evoluiria para uma discussão madura sobre a autoaceitação do cabelo crespo. Sem rodeios, a ressignificação dos quadrinistas Rafael Caça e Jefferson Costa aproxima Jeremias do cotidiano, saindo, por algumas páginas, da utopia cristalizada na visão de Mauricio de Sousa e seu "quadrinho enlatado" (CIRNE, 1982, p. 85).

"O preconceito tem clichês. Então a história do Jeremias se mistura com a de muitas crianças e adultos" (CALÇA *apud* CARVALHO, 2018, s/p), apresentando-se carregada de aspectos específicos que se sujeitam à compreensão signa autor-leitor (SILVEIRA *et al.*, 2019). A afirmação incontestável do ódio racial vigente no Brasil seria um deles: o tom demasiadamente didático ou eufemizado das atuais publicações tradicionais dá lugar à sagaz reverberação do colonialismo nas relações de poder. "Para além das alterações do traçado do personagem, a nova roupagem dada a Jeremias, assenta-se numa premissa realista e atual, de um racismo não pronunciado, mas existente." (REZENDE; BORGES, 2020, p. 23).

O êxito da obra viria, inclusive, da cedida liberdade criativa, sem verdadeiras "amarras na imaginação". Inclusive,

> O modo como os pais de Jeremias e ele próprio reagem ao episódio demonstra como as *graphic novels* podem tratar de temas sociais contemporâneos sem esbarrar no vitimismo e de maneira absolutamente pertinente já que os autores são negros e conhecem a realidade cotidiana de um país que se pretende uma democracia racial, mas que está longe desse quadro. (SANTOS; CHINEN, 2020, p. 134).

Com *Pele* (2018) e suas discussões sobre a escassez de ícones negros (às custas do socialmente enraizado — e às vezes sutil — racismo), "Jeremias serviu como agente de uma bem-vinda e necessária mudança, no caminho de mais representatividade negra" (SOUSA, 2020, p. 96), cuja transição comportamental é descrita a seguir (Tabela 19):

Tabela 19 – Transição fisionômica-comportamental da personagem Jeremias

Arquétipo físico	Transição fisionômica-comportamental
 Fonte: Mauricio de Sousa Produções (2022) • Cabelo preto "pixaim", crespo e escasso/curto (Em *Jeremias – Pele* era volumoso, até ser cortado. Volta a ficar mais abundante em sua versão jovem). • Pele negra (de início representada exageradamente pelo nanquim e posteriormente na cor marrom a partir da década de 1980). • Seus lábios, a princípio inexistentes, tornaram-se expressivos na forma de uma elipse rosada na década de 1970. Foram suavizados nos anos 2000, chegando a ser suprimidos novamente em edições mais recentes.	Inspirado em um amigo de infância de Mauricio de Sousa, Jeremias seguiu suas primeiras aparições sem traços identitários sólidos ou personalidade devidamente construída. Antes de *Jeremias – Pele* (2018), em que lidaria com injúrias raciais, sua diegese se limitava basicamente à sua inseparabilidade do boné vermelho, que a princípio servia como esconderijo para "calvície". Em geral, viria a se adequar às necessidades narrativas de cada história, assumindo tipos como: bom amigo, paquerador, futebolista, namorador e coadjuvante cômico. Curiosamente, em 2010, recebeu uma primeira releitura, assinada pelo quadrinista André Diniz no álbum especial *MSP +50 – Mauricio de Sousa Por Mais 50 Artistas*[51], na qual aparece como um herói africano. Os traços identitários estabelecidos em *Pele* (2018) transitaram gradativamente para os produtos editoriais de linha, como a noção de ter a cabeça raspada ou sonhar em ser astronauta, somando-se a outros aspectos que apareceram em edições recentes, a saber: criativo; vanguardista; gosta de escrever; às vezes tímido; estudioso; jogador de futebol; skatista; imaginativo; sensível; filósofo; bem-humorado; explorador (no bom sentido da palavra); bom contador de histórias; amante de *crossfit* (por influência de Titi), o teatro e tudo que envolve arte, inclusive música. Na *Turma da Mônica Jovem*, virou interesse amoroso de Denise e toca guitarra, inspirado pelas músicas de violão que o avô paterno, Matias, tocava. Na revista *Geração 12*, é o capitão de sua própria equipe (com Franjinha, Titi e Cascuda), coleciona bonés, valoriza soluções pacíficas e estuda para se especializar em engenharia espacial.

[51] Pertence à trilogia *MSP 50*, uma série que reuniu entre 2009 e 2011 releituras dos personagens da Turma da Mônica feitas por quadrinistas brasileiros de renome. A ideia, além de homenagear os 50 anos de carreira de Mauricio de Sousa, seria apresentar esses artistas ao grande público. Posteriormente, deu origem ao selo *Graphic MSP*, em 2011.

Arquétipo físico	Transição fisionômica-comportamental
• Padrão vestuário inclui boné vermelho herdado do avô materno (Graciano), sapatos azuis, camisa cinza (amarela, no teatro) e short branco, às vezes trocado por um bermudão de mesma cor. Sua versão adolescente se aproxima mais de um rapper/skatista. "Em evidente dialogismo com as práticas discursivas que caracterizam o *'street style'* advindo da cultura 'hip hop', o personagem negro passou a ser desenhado em roupas estilosas e com um boné azul (em oposição ao boné vermelho usado em revistas da Turma da Mônica clássica)." (AGOSTINHO, 2018, p. 12). Não usa boné em *Geração 12* (1ª temporada). • Seus olhos divergem do padrão estético de Mônica, formados por dois círculos ovais separados um do outro, iguais aos de Ronaldinho Gaúcho. • Sua estética se mimetiza a cada padronização do "Mônicaverso" (ex.: versão *toy*, *live-action* etc.).	Nas histórias do roteirista Paulo Back, aparece volta e meia como um protestador, a favor de causas sociais — principalmente ecológicas. Pontos como religião, time e signo costumam variar entre publicações.

Fonte: o autor (2022)

Em *Turma da Mônica Jovem* – 2ª série n.º 27 (Panini Comics, 2019), a história "A melodia perfeita", de Carlos Estefan, colocá-lo-ia novamente em protagonismo, com inspirada e bem executada premissa sobre o mal de Alzheimer do avô Matias e sua vocação como músico (Figura 107). O reflexo do sucesso e renovação diegética de *Pele* (2018) é evidente, considerando principalmente a inclusão de um flashback em que o protagonista aparece criança, antes de ter a cabeça raspada, inspirando-se no comandante negro (Figura 108) Adão (introduzido nas *graphic novels* do Astronauta, de Danilo Beyruth) em momento congênere à *graphic novel*. Ou ainda a permanência da nova estética atribuída a seus pais. "Uma maneira e tanto de mostrar o quanto os universos de Mauricio de Sousa podem coexistir e se retroalimentar." (SOUSA, 2020, p. 96).

Figura 107 – Jeremias como protagonista na Turma da Mônica Jovem

Fonte: Mauricio de Sousa Produções (2019, p. 116)

Figura 108 – Adão, das *graphics MSP*, foi posteriormente canonizado em *Geração 12*

Fonte: Mauricio de Sousa Produções (2019, p. 95)

Ao contrário de Dra. Sílvia, Carol, a mãe de Jeremias, apareceria sempre caracterizada como doméstica, com avental e laço na cabeça (Figura 109), enquanto o pai, Seu Alexandre, aparentava trabalhar em um escritório, sem maiores detalhes. Rafael Calça e Jefferson Costa os canonizariam como arquitetos ativos, de contra ao patriarcado-racismo-capitalismo, orgulhosos de si e testemunhas de ocorrências de cunho social/sociológico ponderosos. Em *Pele* (2018),

> [...] ao ter vivido várias situações de preconceito por causa da cor de sua pele, os pais de Jeremias já esperavam esse tipo de atitude a qual ele vivenciara na escola: a avaliação e o pré-conceito de que Jeremias tira boas notas porque cola nas provas; Jeremias não pode ser astronauta porque seu cabelo não entra no capacete; Jeremias tem que ser pedreiro porque é negro — só refletem a forma inadequada que as pessoas lidam com as diversidades culturais e sociais. (OLIVEIRA; KAILER, 2021, p. 404).

Figura 109 – Mãe de Jeremias aparecia carregada de estereotipagens da mulher negra

Fonte: Mauricio de Sousa Produções (1984, s/p)/(2014, p. 34)

As participações esporádicas de Jeremias no início da *Turma da Mônica Jovem* dariam lugar a um protagonismo constante, como em *Turma da Mônica Jovem* – 2ª série n.º 30 e 38 (Panini Comics, 2019, 2020). "Além de Jurerê", de Felipe Marcantonio e posteriormente lançada como desenho animado, aproximou-o das artes cênicas, destacando-se o decrescimento da antiga coadjuvação a Titi e sua capacidade de seguir os próprios caminhos (Figura 110).

Figura 110 – Jeremias passa a questionar sua submissão a Titi

Fonte: Mauricio de Sousa Produções (2019, p. 95)

Roteirizada por Rafael Calça, "Diário de viagem" (Figura 111) segue Jeremias como protagonista, vislumbrando as possibilidades para seu futuro, que incluiriam se tornar astronauta, quadrinista do super-herói Negro Guardião da Noite (alusão a *Pele,* 2018), escalador e agente secreto. Mais uma vez, foge-se da "subalternidade auferida ao negro, tanto em seu status socioeconômico, como na inferioridade das profissões, colocando o negro em um patamar de impossibilidade de saída da pobreza, de ascensão econômica e social." (REZENDE; BORGES, 2020, p. 24).

Figura 111 – Em intertextualidade, Jeremias fala de representatividade nas HQs

Fonte: Mauricio de Sousa Produções (2020, p. 67)

Em 2020, o selo *graphic MSP* lançou o segundo álbum de Jeremias, anunciado em 2019 na *Comic Com Experience*. O gancho do título anterior, relativo à vontade de Jeremias de contar histórias, voltaria com o mote da ancestralidade africana e sua crescente aniquilação acarretada pela dominação eurocêntrica. A asserção do racismo viria acompanhada de outras discussões pertinentes, como seu respaldo nas entrevistas de emprego, as consequências irremediáveis do sistema escravista, autoestima e o sentimento de merecimento ou pertencimento do negro à sociedade.

Nessa conjuntura, o protagonista busca conhecer sua própria história e árvore genealógica (Figura 112). Seus pais questionam a representação afrodescendente limitada em obras criativas que retratam a escravidão, o que antes se mostrou recorrente na própria MSP. A nova história discorre em torno da questão: "gente negra já fez alguma coisa importante?" As contribuições das culturas africanas para o restante do mundo são aludidas, do surgimento das primeiras expressões da comunicação humana, passando pelo nascimento de áreas significativas do conhecimento, como Arquitetura e Matemática, à ascensão de personalidades históricas:

> [...] ao longo das páginas, 'Alma' homenageia figuras importantes e referências, caso da escrava Anastácia, que facilitava a fuga de escravos; do jornal Clarim da Alvorada, um importante veículo de imprensa negra, fundado em 1924; de Luiz Gama, patrono da abolição; de Enedina Alves Marques, a primeira mulher negra brasileira a se formar em Engenharia, em 1945. (CORREIO DO CIDADÃO, 2021, s/p).

Figura 112 – Jeremias passa a se interessar por sua ancestralidade e questioná-la

Fonte: Mauricio de Sousa Produções (2020, p. 33)

Nomes como Chadwick Boseman (ator), Kobe Bryant (ex-jogador de basquete), Nina Simone (pianista, cantora e compositora) e Fela Kuti (músico, criador do *afrobeat*) fazem *cameos* em cena ocorrida na "noite de Griô" (Figura 113). No Brasil, esse termo remete à memória histórica e coletiva de uma comunidade, expressa pela difusão de tradições. É um contador de histórias, intelectual, preservador do conhecimento e da arte. Sua origem está na tradição oral entre os povos do ocidente africano, "com destaque para as regiões do Mali, Senegal, Gâmbia e Guiné. Griô é a forma aportuguesada da terminologia francesa *griot*." (PINHEIRO; BUSSOLETTI, 2012, p. 2).

Nelas, a figura do griô é um mestre portador do saber, especialista, que declama poemas e canções não apenas sobre a "formação dos reinos, mas também às pessoas comuns." (PORTO, 2016, s/p). Tia Nancy, a contadora de histórias (Figura 114), é inspirada na atriz Elisa Lucinda e homenageia Anansi (também chamada de Ananse, Anancy ou Kwake Ananse), divindade africana simbolizada pelo híbrido de aranha com homem, oriunda do povo Akan. Ela dava esperança aos mais desafortunados (MALTEZ, 2017), usando de astúcia e sabedoria para alcançar seus objetivos.

Figura 113 – Participações especiais incluem ator Chadwick Boseman

Fonte: Mauricio de Sousa Produções (2020, p. 58)

Figura 114 – Tia Nancy conta a Jeremias a história da escrava Anastácia

Fonte: Mauricio de Sousa Produções (2020, p. 60)

O símbolo Adinkra, que na cultura Akan (inclui povos de Gana e Costa do Marfim) representa "a teia de Ananse", emblema a aranha, sempre referenciada na *graphic*, como detentora das histórias, da criatividade e da sabedoria. A intercessão de todos esses elementos descaracteriza a África maltratada e desvalorizada, reposicionando-lhe como berço da historicidade humana.

O *black face*, antes uma prática naturalizada na MSP, reapareceria como altercação temática, expressa de forma cruelmente necessária: o antagonista Pierre Valentim, em analogia ao costume performático de menestrel norte-americana no início do século 20, caracteriza-se como uma versão caluniosa e depreciativa de Jeremias, de cara pintada e trejeitos propositalmente ofensivos, caricatos.

O deboche inclui firmá-lo como um favelado, que desconhece sua progenitura, foragido da polícia, analfabeto, usuário de drogas e de linguajar inculto (Figura 115), fazendo-o questionar suas raízes, rasgar os quadrinhos que escrevia e ir de encontro à história de Anastácia (Figura 116), que, em alusão ao próprio Bairro do Limoeiro e seus limões, "sabia fazer doce do que era amargo" (CALÇA; COSTA, 2020, p. 85). Tudo transmite uma construção metafórica sobre a necessidade de seguir com histórias, transcender seus inícios sombrios, produzir novas e preservá-las.

Figura 115 – *Black face* e estereotipagem se tornam tema em *Alma* (Panini Comics)

Fonte: Mauricio de Sousa Produções (2020, p. 45)

Figura 116 – Jeremias emociona sua avó ao contar a história de Anastácia

Fonte: Mauricio de Sousa Produções (2020, p. 82)

Dentre os méritos criativos, é válido mencionar o uso das sombras das personagens, antes visto em *Pele* (2018), para emitir seus pensamentos, somado à aplicação de ângulos, cores e perspectivas que arregaçam as crises existenciais de Jeremias e seu espaço-tempo psicológico. *Alma* (2020) vem seguindo os passos do antecessor: foi finalista do Prêmio Jabuti na categoria Melhor História em Quadrinhos (NALIATO, 2021), venceu o HQ Mix de melhor publicação juvenil (SOUSA, 2021) e, em 2022, ganhou o 37ª Troféu Angelo Agostini de melhor obra infantil (O GRITO!, 2022).

A recepção positiva do público, mais uma vez, atestaria o potencial de Jeremias como protagonista, em obras nas quais a ousadia e sagacidade são bem-vindas: não se sufocam pelo didatismo — tampouco se esquecem da qualidade — para abordar temáticas necessárias ou mesmo promover a representatividade (Figura 117):

Figura 117 – Comentários positivos a *Jeremias – Alma* (Panini Comics)

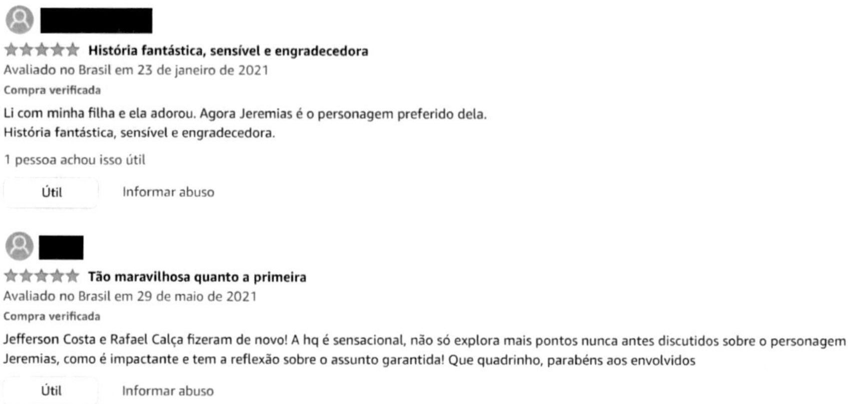

História fantástica, sensível e engradecedora
Avaliado no Brasil em 23 de janeiro de 2021
Compra verificada
Li com minha filha e ela adorou. Agora Jeremias é o personagem preferido dela.
História fantástica, sensível e engradecedora.
1 pessoa achou isso útil
Útil Informar abuso

Tão maravilhosa quanto a primeira
Avaliado no Brasil em 29 de maio de 2021
Compra verificada
Jefferson Costa e Rafael Calça fizeram de novo! A hq é sensacional, não só explora mais pontos nunca antes discutidos sobre o personagem Jeremias, como é impactante e tem a reflexão sobre o assunto garantida! Que quadrinho, parabéns aos envolvidos
Útil Informar abuso

Fonte: adaptado de Amazon [2021?]

Ademais, Jeremias agora segue Milena, com sua linha de roupas de grife do rapper Emicida, inspiradas nas *graphic novels* (Figura 187). Passaria a aparecer mais nas capas, *posts*, iniciativas (Figura 119), vídeos institucionais sobre respeito às diferenças e licenciamentos da Turma da Mônica, em total contraposto àquele menino tímido, pintado de nanquim, que coadjuvava Bidu e Franjinha.

Figura 118 – Linha de roupas protagonizada por Jeremias na CCXP 2018

Fonte: Arkade (2018, s/p)

Figura 119 – Erick Garcia com *cosplay* de Jeremias, com 2,6 mil curtidas no Facebook

Fonte: adaptado de Grupo Turma da Mônica (2021)

Por fim, vê-se para a MSP um futuro distante dos anos 1960, não apenas cronologicamente falando. Positivamente, estaria longe de depreciações e caricaturas agressivas, que dão lugar a representações cada vez mais inclusivas. Negativamente, não desassemelharia do aprisionamento criativo imposto em ditadura. Então o que se esperar do entretenimento a partir dessa nova condição?

4.4 As tendências de uma nova geração

Em tempos de crise, a renovação mercadológica segue primordial para cativar os *millennials* (também chamados de geração Y) e as gerações Z e Alpha, além de salvaguardar os interesses dos públicos cativos há décadas. O que mudou, além da idealização de projetos vanguardistas como Donas da Rua ou o selo *Graphic MSP*, foi a importância deliberada pelo consumidor àquilo que é global. Ou seja, agora ele pensa além do particular, anseia por pertencimento e, muitas vezes, assume a responsabilidade de buscar soluções para conflitos comuns ao próximo, por mais fora de alcance que esses possam estar (PERAITA, 2022).

É possível atribuir aos jovens leitores um paradigma paradoxalmente complexo. Isso, pois, conquista o todo e ao mesmo tempo nada. Para ele tudo existe, mas é caro e sobrepujado por recessões criativas, pandemias e a falência do profissional criativo. Enquanto os gibis físicos seguem em bancas escassas, longe de custarem os R$3,90 de antigamente, sua gratuidade viria intangível, muito mais pela pirataria virtual do que pela lícita Banca da Mônica. Falamos também de uma geração mais aberta à diversidade e atenta às consequências de seus hábitos consumeristas. Entretanto, em um cenário de instabilidade editorial e gibis pirateados, até onde comercializar a representatividade e desatentar à qualidade narrativa compõe um bom negócio?

Figura 120 – Representatividade e negritude passam a ser temática em revistas de linha

Fonte: Mauricio de Sousa Produções (2018, p. 29)

Por mais que a Panini Comics não disponibilize ao público seus números de venda, certamente há um contraponto entre o sucesso comercial das *graphic novels* de Jeremias e o cancelamento de títulos mais genéricos, como *Ronaldinho Gaúcho* e *Neymar Jr.* Ou ainda, veem-se as transformações no mercado editorial, que passa a vender um mínimo de títulos, com páginas reduzidas, em formatação canoa, que barateia gastos com impressões, com acabamento muitas vezes apressado e pouco vívido, decorrente da transição do desenho gráfico artesanal para o digital.

Claro que, para a infelicidade do leitor crítico e sua repulsa a letras computadorizadas, Turma da Mônica ainda é Turma da Mônica e, portanto, pode muito bem seguir vendendo sem a predominância de boas histórias. Quanto à sua imunidade a crises, Mauricio de Sousa (2017) afirma:

> [...] nós temos 10 milhões de leitores permanentes no Brasil. Isso vem se mantendo de forma constante ao longo dos anos. Entra crise, sai crise, a gente continua vendendo milhões. Mesmo com o fechamento de muitos pontos de venda, nosso leitor permanece fiel. Soubemos de gente que se deslocou até 80 quilômetros só para não perder a coleção depois que a banca da cidade dele fechou. (MASSON, 2017, s/p).

Vendas expressivas (ou razoáveis), por outro lado, jamais foram um sinônimo sólido de excelência ou criatividade. Da mesma maneira que qualidade não imuniza um produto de críticas, mesmo quando extremamente infundadas. Viu-se que "o politicamente correto tirou um pouco da criatividade natural do autor. Mas a sociedade evoluiu e temos que nos adaptar aos novos tempos" (FERNANDES, 2022, s/p), mantendo-se a mínima essencialidade do Bairro do Limoeiro. No entanto a inserção de temáticas e elementos inéditos em processos criativos, o que inclui aqueles que prezam pela diversidade, está sugestionada à visão crítica, mutável e heterogênea de seus consumidores, desprovidos de maiores pudores ante o pseudoanonimato da internet.

"Pensar em quadrinhos implica, de antemão, pensar a respeito de seu público e dos tipos de relações sociais que os envolvem." (SILVA, 2002, p. 18). Se Mauricio de Sousa vende bandeiras que passam a ser aceitas em sociedade, que partido há de tomar diante da permanência de uma parcela social que já não sente vergonha de expor seu conservadorismo criminoso, a incluir o racismo? E se um dia as críticas à Milena se assinalassem a ponto de criar baixas financeiras e midiáticas significativas, teria ela o mesmo destino de Nico Demo?

De todo modo, os tempos mudaram e, com eles, a representação negra. A apercebida abertura à representatividade segue definindo certas propensões oferecidas aos atuais leitores: o advento de Milena e o reposicionamento de Jeremias como ferramenta emancipatória de uma sociedade plurirracial levaria a uma transformação coletiva, tendenciada pela adição de outras personagens negras em diferentes núcleos, como o de Chico Bento. Constata-se aqui uma linearidade, incorporada, principalmente, a partir do final da segunda série iniciada pela Panini Comics em 2021.

"As goiabas da coragem", de *Chico Bento* – 2ª série n.º 57 (Panini Comics, 2020), introduziu Tábata (Figura 121), uma menina judoca, de *dreadlocks* na cabeça. Pouco se sabe da nova moradora de Vila Abobrinha, que ainda está por conhecer a região, mas segue visível em função narrativa similar à Milena. Voltaria a aparecer em tiras e histórias, tornando-se a primeira personagem fixa da revista a trazer elementos culturais agregados à negritude e resistência ao racismo estrutural.

Sabe-se que "nem todas as pessoas negras que usam turbantes, *dreadlocks*, tranças, cabelo natural ou qualquer outro elemento estético que demarca o seu pertencimento à negritude estão conscientes das barreiras políticas que essa aparência impõe." (BERTH, 2019, p. 116). Embora a verificação de todas as suas aparições não deixe explícito, a escolha do penteado, que quebra bruscamente o padrão estético das demais personagens, não soa como uma escolha aleatória, tendo em vista que "os cabelos são um importante elemento estético de autoafirmação e de cultivo do amor à própria imagem, sobretudo para mulheres, sejam elas da etnia que forem." (BERTH, 2019, p. 116).

É válido elucidar que a inserção de figuras mais representativas não significa total exclusão do "preto velho" ou da "negra lavadeira", mas sim a reinserção destes em contextos mais valorativos, inclusive de modo didático ou moralista (Figura 122). Além, é claro, da introdução de novos nomes, "desestereotipados" e não necessariamente recorrentes (Figura 123).

Figura 121 – Estreia de Tábata em *Chico Bento* – 2ª série n.º 57 (Panini Comics)

Fonte: Mauricio de Sousa Produções (2020, p. 19)

Figura 122 – Lavadeira negra exemplifica papel social da professora Marocas

Fonte: Mauricio de Sousa Produções (2021, s/p)

Figura 123 – Personagens negros em *Chico Bento* – 3ª série n.º 3 (Panini Comics)

Fonte: Mauricio de Sousa Produções (2021, s/p)

Por fim, aferem-se as mudanças editoriais ocorridas na *Turma da Mônica Jovem*, em 2021. Além da introdução de Milena, que "sempre esteve no bairro" neste e em outros universos, é identificada uma presença mais acentuada de figurantes com cabelo *black power* (Figura 124) e a abordagem de temáticas como assédio e alcoolismo. Os temas são aqui empregados em conformidade com a tentativa de dialogar com um público juvenil, imersos subjetivamente em situações cotidianas como festas e viagens. É dito pela MSP (2022) que pesquisas internas mostraram que o público adolescente gosta de ver sua realidade retratada e que cada geração tem suas características peculiares. Por isso, é importante reconhecer e desconstruir estereótipos.

Figura 124 – Presença negra em *Turma da Mônica Jovem* – 3ª série (Panini Comics)

Fonte: Mauricio de Sousa Produções (2021, p. 107)

A presença afrodescendente, de forma mais representativa e distante de estereótipos, sugere uma nova orientação acentuada com o início da terceira fase, visto que a representação negra nas séries anteriores era até então escassa, limitada a personagens preestabelecidos como Jeremias e raras exceções (professor Sérgio, por exemplo). Trata-se de mudanças, que "ouvindo as sugestões dos fãs" (SOUSA, 2021, p. 125) se consolidam na MSP, também no teatro, desenhos animados e licenciamentos. A ideia é que, sem depender de cada visão profissional, a *"revista represente os dilemas da geração atual de adolescentes da maneira que esse público quer e que se sinta devidamente contemplado"*[52]. Pontos de vista distintos seguem sendo considerados, sem que se fuja dos valores institucionais.

É uma propensão perceptível em outras linhas editoriais, como a descontinuada revista *Chico Bento Moço* (Panini Comics). "Rosinha na África", de Petra Leão, expõe curiosidades de Joanesburgo, a maior cidade da África do Sul, que incluiriam a Nelson Mandela Square e o Museu do Apartheid, cujas lições "jamais devem ser esquecidas" (SOUSA, 2019, p. 69). A personagem Nanda (Figura 125) abraça sua afrodescendência, renuncia a um creme alisador de cabelos e exprime seu sentimento de pertencimento ao lugar, valorizando suas qualidades desconhecidas ou ignoradas fora do continente (p. 128). Confirmou-se que *"houve uma orientação da direção do estúdio para que se procurasse retratar mais e mais a diversidade de nossa sociedade"*[53].

Figura 125 – Novos personagens negros em *Chico Bento Moço* (Panini Comics)

Fonte: Mauricio de Sousa Produções (2019, p. 93 de *Chico Bento Moço* n.º 62 e p. 21 de *Chico Bento Moço* n.º 67)

52 Informação disponibilizada pela Mauricio de Sousa Produções via e-mail no dia 6 de abril de 2022, disponível neste livro.

53 Idem.

Outras figuras inclusivas permearam as publicações, como Cláudia e seu pai, Artur, que assumem a escola de Vila Abobrinha após a saída de Dona Marocas (Figura 125). Não dariam as caras novamente até então, em decorrência do cancelamento do título em 2021. Coincidência ou não, *Chico Bento Moço*, até seu fim, viria a ser uma das obras mais representativas do estúdio, manifestando sempre o cuidado em dialogar com o cotidiano. As baixas vendas, entretanto, terminam por deliberar sua descontinuidade. Mas todo profissional criativo, especialmente o independente, sabe que é impossível prever sucessos e fracassos comerciais com precisão. E já vimos que a incerteza é algo sempre presente (BENDASSOLLI, 2009).

Todavia, se mesmo a representatividade agregada à qualidade narrativa corre o risco contínuo de prejuízo, qual seria então a fórmula a ser adotada no futuro da Turma da Mônica? Haveria lugar para o meio-termo? Decorrem-se, a seguir, as considerações finais deste autor.

CONSIDERAÇÕES FINAIS

Nas ciências humanas, é um desafio para o acadêmico manter uma neutralidade crítica ou mesmo preservar o rigor científico de modo cabal. Falar sobre obra e vida de Mauricio de Sousa, em simultânea posição de fã, branco e pesquisador, torna essa uma instigação ainda maior. Percebeu-se nelas uma evolução ante noções do que é certo ou errado, de primórdios "politicamente incorretos" a uma crescente responsabilidade social. O "politicamente correto" estaria mais para uma contra postura do que um movimento. É uma reação ao avanço dos grupos e movimentos que pautam a necessidade de alargamento da condição humana e o respeito a essa condição em diversos ambientes, atividades e cenários.

A verificação de práticas consideradas necessárias em comunicações com o público infantojuvenil permitiu averiguar uma ampla transição estética e moral que não se limita à representação negra ou seu protagonismo. O pensamento colonial, desmedido nas HQs que antecederam a Turma da Mônica, passa a ser desnaturalizado. O repúdio ao preconceito e o compromisso à diversidade, mais que uma progressão positiva do ponto de vista representativo, agregam prós e contras no binômio arte-valor econômico. O quadrinho *mainstream* passa a se responsabilizar por uma mediação de valores, encontráveis em obras inéditas e republicações sob abordagens distintas. A adequação de profissionais às novas tecnologias e determinações de uma supervisão maior inclui a limitação de códigos que mantém o frágil tom de inocência e neutralidade ideológica para um público leigo.

Associados no ambiente virtual como uma preocupação muito mais moralista do que antirracista, as novas linguagens percebidas se apartam entre erros e acertos, que sugestionam o que deve ser considerado (ou evitado) na composição de produtos criativos. O moral e o imoral são conceitos submissos àquilo que atualmente é concedido ou abominado pela esfera social, sendo esta constantemente mutável, polarizada e necessitando ser policiada. A preocupação excessiva com a ausência de ofensas e polêmicas que remetam a raça, política e religião pode soar como controversa quando colocada face a face com o temor midiático de confrontar explicitamente os preconceitos sociais mascarados por ideais de "proteção à infância" ou "preservação dos bons costumes".

Uma vez frisada a edificação paralela entre a cessação de índices depreciativos e a ascensão do protagonismo negro, nítida no transcorrer das publicações editoriais da MSP, este último acaba por levar a culpa por declínios visuais e narrativos, segundo consumidores ativistas virtuais que nem sempre entendem a necessidade sócio-histórica de se quebrarem estereotipagens. Entretanto, se títulos como *Pele* (2018), *Alma* (2020) e *Geração 12* escancaram módulos judiciosos, pródigos da qualidade a servir de referência, os gibis de linha passam a transitar do particular para o genérico, em um processo talvez consciente, mas decorrente de certas inflexões atreladas à postura institucional da empresa.

É necessário validar visão e valores exemplares na direção que Mônica Sousa soma à atual gestão do estúdio, cujo futuro segue na ousadia de experimentar múltiplas possibilidades inventivas e midiáticas, a incluir as iniciativas de Sidney Gusman, Emerson Abreu, Petra Leão, entre outros que almejam transcender mera tabulação de fórmulas conservadas. A intercomunicação individual, própria da sociedade pós-industrial, inclina para a horizontalidade e descentralização do poder corporativo, abrindo possibilidades para outras iniciativas inclusivas e novas vozes averbadas nos quadrinhos.

É justamente quando há uma rica quebra de padrões imaginativos originais que brilham Jeremias e Milena, não em um gibi "enlatado". Seu válido protagonismo e positivismo moral, à semelhança de maiores preocupações com o "correto", não podem servir de escusas para o ordinarismo. Nomes como Carlos Estefan, Rafael Calça, Jefferson Costa são profissionais que asseveram como o protagonismo de grupos socialmente discriminados não se reverte infalivelmente (como diria Cebolinha) em expressões superficiais. Ou sequer devem soar apatetados, frívolos ou condutores do que é mal-ajambrado.

Figura 126 – Tiras do projeto Construindo Novas Histórias para Meninos e Meninas

Fonte: Mauricio de Sousa Produções/ONU Mulheres ([2018?], s/p)

O foco na recognição de grupos sistematicamente excluídos e estigmatizados não deve — e nem precisa — sobressair à excelência estética-narrativa, conseguindo coexistir proporcionalmente ao talento individual do profissional criativo. Assim como a luta antirracista pode e deve permanecer em evidência. As sugestões do "politicamente correto", se por forças maiores (dinheiro e opinião pública) não podem ser evitadas, que sejam contornadas. Não é impossível. "As crianças precisam de quadrinhos de qualidade, nem bobos nem ousados. O problema é, e continuará sendo, que são os adultos que decidem o que é melhor para a criança, em vez de perguntar, sem preconceitos, o que ela realmente gostaria" (LARA, 1971, p. 23, tradução nossa).

Um estudo semiológico pôde reforçar a existência de uma responsabilidade social por parte do artista, que não deve se esquecer, jamais, de contar uma boa história. A liberdade inovativa está, ironicamente, limitada ao viés institucional de uma empresa comercial, suas tradições e inovações. Como o próprio Mauricio de Sousa reforça, esses são dois extremos delicados de se transitar, principalmente em decorrência de minorias barulhentas, retrógradas e criminosas. As "censuras" deste milênio ante republicações, quando bem-intencionadas e dentro do bom senso, que venham organicamente, em alternativas criativas, sem pressas ou forçando a boa vontade do leitor. O ideal permanece que discursos sejam revistos, assumidos e readequados, não deselegantemente apagados.

Inclusive, criar novos produtos não basta para evadir necessidades de aperfeiçoar os já existentes. Mas fala-se aqui em otimizações verídicas, que vão além de uma capa chamativa ou da reiniciação constante dos números das edições como tática satisfatória para atrair colecionadores. Deve-se respeitá-las como fomentadores de entretenimento e consciência, capazes de impactar o cotidiano com processos de aprendizagem subjetivos, lúdicos e devidamente direcionados. Afinal a ponte autor-leitor requer linhas padronizadas, mas que sigam com suas particularidades, criadoras de imaginários e memórias afetivas-coletivas.

Eixos articulados à saúde, ética, pluralidade cultural, meio ambiente, hibridização identitária, solidariedade e empatia, que questionam comportamentos duvidosos na esfera social, seguem bem-vindos, quando não mimetizados de forma "enlatada" e acovardados por um patrulhismo exagerado ou agressivo. Em contrapartida, tanto uma interseção equilibrada entre a concessão da liberdade como a adição de novas inclusões seguem imprecisas.

No entanto não se deve ignorar que a quebra de tabus é um aprendizado, com passos pequenos e largos ocorridos ao passar das décadas. Podem, embora não devam, abalizar-se por escândalos de grupos extremistas. Ademais, a padronização de elementos gráficos, instruções e abordagens não devem ser uma limitação criativa, e sim calcadas em um novo leque de possibilidades que dialogue com as novas gerações. Tudo isso sem o comprometimento da prezada, porém nem sempre lembrada, qualidade.

Figura 127 – Referência à supervisão de Sousa aos grafismos de Emerson Abreu

Fonte: Mauricio de Sousa Produções (2009, s/p)

Agora, se violência, ofensa e nudez devem ser evitadas em prol de um exemplo positivo aos leitores, temáticas como a representatividade de outros grupos historicamente discriminados — ou a própria abordagem do racismo — já não deveriam ser mais transparentes, nos gibis de linha, mesmo se repudiados, em prol do que é certo? Ou seguirão limitadas ao que se é dominante em uma atmosfera conservadora?

A decolonialidade e seu reflexo nas Indústrias Criativas reconfiguram a concepção de fronteiras e hierarquias socioculturais, além de requerer um posicionamento cada vez mais explícito de organizações quanto ao seu papel de resistência política. A pesquisa realizada é fomentadora de ponderações similares sobre o tema, decorrentes da contínua progressão do gênero no Brasil e das transformações recorrentes no mercado editorial.

Figura 128 – Milena segue inspirando representatividade e protagonismo negro

Fonte: Mônica Sousa (2019)

Figura 129 – Peça escolar sobre *Jeremias –Pele* em mês da consciência negra

Fonte: Vivi Melancia (2019)

Por fim, é colocada "em xeque" a necessidade de transmitir temas didáticos ou dialogar com crianças subestimando sempre sua capacidade crítica, ainda relevando sua ânsia por histórias cativantes e aptidão de distinguir o lícito do ilícito. Sugere-se rever quem realmente não possui tal capacidade. Afinal, como dito por Mônica, "quem tem preconceito são os adultos". Esta, que nunca esteve alheia a esquemas psicológicos-ideológicos, passa a dividir a rua com outros donos, entre eles leitores, personagens e profissionais criativos. Negros.

ENTREVISTA COM A MAURICIO DE SOUSA PRODUÇÕES

ENTREVISTA REALIZADA VIA E-MAIL POR ESTE AUTOR COM A MAURICIO DE SOUSA PRODUÇÕES (MSP) EM 6 DE ABRIL DE 2022.

1. **Mauricio de Sousa menciona em sua biografia (2017) a existência de um manual de restrições, que determina o que pode ou não aparecer nas revistas. Através de que plataformas ele é disponibilizado para os profissionais da MSP? Esse formato passou por alterações ao longo das décadas?**

Na MSP, todos os funcionários se comprometem com o Código de Ética e Conduta da empresa, que repudia todo tipo de preconceito e reitera nosso compromisso com o respeito à diversidade. O Código está disponível no Portal MSP, de acesso exclusivo aos colaboradores.

Os valores da MSP, que constam do código, são: 1. Honestidade & Ética: primeira virtude do Grupo MSP; 2. Comprometimento em todas as atividades que desempenhamos; 3. Diversidade & Inclusão: valorizamos as diferenças, com oportunidades iguais para todos.

Esses valores se refletem no universo do bairro do Limoeiro, criado por Mauricio de Sousa, há mais de 60 anos, e para garantir que as diretrizes da empresa, que fazem parte de sua história e estão expressas no código, sejam cumpridas, foi criado um canal de ouvidoria terceirizado e sigiloso, que pode ser acionado caso se verifique qualquer conduta que não atente para as boas práticas de conduta da empresa.

A empresa dispõe do programa MSP Diversidade e Inclusão, que surgiu com a intenção de apoiar e respeitar as diferenças, pois, assim, a organização se torna mais acolhedora e estimulante para todos, sempre com a preocupação de garantir as condições de acessibilidade.

Também dispomos do *Manual dos Bons Costumes do Limoeiro* para orientar as empresas parceiras sobre a utilização de nossos personagens. Além das normas de autorregulamentação do Conselho Nacional de Autorregulamentação Publicitária (Conar), o manual traz normas específicas da MSP para esse uso. O Manual está em fase de atualização e ainda não traz regras específicas sobre a questão da diversidade, mas todas as embalagens e campanhas devem passar pela aprovação da MSP. Analisamos as comunicações e fazemos recomendações para que as peças retratem a diversidade de nosso país. Jeremias tem ganhado cada vez mais espaço nas ações de comunicação e, com a criação da personagem Milena e sua família, essa diversidade tem se ampliado ainda mais.

2. **Esse manual é confidencial ou pode ser acessado pelos leitores?**

O Código de Ética é divulgado internamente e faz parte dos contratos estabelecidos com os diversos parceiros de negócio (licenciados, fornecedores, consultorias contratadas, prestadores de serviço etc.). O *Manual dos Bons Costumes do Limoeiro* integra os contratos de licenciamento.

3. **Esse material sofre alterações recorrentes, segundo o próprio Mauricio (2017). Existe uma padronização nessas revisões? Que tipos de influência recebem? São feitas em conjunto com roteiristas e desenhistas?**

Dentro das ações de Diversidade e Inclusão, recentemente foi formado um Comitê de Diversidade na MSP, que está iniciando seus trabalhos e tem, entre suas metas, contribuir com a redação da política de diversidade da empresa e a elaboração e atualização de manuais. Todo material orientativo desenvolvido no âmbito do comitê passará pela aprovação da direção e será amplamente divulgado a desenhistas e roteiristas, que passam por treinamentos constantes de atualização. Nos últimos anos, tivemos oficinais, dinâmicas e palestras sobre a temática étnico-racial, inclusão de pessoa com deficiência, equidade de gênero, entre outras.

O Departamento de Comunicação Integrada revisa todos os roteiros, não apenas do ponto de vista de correção ortográfica e gramatical, mas também em relação à adequação das mensagens passadas pelas histórias. No caso de publicações históricas, como as lançadas recentemente, "Horácio Completo" (Pipoca & Nanquim) e "Biblioteca Mauricio de Sousa" (Panini), o material é publicado na íntegra, justamente por seu valor histórico. No entanto no expediente há um aviso de que as obras foram produzidas em outras épocas, em que, infelizmente, alguns preconceitos eram considerados "aceitáveis". Nesses casos, seguindo as orientações de especialistas, ainda inserimos notas de rodapé esmiuçando o problema e reiteramos que as publicações da MSP não utilizam mais tais situações ou falas.

4. **Existe uma preocupação do estúdio relativa à contratação de profissionais que representam grupos historicamente discriminados em sociedade?**

Temos nos preocupado cada vez mais em ter profissionais que representem a diversidade da sociedade brasileira, além de contar com colaboradores que também trazem a visão de grupos minorizados, enquanto ainda avançamos nesse processo. Os autores das *graphic novels Jeremias – Pele* e *Jeremias – Alma*, Rafael Calça e Jefferson Costa, têm nos auxiliado muito nesse processo, entre outros consultores/colaboradores.

Na MSP, a diversidade está presente no dia a dia e investimos também em palestras, oficinas e rodas de conversa para compartilhamento de conhecimentos sobre a temática de raça, igualdade de gênero, LGBTQIA+ e PcD, entre outras, divulgando para a equipe as datas relevantes para os respectivos temas.

Entre os temas abordados estão a conscientização sobre síndrome de Down, com o apoio da Associação para o Desenvolvimento Integral do Down (Adid); aspectos relacionados às pessoas com deficiência visual, com a Fundação Dorina Nowill e palestras com a Associação Desportiva para Deficientes (ADD), inclusive com participação de Jairo Marques, colunista da *Folha de S. Paulo*, que colaborou com argumentos para histórias do personagem cadeirante Luca. O desenhista Rodrigo Tramonte, que faz parte do espectro do autismo, colabora com roteiros para o personagem André. Com a constituição do Comitê de Diversidade, a intenção é estabelecer outras políticas nesse sentido.

A empresa realizou estudos e se aprofundou no conteúdo étnico-racial para a concepção da personagem Milena, lançada em 2017, realizando palestras e conversas internas com a participação da executiva, comunicadora e ex-consulesa da França Alexandra Loras; a jornalista, empreendedora e criadora de conteúdo Monique Evelle e a *youtuber* Nátaly Neri, do canal Afros e Afins, por exemplo. Recentemente, Benilda Brito, pedagoga, mestre em Gestão Social/Administração pela Universidade Federal da Bahia (Ufba), com pós-graduação em Psicopedagogia e Recursos Públicos, ativista dos movimentos feminista e negro desde a década de 1980 e participante do N´zinga – Coletivo de Mulheres Negras de Belo Horizonte, além de consultora da ONU Mulheres, ministrou palestra sobre enfrentamento aos racismos.

Dione Nogueira, mulher negra, psicóloga, tecnóloga em marketing, que trabalhou com inclusão e orientação profissional de pessoas com deficiência na área de empregabilidade da Fundação Dorina Nowill, com destaque para o programa Embaixadores da Diversidade, colaborou em rodas de conversas com os roteiristas da MSP.

Foram feitas pesquisas e estudos a respeito dos indígenas (povos originários brasileiros), com ações que envolveram, entre outros consultores, a ONG Autonomia e Katu Mirim, indígena do povo Boe Bororo, rapper, cantora, compositora, atriz, ativista e fundadora do coletivo Tibira, cujas letras discutem pela óptica indígena a demarcação de terras, o resgate da ancestralidade, o indígena no contexto urbano, o uso indiscriminado de sua cultura e a forma como é tratado no Brasil, em especial o grupo indígena LGBTQIA+ no Brasil.

A Mauricio de Sousa Produções já desenvolveu conteúdos em conjunto com o Comitê Paralímpico Brasileiro (cobertura da paralimpíada de Tóquio); Graacc[54] Fundação Síndrome de Down. Em conjunto com a PUC-Campinas e a Fundação, foi desenvolvido guia de cuidados contra a Covid-19[55] e Amigos da Vida, ONG de referência no atendimento às pessoas que vivem com HIV/Aids no Brasil (revista *Amiguinhos da Vida*, para a qual foram criados os personagens Igor e Vitória, que nasceram com HIV/Aids. O projeto visa a leitura e o diálogo entre pais e filhos buscando o combate à desinformação e ao preconceito, bem como a convivência harmoniosa entre crianças sorodiscordantes).

O Instituto Mauricio de Sousa desenvolveu diversos conteúdos em parceria com organizações como Fundação Dorina Nowill para Cegos, Instituto MetaSocial (ligado às pessoas com síndrome de Down); Revista *Autismo*, Centro Neuro Days e Matraquinha (ligados às pessoas que fazem parte do espectro do autismo); Associação Brasileira de Linfoma e Leucemia (Abrale) e Associação Desportiva para Deficientes (ADD), além de apoiar a campanha Lacre Solidário, que arrecada lacres para contribuir com a doação de cadeiras de rodas[56].

A Mauricio de Sousa Produções foi uma das pioneiras a disponibilizar seu conteúdo de animação acompanhado de audiodescrição e tradução em Libras, inicialmente em DVD, na série Cinegibi, e depois no seu canal no YouTube. Os episódios com tradução em Libras possuem uma intérprete

---

[54] Os personagens participaram da campanha Carequinhas. Disponível em: http://www.carequinhas.com.br/. Acesso em: 6 abr. 2022.

[55] Disponível em: https://turmadamonica.uol.com.br/juntoscontraocoronavirus/downloads/cartilha_coronavirus_10.pdf. Acesso em: 6 abr. 2022.

[56] Mais informações em: http://www.institutomauriciodesousa.org.br/. Acesso em: 6 abr. 2022.

que se integra à cena original do vídeo. Já os desenhos animados com audiodescrição contam com uma narração descritiva das cenas. No YouTube as animações também têm legendas inseridas manualmente pela empresa, que podem ser ativadas pela ferramenta do YouTube, para garantir o acesso também aos surdos oralizados[57].

Ter pessoas com deficiência permite que a empresa se torne mais plural e democrática, gerando de fato a inclusão no mercado de trabalho. Além disso, diferentes perfis são necessários para que o time da empresa tenha representatividade compatível com a diversidade da população e da força de trabalho. O resultado dessa mistura traz benefícios para a organização e para os colaboradores.

Acreditamos que a prática da diversidade e inclusão contribui com a criatividade organizacional e inovação, pois em um ambiente mais diverso há um grande potencial de inovação, uma vez que distintas perspectivas contribuem para encontrar soluções criativas coletivamente. A pluralidade na equipe é fundamental para permitir tomar decisões e encontrar as melhores soluções. A relação com o público externo, dessa forma, também é beneficiada, permitindo uma representatividade no conteúdo mais adequada, efetiva e humanizada. Valorizar a diversidade e a inclusão contribui para uma percepção positiva por parte de nossos fãs e contribui com a atração e retenção de talentos. A MSP tem nos seus colaboradores um valor essencial para a sustentabilidade do negócio.

Por meio do programa de jovens aprendizes, a empresa tem priorizado a contratação de funcionários pertencentes a grupos sociais minorizados. Além disso, a empresa conta com o trabalho de pessoas representativas destes grupos, com destaque para negros, LGBTQIA+ e com deficiência, com ações afirmativas para ampliar a presença, tornando o ambiente de trabalho ainda mais diverso e inclusivo.

5. **Sousa também afirma (2017) que suas personagens, mesmo quando adolescentes, não levantam bandeiras, a exemplo da causa LGBTQIA+. Que tipo de restrições e permissões formais existem quanto a isso? E como essas decisões são tomadas?**

Há 62 anos, nossas histórias vêm se transformando e incorporando temas que fazem parte da sociedade brasileira. A criação de personagens

[57] Playlist de vídeos com Libras disponível em: https://www.youtube.com/playlist?list=PLWduEF1R_tVaFP-VSOPX-c1A6_Ge91IoQK. Playlist de vídeos com Audiodescrição disponível em: https://www.youtube.com/playlist?list=PLWduEF1R_tVZlO-3FBtQRJgyoWLc1pXek. Acesso em: 6 abr. 2022.

é um processo complexo, que envolve várias equipes e muito cuidado. A MSP conversa com quatro gerações de fãs, adequando seus conteúdos a cada faixa etária, sempre com muito cuidado e responsabilidade. A temática LGBTQIA+ já foi tratada, por exemplo, na *graphic novel* "Tina – Respeito", de autoria de Fefê Torquato, destinada ao público jovem adulto, que teve como tema central o assédio no ambiente de trabalho. Uma das amigas de Tina na história é lésbica. Estamos num constante aprendizado, diariamente discutimos o assunto e pretendemos sempre evoluir.

6. **A Turma da Mônica Jovem passou por uma reformulação em 2021, com mudanças estéticas e narrativas. Além da introdução da Milena, os fãs identificaram uma presença mais acentuada de figurantes negros e a abordagem de temáticas como assédio e alcoolismo. Os pontos mencionados já eram considerados antes ou dependiam da visão de cada profissional do estúdio? Existe uma preocupação quanto à construção e desconstrução de estereótipos?**

Jeremias foi um dos primeiros personagens criados por Mauricio de Sousa, ainda nos anos 1960. Também fizeram parte das histórias de Mauricio de Sousa, personagens ligados ao universo do futebol, como Pelezinho e sua turma, baseado nas histórias de infância do rei Pelé, Ronaldinho Gaúcho e Neymar Jr.

O surgimento da personagem Milena possibilitou um aumento da representatividade, que já vinha ganhando espaço com a ampliação do protagonismo de Jeremias nos últimos anos. Com todo o processo pelo qual passamos até chegarmos à criação de Milena, bem como com os aprendizados que tivemos com as *graphic novels* protagonizadas pelo personagem Jeremias, houve uma orientação da direção do estúdio para que se procurasse retratar mais e mais a diversidade de nossa sociedade. Sobre as novas temáticas, pesquisas internas mostraram que o público adolescente gosta de ver sua realidade retratada nas histórias, por isso alguns temas novos têm surgido, sempre levando em conta os cuidados necessários. Já retratamos o tema do assédio envolvendo bebidas suspeitas, mas não o alcoolismo. Em projeto institucional realizado em parceria com a Ambev, abordamos a prevenção ao consumo precoce do álcool.

A *Turma da Mônica Jovem – Terceira Série* traz uma atualização para que a revista represente os dilemas da geração atual de adolescentes da maneira que esse público quer e que se sinta devidamente contemplado.

Os pontos mencionados fazem parte dessa nova fase da revista e, portanto, não depende apenas da visão de cada profissional. No entanto, pontos de vistas diferentes, trazidos pelos vários profissionais, são considerados na elaboração das histórias. Cada geração de adolescentes tem suas características peculiares. Por isso, é importante abordar essas características como reconhecíveis e desconstruir estereótipos.

Em 2016, a Mauricio de Sousa Produções tornou-se signatária dos Princípios de Empoderamento das Mulheres da ONU — uma iniciativa da ONU Mulheres e do Pacto Global, que orienta o setor privado na promoção da Igualdade de Gênero no ambiente de trabalho, mercado e comunidade. Internamente, a empresa desenvolve atividades voltadas para a formação dos colaboradores dentro deste contexto, ampliando repertório e dando oportunidade de desenvolvimento profissional para as mulheres.

Como parte do seu compromisso com a defesa da igualdade de gênero, a MSP lançou em 2016 o projeto Donas da Rua[58]. Entre os pilares do projeto, está contribuir com construção de relações mais igualitárias e respeitosas entre meninos e meninas e mostrar exemplos de mulheres que fizeram história em áreas como arte, esportes e ciências, inspirando as meninas e meninos. Entre os conteúdos produzidos pela MSP, em 2018 foram desenvolvidas tirinhas tendo como tema valores como empoderamento, colaboração, respeito às diferenças, representatividade e como meninas e meninos podem se apoiar, dentro do projeto Construindo Novas Histórias para Meninos e Meninas em parceria com o Instituto Avon e a ONU Mulheres. Em 2020, a Secretaria de Segurança Pública do Distrito Federal (SSP/DF), em parceria com a Secretaria de Educação do DF (SEE/DF), o Programa das Nações Unidas para o Desenvolvimento (Pnud) e a ONU Mulheres, lançou vídeos de animação com a Turma da Mônica tendo como temática a construção de relações saudáveis e respeitosas e o combate à violência contra a mulher. As animações contam com versão com audiodescrição, legendas descritivas e Libras[59], apenas para citar alguns exemplos.

A questão da diversidade faz parte da obra de Mauricio de Sousa desde o início. Mauricio cresceu num ambiente diverso e trouxe isso para suas histórias. Consideramos a diversidade e a inclusão, que fazem parte dos

[58] Mais informações em: https://turmadamonica.uol.com.br/donasdarua/. Acesso em 6 abr. 2022.

[59] Mais informações em: http://www.ssp.df.gov.br/ssp-df-lanca-animacoes-com-a-turma-da-monica-para-prevenir-violencia-contra-a-mulher/. Acesso em 6 abr. 2022.

valores da empresa, parte fundamental da sociedade e queremos refleti-la cada vez mais em nossos conteúdos.

7. **Como a crescente automatização das técnicas de produção criativa na Mauricio de Sousa Produções, a exemplo do uso de softwares de edição gráfica, influenciou na evolução dos valores estéticos e morais da Turma da Mônica?**

Softwares de edição gráfica são ferramentas que estão à disposição da criatividade e do domínio técnico de cada artista. Passamos de um estúdio "analógico" para um estúdio "digital", mas sem nos afastarmos das raízes da arte mauriciana. O fato de o estúdio estar adaptado ao uso das novas tecnologias possibilitou que seguíssemos produzindo durante a pandemia, com a empresa em *home office*. Temos também artistas que usam papel, lápis e nanquim.

Os valores da Turma são os que seguimos como empresa, inclusive descritos no Código de Ética. Valores estéticos foram estabelecidos por Mauricio de Sousa e continuam sendo seguidos até hoje, sendo atualizados de tempos em tempos com a participação dele.

Em relação ao conteúdo, a Turminha quase não usa celular. Notamos que é importante valorizar o contato direto entre as crianças, algo que anda escasso num mundo cada vez mais digital, agravado pelo isolamento social durante a pandemia. Talvez por isso o Chico Bento, que vive em uma fazenda, seja um dos mais lidos da Turminha.

8. **Nas redes sociais é possível identificar opiniões controversas sobre o avanço do dito "politicamente correto" nas revistas atuais. Como buscam se adequar a esses valores sem perder a essência das personagens? Ele seria um limitador criativo na qualidade das histórias?**

Os personagens e as histórias continuam a refletir os valores que norteiam a MSP desde os anos 1960: respeito, amizade, inclusão. A sociedade evolui, e as histórias acompanham essa evolução. Cebolinha não escreve mais diretamente nas paredes (ele cola papéis nelas para fazer seus desenhos), Cascão não brinca no lixo e Chico Bento não solta mais balões, inclusive é embaixador do WWF-Brasil, contribuindo com mensagens de proteção ao ambiente. Nos anos 1960, quando a Mônica surgiu numa tirinha do Cebolinha no jornal *Folha de S. Paulo*, logo foi adotada pelo público porque surgiu num momento em que as mulheres começavam a conquistar mais espaço no mercado de trabalho e a ter sua voz ouvida. Acreditamos que um processo parecido está se dando com a Milena. Com o projeto Donas da Rua, de empoderamento das meninas, apoiado pela ONU Mulheres, a empresa se tornou signatária dos WEPs, princípios de empoderamento das mulheres, plataforma da ONU Mulheres e do Pacto Global. Uma das providências que tomamos foi tirar os aventais das mães da Turma. As personagens foram criadas numa época em que a maior parte das mulheres era dona de casa. Hoje, os pais da Turma são vistos cuidando de afazeres domésticos também, como acontece na casa das famílias brasileiras, e as mães são retratadas exercendo atividades profissionais. Há dois anos lançamos um projeto em parceria com o Sebrae Delas para incentivar características empreendedoras desde cedo. Em 2022, o projeto entrou numa segunda fase, em que as personagens adultas da turma são mostradas como donas de seus próprios negócios. São histórias publicadas em nossos gibis e redes sociais com um *QR code* que leva para o conteúdo do Sebrae com dicas para quem quer empreender em setores como games, moda, alimentação, inspirando mães e filhas. Há muitos anos, meninos e meninas são retratados praticando esportes, e isso apenas se intensificou. Acreditamos que isso amplia as possibilidades criativas.

Entendemos que o que muitos chamam de "politicamente correto" é um conjunto de ações que visam não ofender, excluir ou marginalizar grupos historicamente discriminados. Basicamente, é fazer com que se cumpra a nossa Constituição e não faltar com a boa educação.

9. **De que modo os cuidados com o "politicamente correto" influenciam na idealização de novos projetos editoriais como *Graphic MSP* e *Geração 12*?**

As histórias da MSP sempre refletiram o mundo à nossa volta. Dessa forma, é natural que a empresa passe, por meio de seus produtos, a focar em diversos temas. Tudo com muita responsabilidade e cuidado, estudando bem as faixas etárias de cada produto. A missão e os valores da MSP são o que norteiam projetos como a *Turma da Mônica: Geração 12*, assim como todas as outras histórias criadas em nossos estúdios, somados às ações de diversidade e inclusão, formam a base para que os criativos possam elaborar histórias que se comunicam adequadamente com os diversos públicos que entram em contato com as revistas. Então, as mudanças na sociedade e no mundo refletem mais no momento de elaborar uma trama do que eventuais debates sobre o "politicamente correto" nas redes sociais.

10. **Acredita que a maior representatividade negra nas histórias da atualidade está, de alguma forma, atrelada à evolução do que chamamos de "politicamente correto" ou são transformações completamente distintas? Uma influencia a outra?**

Um dos primeiros personagens de Mauricio de Sousa, antes mesmo da criação da Mônica, foi Jeremias, um menino negro, que vem ganhando mais protagonismo nos últimos anos. Recentemente, o personagem foi retratado em duas *graphic novels*, *Jeremias – Pele* e *Jeremias – Alma*, uma releitura do personagem de Mauricio de Sousa feita pelos artistas negros Rafael Calça e Jefferson Costa, sendo que a primeira foi agraciada com o Prêmio Jabuti.

Percebemos todos os dias como é importante as crianças terem personagens com que se identificar. Em 2017 foi lançada a Milena, uma garotinha negra empoderada e sua família. A estreia aconteceu na Corrida Donas da Rua no Parque Ibirapuera, em São Paulo. A personagem foi lançada no formato ao vivo antes mesmo de entrar nas HQs. Meninas negras apontavam a personagem e diziam: "olha, ela é igualzinha a mim!".

Vários estudos mostram a importância dos personagens para as crianças. Se elas precisam fazer uma tarefa da escola, por exemplo, e se vestem como seu herói favorito, elas persistem mais. Por outro lado, sabemos que as meninas, aos seis anos, começam a identificar os protagonistas das histórias como meninos e não meninas. Por isso a importância de uma personagem forte como a Mônica, mas também como a Milena, a Rosinha ou a Tati, todas parte do projeto Donas da Rua.

Em certo momento, Mauricio percebeu que faltavam crianças com deficiência, que também fizeram parte da infância dele, e criou o Luca, que é cadeirante, e Dorinha, personagem cega inspirada em Dorina Nowill. Vieram também a Tati, personagem com síndrome de Down inspirada em Tathi Piancastelli, hoje atriz e autora teatral, e André, o garotinho que faz parte do espectro do autismo. Inicialmente esses personagens eram ligados a projetos institucionais, mas depois passaram a integrar as histórias de linha.

Sobre a decisão de inserir esses personagens nos gibis e demais conteúdos, Mauricio de Sousa diz que é importante contribuir para ensinar a garotada a entender e a lidar com mais simplicidade com as diferenças.

Muito obrigado pela atenção.

GALERIA

Estudante do curso de Publicidade e Propaganda da Unicap realiza visita a Mauricio de Sousa Produções, em São Paulo[60]

Publicado por Katharina Barboza da Cruz em 31 de outubro de 2018

O estudante do curso de Publicidade e Propaganda da Universidade Católica de Pernambuco, Rodrigo Paiva, realizou uma visita a Mauricio de Sousa Produções, em São Paulo. Para Rodrigo, sempre foi um sonho como leitor e fã da Turma da Mônica de Maurício de Souza conhecer o seu estúdio. Quando ele soube que o estúdio estava aberto para visitações não pensou duas vezes. "Hoje essa experiência transcende esse sonho, já que é também um aprendizado profissional. Lá é como se fosse a agência mais colorida do mundo, com uma rica área de comunicação e produção cultural que, não sem motivo, domina o mercado infantil no Brasil", contou

[60] Reprodução de matéria publicada no site da Universidade Católica de Pernambuco (Unicap) em 31 de outubro de 2018.

o estudante. Rodrigo, que está no 8ª período do curso, tem como tema da monografia "A história de Pantera Negra: a relevância social e comercial da representatividade étnica na atual indústria cinematográfica e na sua publicidade". Ele conta que a visita ao estúdio também contribuiu para o capítulo 4.1 do seu Trabalho de Conclusão de Curso (TCC), que se refere à presença negra nas histórias em quadrinhos.

"No meu projeto de conclusão de curso, que se encontra em produção, disserto sobre a relevância da representatividade negra na produção cultural contemporânea, utilizando o filme *Pantera Negra* como objeto de estudo. Orientado pelo professor Leonardo Falcão, abordo como um dos temas mais legais uma pesquisa sobre a representatividade negra nas histórias em quadrinhos, o que inclui personagens como Pelezinho e Jeremias, de Mauricio de Sousa. Na visitação eu pude me encontrar com o autor e ídolo, além de conversar diretamente com o roteirista Flávio Teixeira, um dos mais conceituados do estúdio, sobre a minha monografia. Pude compreender com mais detalhes sobre a construção gráfica do personagem Pelezinho, tal como suas mudanças estéticas ao longo das décadas de trabalho do estúdio. Fiz questão de referenciar a experiência no projeto", relatou Rodrigo Paiva que ganhou o Expocom na categoria de Games com o trabalho "Cobaia", durante o 41º Congresso Brasileiro de Ciências da Comunicação – Intercom 2018.

Figura 130 – Mauricio de Sousa e autor, na CCXP Tour Nordeste (2017)

Fonte: o autor (2017)

Figura 131 – Mauricio de Sousa e autor, na CCXP Tour Nordeste (2017)

Fonte: Mauricio de Sousa Produções (2017)

Figura 132 – Registro da defesa do trabalho "Panther is the New Black" (Unicap, 2018)

Fonte: o autor (2022)

REFERÊNCIAS

A 13ª Emenda. Direção: Ava DuVernay. Produção: Howard Barish; Ava DuVernay e Spencer Averick. Roteiro: Ava DuVernay; Spencer Averick. Música: Jason Moran. Estados Unidos: Netflix, 2016. Color, 100 min.

ABREU, Emerson. **Antes tarde do que nunca...** 2009. Disponível em: http://emersonabreu.blogspot.com/2009/01/antes-tarde-do-que-nunca.html. Acesso em: 30 maio 2020.

ABREU, Emerson. **O mito da criatividade**. 2010. Disponível em: http://emersonabreu.blogspot.com/2010/03/o-mito-da-criatividade.html. Acesso em: 30 maio 2020.

ACEVEDO, Juan Miguel. **Como fazer histórias em quadrinhos**: contato imediato. São Paulo: Global Editora, 1990.

AFREAKA, Kauê Vieira do. Dreadlocks: estilo, negritude e História reunidos em um penteado milenar. **Geledés**, 3 ago. 2015. Disponível em: https://www.geledes.org.br/dreadlocks-estilo-negritude-e-historia-reunidos-em-um-penteado-milenar/. Acesso em: 3 jun. 2021.

AGOSTINHO, Elbert. Que negro é esse nas histórias em quadrinhos? Uma análise sobre Jeremias de Maurício de Sousa. *In*: JORNADAS INTERNACIONAIS DE HISTÓRIAS EM QUADRINHOS, 5., 2018, São Paulo. **Anais...** Escola de Comunicação e Artes da USP. São Paulo, 2018. Disponível em: http://www2.eca.usp.br/anais2ajornada/anais5asjornadas/q_historia/elbert_agostinho.pdf. Acesso em: 20 jun. 2020.

AGOSTINHO, Elbert. **Negritude, Poderes e Heroísmos**: estudos sobre representações e imaginários nas histórias em quadrinhos. Rio de Janeiro: Editora Conexão 7, 2021.

AGUIAR, Ana. 2020. **Banca de Quadrinistas 2020 | Quadrinhos**: o digital e os tempos de pandemia. Disponível em: https://www.itaucultural.org.br/secoes/noticias/quadrinhos-digital-tempos-pandemia. Acesso em: 21 abr. 2020.

AKOTIRENE, Carla. **Interseccionalidade**. São Paulo: Pólen Produção Editorial, 2019.

ALBUQUERQUE, Luciana Catalão. **As construções das representações sociais de gênero e raça na literatura infantil**. 2015. Trabalho de Conclusão de Curso (Especialização em Processos de Diversidade) – Universidade Federal de Minas Gerais, Belo Horizonte, 2015. Disponível em: https://repositorio.ufmg.br/bitstream/1843/BUOS-ADSKGE/1/luciana_catal_o_de_albuquerque.pdf. Acesso em 31 mar. 2023.

ALMEIDA, Laura Coelho de *et al*. A imersão de novos autores no mercado literário a partir da escrita de fanfictions e o reflexo da demanda de diferentes gêneros entre os jovens: uma análise do site spirit fanfics. **Linguagens & Cidadania**, Santa Maria, RS, v. 20, 2018.

ALMEIDA, Mirianne Santos de; MESQUITA de, Ilka Miglio. Identidade negra, educação e práticas de resistência: uma leitura decolonial num quilombo urbano. **Revista Perspectiva**, Florianópolis, v. 37, n. 2, 2019. Disponível em: https://periodicos.ufsc.br/index.php/perspectiva/article/view/2175-795X.2019.e52939/pdf. Acesso em: 2 abr. 2021.

ALVES, Mônica Carolina Ferreira. **Reflexão sobre uma primeira prática docente de uma licencianda negra**: a temática do racismo no ensino de línguas adicionais. 2018. Disponível em: https://dspace.unipampa.edu.br/bitstream/riu/4619/1/tcc_monicaalves.pdf. Acesso em: 21 abr. 2022.

AMAZON. **Nico Demo**: o rei da travessura: 1268 Livro de bolso – 1 fevereiro 2018. [2019?]. Disponível em: https://www.amazon.com.br/Nico-Demo-rei-travessura-1268/dp/8525436518. Acesso em: 21 abr. 2022.

AMAZON. **Jeremias**: Alma (Capa Dura): Graphic MSP Vol. 29. [2021?]. Disponível em: https://www.amazon.com.br/Graphic-Msp-Jeremias-Rafael-Cal%C3%A7a/dp/6555126450. Acesso em: 22 abr. 2022.

A MÔNICA diz 'Meu corpo, minhas regras' em quadrinho e pessoas acham que roteirista estava fazendo 'apologia ao aborto'. **Geledés**, 3 jul. 2016. Disponível em: https://www.geledes.org.br/monica-diz-meu-corpo-minhas-regras-em-quadrinho-e-pessoas-acham-que-roteirista-estava-fazendo-apologia-ao-aborto/. Acesso em: 4 ago. 2021.

ANDRADE, Jonas di. Eu sempre me questionei porque o Cascão, dentre todos da turma da Mônica [...]. Twitter: @onasdiandrade. Disponível em: https://twitter.com/jonasdiandrade/status/1290077604691636224. Acesso em 30 mar. 2023.

AQUINO JR., Plinio Thomaz; FILGUEIRAS, Lucia Vilela Leite. A expressão da diversidade de usuários no projeto de interação com padrões e personas. *In:* VIII BRAZILIAN SYMPOSIUM ON HUMAN FACTORS IN COMPUTING SYSTEMS. **Proceedings** [...]. 2008. p. 1-10.

ARAUJO, Henrique Rossatto *et al.* A influência da tecnologia nos quadrinhos de Mauricio de Sousa. **Cadernos UniFOA**, v. 9, n. 1 (Esp.), p. 15-25, 2014.

ARKADE. **CCXP 2018**: Jeremias ganha linha exclusiva em parceria com o Emicida. 2018. Disponível em: https://www.arkade.com.br/ccxp-2018-jeremias-ganha-linha-exclusiva-parceria-emicida/. Acesso em: 17 abr. 2022.

ARTISTAS mulheres reinterpretam a Turma da Mônica. **Catraca Livre**, 13 mar. 2017. Disponível em: catracalivre.com.br/quem-inova/artistas-mulheres-reinterpretam-turma-da-monica/. Acesso em: 16 abr. 2022.

AS AVENTURAS de Nhô-Quim ou Impressões de uma Viagem à Corte. **Nação HQ**, 2006. Disponível em: https://nacao.net/2006/01/30/as-aventura-de-nho-quim-ou-impressoes-de-uma-viagem-a-corte/. Acesso em: 15 abr. 2020.

ÁUDIO: Mauricio de Sousa fala sobre Milena, personagem negra da Turma do Mônica. **GZH Livros**, 27 dez. 2017. Disponível em: https://gauchazh.clicrbs.com.br/cultura-e-lazer/livros/noticia/2017/12/audio-mauricio-de-sousa-fala-sobre-milena-personagem-negra-da-turma-do-monica-cjbpcawjh03l601p92mxbbijc.html. Acesso em: 17 abr. 2018.

AVILA, Gabriel. Chico Bento da Turma da Mônica vai ganhar filme em 2023. **Jovem Nerd**, 24 jan. 2022. Disponível em: https://jovemnerd.com.br/nerdbunker/chico-bento-turma-da-monica-vai-ganhar-filme/. Acesso em: 21 abr. 2022.

AZEVEDO, Marcio Adriano de; SILVA, Cybelle Dutra da; MEDEIROS, Dayvyd Lavaniery Marques. Educação Profissional e Currículo Integrado para o Ensino Médio: elementos necessários ao protagonismo juvenil. **Holos**, Natal, RN, v. 4, p. 77-88, 2015.

BACK, Paulo. **Revista da Mônica**. [2008?]. Disponível em: http://www.getback.com.br/Monica/index2.htm. Acesso em: 9 jan. 2021.

BALATTINI, Rafael; VALENTE, Rafael. Há 40 anos, histórias em quadrinhos ganhavam 'Pelezinho'; mas rei do futebol queria que personagem fosse o 'Pelezão'. **ESPN**, 2017. Disponível em: http://www.espn.com.br/noticia/716972_ha-40-anos-historias-em-quadrinhos-ganhavam-pelezinho-mas-rei-do-futebol-queria--que-personagem-fosse-o-pelezao. Acesso em: 16 abr. 2022.

BARBOZA, Francineuza de Assis; LIMA, Francisca Jamires Mendes de Carvalho. **Pesquisas em análise do discurso, multimodalidade & ensino**: debates teóricos e metodológicos. Volume 1. São Carlos: Pedro & João Editores, 2020. 287p. Disponível em: https://pedroejoaoeditores.com.br/2022/wp-content/uploads/2022/01/e-book-1-vol-1.pdf#page=88. Acesso em: 30 mar. 2023.

BARI, Valéria Aparecida. Maurício de Souza: criador de leitores. **Conhecimento Prático**: Língua Portuguesa, 2017. v. 8, n. 67, p. 24-33.

BARROS, Jéssica Ibrahin de; SILVA, Juliano Mendonça Domingues da. Das Indústrias Criativas às Cidades Inteligentes: uma revisão conceitual. **Portal Intercom**, 2018. Disponível em: https://portalintercom.org.br/anais/nordeste2018/resumos/R62-0028-1.pdf. Acesso em: 21 abr. 2022.

BARTHES, Roland. **Análise estrutural da narrativa**: pesquisas semiológicas. 1. ed. Petrópolis: Vozes, 1977.

BARTHES, Roland. **Elementos de semiologia**. 14. ed. São Paulo: Cultrix, 2001.

BATISTA, Katiana de Jesus Almeida. **Os discursos em circulação nas histórias em quadrinhos de Maurício de Sousa**. 2014. Disponível em: https://ri.ufs.br/bitstream/riufs/5774/1/KATIANA_JESUS_ALMEIDA_BATISTA.pdf. Acesso em: 21 abr. 2022.

BATISTA, Paulo César De Sousa *et al.* A propriedade intelectual na indústria de quadrinhos do Ceará. **Base Revista de Administração e Contabilidade da Unisinos**, v. 7, n. 1, p. 14-24, 2010.

BENDASSOLLI, Pedro Fernando. *et al.* Indústrias criativas: definição, limites e possibilidades. **Revista de Administração de Empresas**, v. 49, n. 1, p. 10-18, 2009.

BERTH, Joice. **Empoderamento**. São Paulo: Pólen Produção Editorial, 2019.

BEZERRA, Cláudio; DE PAIVA, Rodrigo Sérgio Ferreira; BRITO, Dario. Da animação para o live-action: a evolução da metalinguagem no universo audiovisual da Turma da Mônica. **Comunicação & Informação**, v. 23, 2020.

BIOS: Mauricio de Sousa. Direção: Leo López. Produção de Pablo Culell. Brasil: National Geographic Latinoamérica, 2021. Disney Plus.

BOCCA, Sofia. **Turma da Mônica**: caráter utilitário ou estético?. 2015. 71 f. Trabalho de Conclusão de Curso (Graduação em Letras) – Universidade Tecnológica Federal do Paraná, Curitiba, 2015. Disponível em: http://repositorio.utfpr.edu.br/jspui/handle/1/8914. Acesso em: 31 mar. 2023.

BONIFÁCIO, Maria Iracilda Gomes Cavalcante; DE LIMA, Reginâmio Bonifácio; MELO de Souza, Dislan José. As histórias em quadrinhos do multiverso Marvel na formação de jovens leitores. **South American Journal of Basic Education, Technical and Technological**, v. 6, n. 1, 2019.

BOURDIEU, Pierre. **O poder simbólico**. 2. ed. Rio de Janeiro: Bertrand Brasil, 1998.

BOURDIEU, Pierre; MICELI, Sérgio. **A economia das trocas simbólicas**. 5. ed. São Paulo: Perspectiva, 2004.

BOURROUL, Beatriz. Emilly Nayara celebra papel em 'Turma da Mônica' e representatividade: "Somos parecidas em tudo". **Revista Quem**, 16 jan. 2012. Disponível em: https://revistaquem.globo.com/Entrevista/noticia/2022/01/emilly-nayara-celebra-papel-em-turma-da-monica-e-representatividade-somos-parecidas-em-tudo.html. Acesso em: 17 abr. 2022.

BOURROUL, Beatriz. Mônica Sousa: "Só servi de inspiração para a Mônica. Não sou ela". **Revista Quem**, 1 mar. 2013. Disponível em: https://revistaquem.globo.com/Popquem/noticia/2013/03/monica-sousa-so-servi-de-inspiracao-para-monica-nao-sou-ela.html. Acesso em: 15 abr. 2022.

BOX OFFICE MOJO. **Monica and Friends**: bonds. [2019?]. Disponível em: https://www.boxofficemojo.com/release/rl100828417/weekend/. Acesso em: 15 abr. 2022.

CABRAL, João. **Conceito de Indústria Cultural em Adorno e Horkheimer**. Disponível em: https://brasilescola.uol.com.br/cultura/industria-cultural.htm. Acesso em: 18 nov. 2018.

CALÇA, Rafael; COSTA, Jefferson. **Graphic Msp – Jeremias**: Pele. São Paulo: Panini Brasil, 2018.

CALÇA, Rafael; COSTA, Jefferson. **Graphic Msp – Jeremias**: Alma. São Paulo: Panini Brasil, 2020.

CANCLINI, Néstor García. **Consumidores e cidadãos**. 8. ed. Rio de Janeiro: Editora UFRJ, 2015.

CANUTO, Hugo. **Contos dos orixás**. São Paulo: Ébórá Comics Group, 2018.

CAPES. **Portal de Periódicos**. 2020. Disponível em: http://www-periodicos-capes-gov-br.ezl.periodicos.capes.gov.br/. Acesso em: 11 jan. 2021.

CARDIM, Fernanda Nardelli de Carvalho. **Coisa de gente grande**: representações dos adultos nas histórias da Turma da Mônica. 2010. Disponível em: https://repositorio.unb.br/bitstream/10482/7609/1/2010_FernandaNardelideCarvalhoCardim.pdf. Acesso em: 14 abr. 2022.

CARDIM, Thiago. **"O Jeremias poderá ser o que ele quiser ser"**: uma entrevista com Rafael Calça e Jefferson Costa sobre a nova Graphic MSP. **JUDAO.com.br**, 16 abr. 2018. Disponível em: https://judao.com.br/jeremias-e-uma-questao-de-pele-na-serie-graphic-msp/?utm_source=Judao&utm_medium=Single&utm_campaign=Titulo. Acesso em: 17 abr. 2022.

CARDOSO, Athos Eichler. **Memórias d'O Tico-Tico Juquinha, Giby e Miss Shocking**: Quadrinhos brasileiros 1884 – 1950. Pesquisa e texto de Athos Eichler Cardoso. Brasília: Senado Federal, Conselho Editorial, 2013. Disponível em: http://www.santoandre.sp.gov.br/pesquisa/ebooks/410710.pdf. Acesso em: 15 abr. 2022.

CARDOSO, Thiago Gonçalves *et al.* Referenciação, argumentação e multimodalidade: um breve estudo sobre a construção do ponto de vista nos quadrinhos. *In*: JORNADA DE HISTÓRIAS EM QUADRINHOS, 2., 2013, São Paulo. **Anais...** Escola de Comunicações e Artes – Universidade de São Paulo, 2013.

CARNEIRO, Sueli. **Racismo, sexismo e desigualdade no Brasil**. São Paulo: Selo Negro, 2015.

CARVALHO, José Jorge de. Bases para uma aliança branco-negro-indígena na luta contra a discriminação étnica e racial no Brasil. **Cadernos Ceris**, Rio de Janeiro, RJ, v. 3, n. 4, p. 13-34, jun. 2004.

CARVALHO, Marcelle. "Uma Vitória", diz atriz que faz primeira menina negra da Turma da Mônica. **UOL**, 30 dez. 2021. Disponível em: https://www.uol.com.br/splash/colunas/marcelle-carvalho/2021/12/30/turma-da-monica.htm#:~:text=%22Na%20minha%20primeira%20cena%2C%20eu,juntas%20para%20que%20desse%20certo. Acesso em: 17 abr. 2022.

CARVALHO, Ronan. "A história do Jeremias se mistura com a de muitas crianças e adultos." Uma entrevista com Rafael Calça. **Tabuleiro Nerd**, 2018. Disponível em: http://tabuleironerd.com/a-historia-do-jeremias-se-mistura-com-a-de-muitas-criancas-e-adultos-uma-entrevista-com-rafael-calca/. Acesso em: 17 abr. 2022.

CASTRO, Bruna Jamila de; OLIVEIRA, Moisés Alves de. Lições de Natureza em uma História em Quadrinhos. **TEXTURA** – Revista de Educação e Letras, Maceió, v. 15, n. 27, 2013.

CASTRO, Fabrício de; RODRIGUES, Eduardo. Pretos e pardos ocupam apenas 22% dos cargos de chefia, aponta estudo. **Estadão**, 13 maio 2021. Disponível em: https://economia.estadao.com.br/noticias/geral,pretos-e-pardos-ocupam-apenas--22-dos-cargos-de-chefia-aponta-estudo,70003714211. Acesso em: 15 abr. 2022.

CASTRO, Janaína Souto de. **Os processos de formação e uso dos neologismos na internet e seu reflexo na revisão de texto**. 2017. Disponível em: https://repositorio.uniceub.br/jspui/handle/235/11974. Acesso em: 2 abr. 2022.

CASTRO, Maria Aparecida Dias; MIGUEL, Antonieta. Da extrema transparência à sutil invisibilidade: o espaço do negro nas efígies dos manuais escolares. **Sankofa**, São Paulo, v. 10, n. 20, p. 8-39, 2017.

CAVALCANTI, Erinaldo. "Para não ver só a letra": interrogatórios e relatos orais em tempos de ditadura militar (1964-1968). **Anos 90**: Revista do Programa de Pós-Graduação em História, v. 27, 2020.

CCXP 2019: *cosplayers* promovem 'Monicaço' com a presença da Mônica original. **UOL**, 7 dez. 2019. Disponível em: https://entretenimento.uol.com.br/noticias/redacao/2019/12/07/ccxp-2019-cosplayers-promovem-monicaco-com-a-presenca-da-monica-original.htm. Acesso em: 21 abr. 2022.

CEBOLA E DO CONTRA - #DCEBOLA. Capa. 8 abril, 2016. Facebook: @ Cebola e Do Contra - #Dcebola. Disponível em: https://www.facebook.com/photo/?fbid=431132099061543&set=a.431132062394880. Acesso em 30 mar. 2023.

CHINEN, Nobuyoshi. A imagem do negro no humor gráfico brasileiro do século XIX até meados do século XX. **Via Atlântica**, n. 18, p. 57-75, 2010.

CHINEN, Nobuyoshi. Um estudo da Revolta da Chibata em quadrinhos. *In:* SIMPÓSIO NACIONAL DE HISTÓRIA - ANPUH. FIDELIDADE HISTÓRICA E REPRESENTAÇÃO, 26., 2011, São Paulo. **Anais**... São Paulo: ANPUH, 2011. Disponível em: https://anpuh.org.br/uploads/anais-simposios/pdf/2019-01/1548856708_92068caf763f184ba4bd22ed5e0570d8.pdf. Acesso em: 14 abr. 2022.

CHINEN, Nobuyoshi. **O papel do negro e o negro no papel**: representação e representatividade dos afrodescendentes nos quadrinhos brasileiros. 2013. Tese (Doutorado em Ciências da Comunicação) – Universidade de São Paulo, São Paulo,

2013. Disponível em: https://www.teses.usp.br/teses/disponiveis/27/27154/tde-21082013-155848/publico/Nobuyoshi.pdf. Acesso em: 29 mar. 2023.

CHINEN, Nobuyoshi. **O negro nos quadrinhos do Brasil**. São Paulo: Editora Petrópolis, 2019.

CIRNE, Moacy. **Quadrinhos**: o mundo da classe média. 1. ed. Rio de janeiro: [*s.n.*], 1969.

CIRNE, Moacy. **A explosão criativa dos quadrinhos**. 3. ed. Petrópolis: Vozes, 1972.

CIRNE, Moacy. **A linguagem dos quadrinhos**: o universo estrutural de Ziraldo e Maurício de Sousa. 4. ed. rev., ampli. Petrópolis: Vozes, 1975.

CIRNE, Moacy. **Uma introdução política aos quadrinhos**. 1. ed. Rio de janeiro: Angra/Achiame, 1982.

CIRNE, Moacy *et al.* **Literatura em quadrinhos no Brasil**: acervo da Biblioteca Nacional. Rio de Janeiro: Nova Fronteira; Fundação Biblioteca Nacional, 2002.

COELHO, Gabriela. **Mães em Tempos de Cibercultura**: produção e consumo de conteúdo sobre maternidade e infância em uma fanpage brasileira. 146 f: il. Dissertação (Mestrado em Administração) – Centro de Pesquisa e Pós-graduação em Administração, Faculdade Boa Viagem – Devry Brasil, Recife, 2017.

COJIRA – DF. **Carta de repúdio**. 2008. Disponível em: https://cojiradf.wordpress.com/2008/05/21/carta-de-repudio/. Acesso em: 16 abr. 2022.

COLÉGIO DA PAZ. Cosplay da aluna Camila - 3° ano 1° LUGAR NO COSPLAY DO COLÉGIO DA PAZ 22.369 CURTIDAS [...]. Facebook: Colégio da Paz. 03 ago. 2020. Disponível em: https://www.facebook.com/colegiodapaz2020/photos/a.754880431250658/4105473016191366/. Acesso em: 30 mar. 2023.

Confins do Universo 122 – A História do Quadrinho Nacional. [Loucação de]: Sidney Gusman; Samir Naliato, Marcelo Naranjo, Franco de Rosa, Gonçalo Júnior e Érico Rosa. 30 janeiro 2021. Podcast. Disponível em: https://universohq.com/podcast/confins-do-universo-122-a-historia-do-quadrinho-nacional/. Acesso em: 17 abr. 2022.

CORRÊA, Luís Rafael Araújo. Racismo e Submissão em um Quadrinho da Primeira República. **Medium**, 11 ago. 2020. Disponível em: https://medium.com/historiaemrede/racismo-e-submiss%C3%A3o-em-um-quadrinho-da-primeira-rep%C3%BAblica-fd58a205cc8e. Acesso em: 21 abr. 2022.

CORSEUIL, Anelise. **A américa latina no cinema contemporâneo**: outros olhares. Florianópolis: Insular, 2012. (Série estudos culturais)

COSTA, Alessandro Ferreira. Pelos bastidores da história: Looney Tunes – arte e estilo. **Cadernos de História**, v. 10, n. 13, p. 56-80, 2008.

CRISTALLI, Susana. O Monicaverso já está na versão expandida e não sabemos onde vai parar... **UOL**, 21 jun. 2019. Disponível em: https://quicando.blogosfera.uol.com.br/2019/06/21/monicaverso-versao-expandida/. Acesso em: 21 abr. 2022.

DAMASCENO, Gabriel Pedro Moreira. Racismo reverso e alteridade: análise da sentença proferida pela 11ª Vara Federal de Goiânia à luz da Crítica Hermenêutica do Direito. **Revista da Faculdade de Direito da Universidade Federal de Uberlândia**, v. 49, n. 1.

DAWKINS, Richard. **O gene egoísta**. São Paulo: Itatiaia, 1976.

DESENHO animado de Ronaldinho Gaúcho estreia na Itália. **O Tempo**, 13 out. 2011. Disponível em: https://www.otempo.com.br/diversao/desenho-animado-de-ronaldinho-gaucho-estreia-na-italia-1.132412. Acesso em: 16 abr. 2022.

DESENHO animado inspirado em Ronaldinho Gaúcho estreia dia 12 de maio. **Vírgula**, 6 maio 2014. Disponível em: https://www.virgula.com.br/esporte/desenho-animado-inspirado-em-ronaldinho-gaucho-estreia-dia-12-de-maio/. Acesso em: 16 abr. 2022.

D'OLIVEIRA, Gêisa Fernandes. Humor e identidade: brasilidade em Laerte e Mauricio de Sousa. **Revista USP**, n. 88, p. 60-72, 2011.

DOMINGUES, Diana. "A Humanização das Tecnologias pela Arte". *In:* DOMINGUES, Diana (org.). **A Arte no Século XXI**: a humanização das tecnologias. São Paulo: Editora Unesp, 2003.

DOMINGUES-DA-SILVA, Juliano Mendonça; DE BARROS, Chalini Torquato Gonçalves. O Que Significa "Democratização da Comunicação"? Limites e possibilidades de enquadramentos teóricos a partir de modelos de democracia. **Revista Política Hoje**, v. 22, n. 1, 2014.

DORNELLES, Camille. Gabigol, do Flamengo, ganha versão de Mauricio de Souza. **Pleno.News**, 9 out. 2019. Disponível em: https://pleno.news/esportes/futebol/gabigol-do-flamengo-ganha-versao-de-mauricio-de-souza.html. Acesso em: 16 abr. 2022.

DONATO, Mauro. O troféu Raça Negra para Doria era tão descabido que nem ele compareceu. Por Donato. **Diário do Centro do Mundo,** 21 nov. 2017. Disponível em: https://www.diariodocentrodomundo.com.br/o-trofeu-raca-negra-para-doria-era-tao-descabido-que-nem-ele-compareceu-por-donato/. Acesso em: 17 abr. 2022.

DUARTE, Jorge; BARROS, Antonio (org.). **Métodos e técnicas de pesquisa em comunicação**. São Paulo: Atlas, 2005.

DUARTE, Rebeca Oliveira. O Negro segundo Maurício de Souza. **Encrespo e não aliso**, 20 mar. 2012. Disponível em: http://encrespoenaoaliso.blogspot.com/2012/03/o-negro-segundo-mauricio-de-souza.html. Acesso em: 16 abr. 2022.

DUARTE, Rodrigo. **Adorno/Horkheimer e a dialética do esclarecimento**. Rio de Janeiro: Zahar, 2002. 1 recurso online.

DURANTE a quarentena, Mauricio de Sousa Produções registra crescimento histórico no digital. **O Vale**, 2020. Disponível em: https://www.ovale.com.br/viver/durante-a-quarentena-mauricio-de-sousa-produc-es-registra-crescimento-historico-no-digital-1.35012. Acesso em: 21 abr. 2022.

DURKHEIM, Emile. **Da divisão do trabalho social**. São Paulo: WMF Martins Fontes, 2010.

ECO, Umberto. **Obra aberta**: forma e indeterminação nas poéticas contemporâneas. 8. ed. São Paulo: Perspectiva, 1997.

EDITORA Globo relança personagem polêmico. **Gazeta Digital**, 19 maio 2003. Disponível em: https://www.gazetadigital.com.br/suplementos/viva-bem/editora-globo-relanca-personagem-polemico/701. Acesso em: 21 abr. 2022.

EM COMEMORAÇÃO aos 60 anos, Mauricio de Sousa Produções terá visitação. **Correio Braziliense**, 20 jul. 2018. Disponível em: https://www.correiobraziliense.com.br/app/noticia/diversao-e-arte/2018/07/20/interna_diversao_arte,696217/como-visitar-a-mauricio-de-sousa-producoes-em-sao-paulo.shtml. Acesso em: 21 abr. 2022.

EVE DA MATA FOTOGRAFIA. Jeremias e Mauricio de Sousa Produções, recebendo uma homenagem durante o Troféu Raça Negra 2017. 4 dez. 2017. Facebook: Eve da Mata Fotografia. Disponível em: https://www.facebook.com/evedamatafotografia/posts/pfbid0i2AB4LSUofxbwhSqHEfAFrUz6EHK1jmaTaJeJLRnqwGpZnX4CkYUNkdPjbk7Ua6gl. Acesso em 30 mar 2023.

FAGUNDES, Fabíula Campos Falcão; WESCHENFELDER, Gelson Vanderlei. O impacto do resultado da avaliação na dimensão socioafetiva do estudante a partir das histórias em quadrinhos de Chico Bento. **APRENDER** – Caderno de Filosofia e Psicologia da Educação, n. 24, p. 262-272, 2020.

FARIA, Higor. Sobre macacos, bananas, Daniel Alves e Neymar: não somos macacos, porra! – Por: Higor Faria. **Geledés**, 29 abr. 2014. Disponível em: https://www.geledes.org.br/sobre-macacos-bananas-daniel-alves-e-neymar-nao-somos-macacos-porra-por-higor-faria/. Acesso em: 21 abr. 2022.

FEIJÓ, Mário. **Quadrinhos em ação**: um século de história. 2. ed. São Paulo: Moderna, 1997.

FERRARO, Junior. Mauricio de Sousa fala dos 61 anos da Turma da Mônica. **Revista Azul**, 23 nov. 2020. Disponível em: https://revistaazul.voeazul.com.br/executiva/mauricio-de-sousa-fala-dos-61-anos-da-turma-da-monica/. Acesso em: 21 abr. 2022.

FERNANDES, Florestan. **Mudanças sociais no Brasil**. São Paulo: Difel, 1960.

FERNANDES, Patricia Damasceno; COSTA, Natalina Sierra Assêncio. 23. Quadrinhos de Maurício de Sousa: a representação da inclusão social. **Revista Philologus**, v. 25, n. 74, p. 347-360, 2019.

FERNANDES, Rita. **Maurício de Sousa diz que sociedade evolui e que é preciso 'se adaptar aos novos tempos'**. 2022. Disponível em: https://www.diariodaregiao.com.br/cultura/literatura/mauricio-de-sousa-diz-que-sociedade-evolui-e-que-e-preciso-se-adaptar-aos-novos-tempos-1.936945. Acesso em: 17 abr. 2022.

FERNANDEZ, Alisson. Turma da Mônica terá shampoo para cabelos crespos. **GKPB**, 13 abr. 2021. Disponível em: https://gkpb.com.br/62956/turma-da-monica-cabelos-crespos/. Acesso em: 17 abr. 2022.

FERREIRA, Kassiano Ademir Amorim. **Decolonialidade quadrinística na educação em ciências**: um olhar para heróis de histórias em quadrinhos brasileiras. Dissertação (Mestrado em Relações Étnico-raciais) – Universidade Federal de Santa Catarina, Florianópolis, 2020. Disponível em: https://repositorio.ufsc.br/handle/123456789/216713. Acesso em: 2 abr. 2021.

FERREIRA, Martim Vieira. Ações Afirmativas: a redenção de povos oprimidos ou a perpetuação da exploração? **Revista Extraprensa**, v. 3, n. 3, p. 525-536, 2010.

FERREIRA, Sylvio José Barreto da Rocha. **A questão racial negra em Recife**: (a necessidade e os impasses de uma ação política organizada). Recife: Ed. Pirata, 1982.

FILHO, Will R. Em quadrinho, Chico Bento elogia homossexuais com criança como modelo de "família". **Gospel Mais**, 4 mar. 2020. Disponível em: https://noticias.gospelmais.com.br/chico-bento-homossexuais-crianca-damilia-131135.html. Acesso em: 15 abr. 2022.

FINOTTI, Patricia. Mauricio de Sousa Produções participa da semana da arte Heforshe. **Patrícia Finotti Lifestyle**, 9 mar. 2017. Disponível em: https://www.patriciafinotti.com.br/mauricio-de-sousa-producoes-participa-da-semana-da-arte-heforshe/. Acesso em: 16 abr. 2022.

FIORIN, José Luiz. A linguagem politicamente correta. **Revista Linguagem**, v. 1, n. 1, 2008. Disponível em: http://www.linguasagem.ufscar.br/index.php/linguasagem/article/viewFile/532/296. Acesso em: 13 fev. 2021.

FRACHETTA, Adriano. **Turma da Mônica**: do papel para a realidade. [2021?]. Disponível em: https://www.estudioroxo.com.br/blogpulsar/turma-da-monica-do-papel-para-a-realidade/. Acesso em: 21 abr. 2022.

FRAGA, Valderez. Choque cultural como aprendizado profissional e humano. **Revista de Administração Pública**, v. 33, n. 5, p. 23 a 42-23 a 42, 1999.

FRANCISCO, Flávio Thales Ribeiro. Da segunda abolição ao fim da democracia racial: interpretações historiográficas sobre a presença do negro na história republicana do Brasil. **Estudios del ISHiR**, v. 8, n. 20, p. 35-52, 2018.

FRARON, Noeli Fátima; TEIXEIRA, Nincia Cecília Ribas Borges. **Gênero e identidade no ensino de leitura**: um estudo sobre histórias em quadrinhos. Disponível em: http://www.diaadiaeducacao.pr.gov.br/portals/cadernospde/pdebusca/producoes_pde/2016/2016_artigo_port_unicentro_noelifatimafraros/pdf. Acesso em: 21 abr. 2022.

FREIRE, Jorge. **O Cascão é negro? | Turma da Mônica**: Laços. 2018. Disponível em: https://nerdpai.com/o-cascao=-e-negro-turma-da-monica-lacos/?noamp-mobile. Acesso em: 16 abr. 2022.

FREIRE FILHO, João. Mídia, estereótipo e representação das minorias. **Revista Eco-Pós**, v. 7, n. 2, p. 45-71, 2004.

FREITAG, Raquel Meister Ko *et al.* O uso da língua para a discriminação. **A Cor das Letras**, v. 21, n. 1, p. 185-207, 2020.

FRIEDMANN, Adriana. **Protagonismo infantil** – a potência de ação da comunidade escolar. São Paulo: Ashoka/Alana, 2017.

GARCIA, Erick. Segue o meu cosplay de Jeremias! Facebook: Turma da Mônica. 22 jul. 2021. Disponível em: https://www.facebook.com/groups/monicolatras/posts/10159478353838489/. Acesso em: 30 mar. 2023.

GARÓFALO, Nicolaos. Jeremias: Pele vence prêmio Jabuti 2019. **Omelete**, 28 nov. 2019. Disponível em: https://www.omelete.com.br/turma-da-monica/turma-da-monica-jeremias-pele-jabuti-2019-vencedor. Acesso em: 21 jan. 2020.

GARONE, Priscilla Maria Cardoso; GALLO, Sérgio Nesteriuk; CAMPOS, Gisela Belluzzo de. História em quadrinhos para a educação a distância: design de um recurso educacional sobre a classificação biológica. **Revista Educação Gráfica**, Bauru, 2016, v. 20, n. 2, p. 19-36. Disponível em: https://ldi.ufes.br/arquivos/artigoLDI_historia-em-quadrinhos-para-a-ead.pdf. Acesso em: 21 abr. 2022.

GIANNETTI, Claudia. **Estética digital**: sintopia da arte, a ciência e a tecnologia. Belo Horizonte: C/Arte, 2006.

GILLET, Fabiana Oliveira; SANTOS, Luiz Cezar Silva dos. Representação gráfica de mulheres gordas nas histórias em quadrinhos da Turma da Mônica. **Tropos**: comunicação, sociedade e cultura, Rio Branco, AC, v. 10, n. 1, 2021.

GLERIA, Erico *et al.* **As historinhas em quadrinhos e a indústria cultural**: aproximações à luz das criações de Maurício de Souza. 2011. Dissertação (Mestrado em Letras) – Universidade Presbiteriana Mackenzie, São Paulo, 2011. Disponível em: https://dspace.mackenzie.br/bitstream/handle/10899/25438/Erico%20Gleria....pdf?sequence=1&isAllowed=y. Acesso em: 29 mar. 2023.

GOMES, Fábio. Jeremias | Nova edição da Graphic MSP falará sobre preconceito e superação; confira as primeiras imagens. **Omelete**, 2018. Disponível em: https://www.omelete.com.br/quadrinhos/jeremias-nova-edicao-da-graphic-mspfalara-sobre-preconceito-e-superacao-confira-as-primeiras-imagens#graphic-msp-18. Acesso em: 25 set. 2018.

GOMES, Henriette Ferreira. Protagonismo social e mediação da informação. **Logeion**: filosofia da informação, v. 5, n. 2, p. 10-21, 2019.

GOMES, Ivan Lima. Passado quadro a quadro: a revista em quadrinhos Pererê (1960-1964) e a História. **Ars Historica**, n. 1, p. 43-56, 2010.

GONÇALVES, Roberta Ferreira *et al.* **A escola disfarçada em brincadeiras**: intelectuais e ideias na criação da revista O Tico-Tico. 2011. 164 f. Dissertação (Mestrado em História Política) - Universidade do Estado do Rio de Janeiro, Rio de Janeiro, 2011. Disponível em: https://www.bdtd.uerj.br:8443/handle/1/13075. Acesso em: 29 mar. 2023.

GONZÁLEZ REY, Fernando Luis. **Pesquisa qualitativa e subjetividade**: os processos de construção da informação. São Paulo: Cengage Learning. 2005. 205 p.

GRUPO MULHERES DO BRASIL. Brincando e Aprendendo 2022 – venha bater um papo com Mônica Sousa e Milena. YouTube, 12 de março. Disponível em: https://www.youtube.com/watch?v=u8lxHZ2jxi4. Acesso em: 17 abr. 2022.

GUEDES, Caroline. Antes eu postei uma edição que fiz no visual da Milena [...]. 24 mar. 2021. Facebook: Monicaposting. Disponível em: https://www.facebook.com/groups/monicapostagem/posts/746473966058758/. Acesso em 30 mar. 2023.

GUIA DOS QUADRINHOS. [entre 2007 e 2012]. Disponível em: www.guiadosquadrinhos.com. Acesso em: 14 fev. 2021.

GUIMARÃES, Patricia Specimille; BARBOSA, Otavio Luis. A Internet nunca esquece: consequências da" Cultura do Cancelamento" no debate público. **Revista Pet Economia Ufes**, v. 1, n. 2, p. 13-17, 2020.

GUSMAN, Sidney. Eu perdi as contas de quantas vezes Jeremias - Pele, de [...]. 19 nov. 2019. Facebook: Sidney Gusman. Disponível em: https://www.facebook.com/sidaogusman/photos/a.1333209110143496/1708948679236202/. Acesso em: 30 mar. 2023.

GUSMAN, Sidney. Cho-rei! [...].3 maio 2021. Twitter: @sidneygusman. Disponível: https://twitter.com/sidneygusman/status/1389373818146377734. Acesso em 30 mar. 2023.

GUTEMBERG. Há 130 anos nascia Luis Gomes Loureiro. **Blog do Gutemberg**, 6 set. 2019. Disponível em: http://blogdogutemberg.blogspot.com/2019/09/ha-130-anos-nascia-luis-gomes-loureiro.html. Acesso em: 17 abr. 2018.

HAYAKAWA, S. I. **Uso e mau uso da linguagem**. São Paulo: Pioneira, 1977. 256 p.

HOOKS, bell. **Olhares negros**: raça e representação. São Paulo: Elefante Editora, 2019. 335 p.

HOWKINS, John. **Economia Criativa**: como ganhar dinheiro com ideias criativas. São Paulo: M Book do Brasil Editora, 2013.

ICHILEVICI, Vita. **Literatura infantil e o politicamente correto**: dimensões éticas, estéticas e mercadológicas. 2019. Dissertação (Mestrado em Educação) – Faculdade de Educação, Universidade de São Paulo, São Paulo, 2019. Disponível em: https://www.teses.usp.br/teses/disponiveis/48/48134/tde-03072019-150204/publico/VITA_ICHILEVICI_rev.pdf. Acesso em: 17 abr. 2018.

INSTITUTO MAURICIO DE SOUSA. **Sobre o instituto**. [2014?]. Disponível em: http://www.institutomauriciodesousa.org.br/sobre-o-instituto-mauricio-de-sousa/. Acesso em: 21 abr. 2022.

JACINTHO, Etienne. Em 60 anos, Mauricio de Sousa criou 440 personagens dentro e fora das HQs. **O Tempo**, 23 jun. 2019. Disponível em: https://www.otempo.com.br/diversao/magazine/em-60-anos-mauricio-de-sousa-criou-440-personagens-dentro-e-fora-das-hqs-1.2199642. Acesso em: 21 abr. 2022.

JENKINS, Henry. **Cultura da convergência**. São Paulo: Aleph, 2009.

JENKINS, Henry; GREEN, Joshua; FORD, Sam. **Cultura da conexão**: criando valor e significado por meio da mídia propagável. São Paulo: Aleph, 2014.

JOFFILY, Mariana Rangel. **No centro da engrenagem**. Os interrogatórios na Operação Bandeirante e no DOI de São Paulo (1969-1975). 2008. Tese (Doutorado em História Social) – Faculdade de Filosofia, Letras e Ciências Humanas da Universidade de São Paulo. Disponível em: https://www.teses.usp.br/teses/disponiveis/8/8138/tde-03062008-152541/publico/TESE_MARIANA_JOFFILY.pdf. Acesso em: 29 mar. 2023.

JUNIA, Raquel. Bonecas negras representam apenas 6% dos modelos fabricados no Brasil. **Brasil de Fato**, 20 out. 2020. Disponível em: https://www.brasildefato.com.br/2020/10/20/bonecas-negras-representam-apenas-6-dos-modelos-fabricados-no-brasil. Acesso em: 17 abr. 2022.

JUNIOR, Gonçalo. O cabeleireiro do Cascão. **Piauí – Folha de S.Paulo**, 2019. Disponível em: https://piaui.folha.uol.com.br/materia/o-cabeleireiro=-do-cascao/#:~:text-Tinha%2080%20anos%20de%20idade,%C3%A0%20moda%20antiga%2C%20sem%20computador. Acesso em: 16 abr. 2022.

KAMEL, Cláudia; DE LA ROCQUE, Lúcia. Quadrinhos como recurso didático em tópicos de biociências e Saúde. **Enseñanza de las Ciencias**, n. Extra, 2005.

KAWANO JUNIOR, Celso Nobuo. **A abordagem de conteúdos de ciências e biologia com a coleção revistas especiais da Turma da Mônica**. 2020. Monografia (Especialização em Ensino de Ciências) – Universidade Tecnológica Federal do Paraná, Medianeira, 2020. Disponível em: http://riut.utfpr.edu.br/jspui/bitstream/1/26751/3/revistasespeciaisturmamonica.pdf. Acesso em: 29 mar. 2023.

KILOMBA, Grada. **Memórias da plantação**: episódios de racismo cotidiano. Rio de Janeiro: Cobogó, 2019.

KOCH, Ingedore Grunfeld Villaça. **Desvendando os segredos do texto**. 4.ed. São Paulo: Cortez, 2005.

LACHTERMACHER, Stela.; MIGUEL, Edison. HQ no Brasil: sua história e luta pelo mercado. *In:* LUYTEN, Sônia Maria Bibe Luyten (org.). **Histórias em Quadrinhos**: leitura crítica. 3. ed. São Paulo: Paulina, 1989.

LAGE, Ana. **Donas da Rua**. 2017. Disponível em: analage.com.br/quem-nasceu-pra-ser-do-topo-nunca-cai-donas-da-rua. Acesso em: 16 abr. 2022.

LARA, Antonio. **O mundo das histórias em quadrinhos**. São Paulo: USP/ECA, 1971.

LAUDENIR, Antonio. Aplicativo Banca da Mônica reúne acervo digital dos personagens de Maurício de Sousa. **Diário do Nordeste**, [*S. l.*], 21 jan. 2019. Disponível em: https://diariodonordeste.verdesmares.com.br/verso/aplicativo-banca-da-monica-reune-acervo-digital-dos-personagens-de-mauricio-de-sousa-1.2052114. Acesso em: 21 abr. 2022.

LEMES, Cristiane de Andrade. **Feminismo, Mulheres e Quadrinhos**: feminismo dentro do quadrinho "Tina-Respeito" de Fefê Torquato. Disponível em: http://designnaleitura.net.br/8sipmc/files/gt4_060_18073.pdf. Acesso em: 2 abr. 2021

LÉVY, Pierre. **Cibercultura**. 2. ed. São Paulo: Ed. 34, 1999. 260 p. -- (coleção TRANS).

LIMA, Sávio. **Garra de Pantera**: os negros nos quadrinhos de super-herói dos EUA. 2013. Disponível em: http://est.com.br/periodicos/index.php/identidade/article/view/618/685. Acesso em: 20 nov. 2018.

LOPES, Romildo S. Representação da identidade negra nas histórias em quadrinhos. *In:* XVII CONGRESSO DE CIÊNCIAS DA COMUNICAÇÃO NA REGIÃO SUDESTE. **Anais**[...]. Ouro Preto, 2012.

LOUREIRO, Luís *et al.* O Tico Tico n.º 1981. O Malho, 1950.

LOVETRO, José Alberto. Instituto Mauricio de Sousa completa 21 anos e lança novo site. **Segs**, 2010. Disponível em: https://www.segs.com.br/demais/122870-instituto-mauricio-de-sousa-completa-21-anos-e-lanca-novo-site. Acesso em: 21 abr. 2022.

LUISA, Ingrid. O plano realmente infalível de Mauricio de Sousa. **Super Interessante**, 23 maio 2019. Disponível em: https://super.abril.com.br/especiais/o-plano-realmente-infalivel-de-mauricio-de-sousa/. Acesso em: 4 ago. 2021.

LUYTEN, Sonia Maria Bibe (org.). **Histórias em quadrinhos**: leitura crítica. 3. ed. São Paulo: Paulinas, 1989.

LUYTEN, Sonia Maria Bibe. **O que é história em quadrinhos**. 2. ed. São Paulo: Brasiliense, 1987.

LUZ, Marco Aurélio. **Cultura negra em tempos pós-modernos**. Salvador: Edufba, 2008.

LUZ, Mariane. Milena: a primeira protagonista preta da 'Turma da Mônica'. **Primeiros Negros**, 2021. Disponível em: https://primeirosnegros.com/milena-a-primeira-protagonista-preta-da-turma-da-monica/#:~:text=Apresentada%20ao%20p%C3%BAblico%20no%20dia,e%20da%20igualdade%20de%20g%C3%AA-nero. Acesso em: 17 abr. 2022.

MACEDO, Raphael. "Jeremias: Pele" é um quadrinho lúdico, mas dolorosamente realista. **Esquadrinhado**, 2018. Disponível em: https://esquadrinhado.com/2018/08/07/jeremias-pele-e-resenha/. Acesso em: 17 abr. 2022.

MACIEL, Iana *et al.* **TODO DIA UM BRANCO PASSANDO VERGONHA**: uma pesquisa sobre a relação entre a apropriação cultural e o discurso do racismo reverso. 2019. Disponível em: https://edisciplinas.usp.br/pluginfile.php/4702121/mod_resource/content/1/Todo%20dia%20um%20branco%20passando%20vergonha_comentado.pdf. Acesso em: 17 abr. 2022.

MÃES PELO ESCOLA SEM PARTIDO. Urgente: Maurício de Souza Publica Gibis Difundindo Ideologia de Gênero [...]. 27 dez 2016. Facebook: Mães Pelo Escola Sem Partido. Disponível em: https://www.facebook.com/maespeloescolasempartido/photos/a.1758175877804903/1822311311391359. Acesso em: 30 mar. 2023.

MALTEZ, Joana. Conheça a lenda de Anansi, o Mr. Nancy de Deuses Americanos. **Aficionados**, 26 jun. 2017. Disponível em: https://www.aficionados.com.br/anansi-mr-nancy-deuses-americanos/. Acesso em: 21 abr. 2022.

MARCOS. **Mudanças em "Almanaque Temático n.º 51" – Panini**. 2010. Disponível em: https://arquivosturmadamonica.blogspot.com/2019/08/mudancas-em-almanaque-tematico-n-51-panini.html. Acesso em: 15 abr. 2022.

MARCOS. **Mudanças nos traços do Pelezinho, Jeremias e Dona Morte**. 2013. Disponível em: https://arquivosturmadamonica.blogspot.com/2013/12/mudancas-nos-tracos-do-pelezinho-e-da-dona-morte.html. Acesso em: 15 abr. 2022.

MARCOS. **Almanaque Temático n.º 31 – Magali Aniversários**. 2014a. Disponível em: https://arquivosturmadamonica.blogspot.com/2014/08/almanaque-tematico-n-31-magali-aniversarios.html. Acesso em: 15 abr. 2022.

MARCOS. **Mudanças em "Clássicos do Cinema n.º 43"**. 2014b. Disponível em: https://arquivosturmadamonica.blogspot.com/2014/05/mudancas-em-classicos-do-cinema-n-43-e.html. Acesso em: 15 abr. 2022.

MARCOS. **Coleção Histórica Nº 48**. 2015a. Disponível em: https://arquivosturmadamonica.blogspot.com/2015/08/colecao-historica-n-48.html. Acesso em: 13 abr. 2023.

MARCOS. **Mônica**: HQ "Pixador apaixonado". 2015b. Disponível em: https://arquivosturmadamonica.blogspot.com/2015/06/monica-hq-pixador-apaixonado.html. Acesso em: 15 abr. 2022.

MARCOS. **Capa da Semana**: Cebolinha n.º 119. 2016. Disponível em: https://arquivosturmadamonica.blogspot.com/2016/02/capa-da-semana-cebolinha-n-119.html. Acesso em: 15 abr. 2022.

MARCOS. **TOP 5 Piores Alterações em Histórias**. 2018. Disponível em: https://arquivosturmadamonica.blogspot.com/2018/10/top-5-piores-alteracoes-em-historias.html. Acesso em: 15 abr. 2022.

MARCOS. **Nova personagem Milena em 'Turma da Mônica n.º 45' - Panini**. 2019. Disponível em: https://arquivosturmadamonica.blogspot.com/2019/01/estreia-da-personagem-milena-em-turma-da-monica-45-panini.html. Acesso em: 17 abr. 2022.

MAREMOTO, Palloma. Historinha publicada no Almanaque Temático Magali: Bruxas e Fadas, n.º 51 da editora Panini. 20 jan. 2021. Facebook: Gibiteca.

Disponível em: https://www.facebook.com/groups/1932503430367120/posts/2884237881860332/. Acesso em 30 mar. 2023.

MARTINS, I. Mercado Editorial Brasileiro: o diferencial das histórias em quadrinhos de Mauricio de Sousa. **Convergências-Revista de Investigação e Ensino das Artes,** v. 3 (6), 2011.

MASSON, Celso. **O mundo precisa de mais turmas da Mônica**. 2017. Disponível em: https://www.almanaquedacultura.com.br/literatura/turma-da-monica-familia-de-milena-entra-para-a-turminha/. Acesso em: 16 abr. 2022.

MAURICIO de Sousa anuncia família baiana para a Turma da Mônica. **G1 BA**, 7 out. 2011. Disponível em: https://g1.globo.com/bahia/noticia/2011/10/mauricio-de-souza-anuncia-familia-baiana-para-turma-da-monica.html. Acesso em: 16 abr. 2022.

MAURICIO de Sousa completa 80 anos! Relembre famosos homenageados pelo cartunista. **Revista Quem**, 27 out. 2015. Disponível em: https://revistaquem.globo.com/Popquem/noticia/2015/10/mauricio-de-sousa-completa-80-anos-relembre-famosos-homenageados-pelo-cartunista.html. Acesso em: 16 abr. 2022.

MAURICIO de Sousa apresenta Milena, nova personagem negra da 'Turma da Mônica'. **G1**, 2017. Disponível em: https://g1.globo.com/pop-arte/noticia/mauricio-desousa-apresenta-milena-nova-personagem-negra-da-turma-da-monica.ghtml. Acesso em: 20 nov. 2018.

MAURICIO DE SOUSA PRODUÇÕES; ONU MULHERES. [2016?]. **Donas da Rua**. Disponível em: www.turmadamonica.uol.com.br/donasdarua/projeto.php. Acesso em: 16 abr. 2022.

MAURICIO DE SOUSA PRODUÇÕES; ONU MULHERES. [2016?]. **Lojinha da Mônica**. Disponível em: www.lojinhadamonica.com.br. Acesso em: 16 abr. 2022.

MAURICIO de Souza critica proibições absurdas e politicamente correto. **R7**, 16 ago. 2014. Disponível em: https://noticias.r7.com/economia/mauricio-de-souza-critica-proibicoes-absurdas-e-politicamente-correto-16082014. Acesso em: 15 abr. 2022.

MAURÍCIO Sousa sobre "Turma da Mônica": "Vamos ter homossexual". **UOL**, 1 jul. 2019. Disponível em: https://natelinha.uol.com.br/famosos/2019/07/01/mauricio-sousa-sobre-turma-da-monica-vamos-ter-homossexual-130589.php. Acesso em: 15 abr. 2021.

MAURICIO DE SOUSA PRODUÇÕES. Milena é cheia de atitude! [...]. 27 jan. 2022a. @mauriciodesousaproducoes. Disponível em: https://www.instagram.com/p/CZP7Ek3gjIQ/. Acesso em: 29 mar. 2023.

MAURICIO DE SOUSA PRODUÇÕES. Jerê é curioso, criativo, descolado e um ótimo contador de histórias [...]. 15 abr. 2022b. @mauriciodesousaproducoes. Disponível em: https://www.instagram.com/p/CcYD5xkr58t/. Acesso em: 29 mar. 2023.

MEDEIROS, Beatriz. Mauricio de Sousa comenta 'protesto' de criança contra ausência de personagens negros na Turma da Mônica. **Extra**, [*S. l.*], 28 set. 2014. Disponível em: https://extra.globo.com/noticias/rio/mauricio-de-sousa-comenta-protesto-de-crianca-contra-ausencia-de-personagens-negros-na-turma-da-monica-14074452.html. Acesso em: 17 abr. 2020.

MENDES, Lucas Elyseu Rocha Narcizo. O Uso da História em Quadrinhos e Cinema no Ensino de Geografia: uma experiência decolonial. **Revista Continentes**, Rio de Janeiro, n. 16, p. 368-379, 2020. Disponível em: http://www.revistacontinentes.com.br/index.php/continentes/article/view/244/208. Acesso em: 2 abr. 2021.

MENDES, Lúcia Donato da Silva *et al.* **O macaco, a banana e o preconceito racial**: um estudo da metáfora no discurso. 2016. Dissertação (Mestrado em Estudos de Linguagem) – Universidade Federal Fluminense, Niterói, 2016. Disponível em: https://app.uff.br/riuff/bitstream/handle/1/3568/Disserta%c3%a7%c3%a3o%20L%c3%bacia%20Donato.pdf?sequence=1&isAllowed=y. Acesso em: 29 mar. 2023.

MENDES, José Elias. Mauricio de Sousa lança 2ª temporada de websérie 'Neymar Jr. Responde'. **Feedclub**, [*S. l.*], 2019. Disponível em: https://www.feedclub.com.br/mauricio-de-sousa-lanca-2a-temporada-de-webserie-neymar-jr-responde/. Acesso em: 16 abr. 2022.

MESSA, Fábio de Carvalho. Mitologias midiáticas de Pelé, Ronaldinho Gaúcho e Neymar Jr. Análise semiótico-discursiva das hqs de Maurício de Sousa. Lúdica Pedagógica, v. 2, n. 20, 2014.

MICHELOTTO, Júlia Nogueira. A importância do homem negro no movimento feminista e os estereótipos de masculinidades negra. **Anais do EVINCI-UniBrasil**, v. 3, n. 2, p. 1033-1045, 2017.

MIGUERES, Luisa. **Projeto Draft**, 14 dez. 2017. Como é Viver de HQ no Brasil? O que Falta de Grana, Sobra de Criatividade — Até para Empreender. Disponível em: https://www.projetodraft.com/como-e-viver-de-hq-no-brasil-o-que-falta--de-grana-sobra-de-criatividade-ate-para-empreender/. Acesso em: 21 abr. 2022.

'MILENA poderia sair de um lugar comum', diz pesquisadora local. **RCIA Araraquara**, 19 mar. 2018. Disponível em: https://rciararaquara.com.br/cultura-e-lazer/milena-poderia-sair-de-um-lugar-comum-diz-pesquisadora-local/. Acesso em: 17 abr. 2022.

MIORANDO, Guilherme Sfredo. **A Representação Queer nos Quadrinhos**: educação para a ampliação dos Direitos Culturais?. 2019. Disponível em: https://www.academia.edu/40781354/A_REPRESENTA%C3%87%C3%83O_QUEER_NOS_QUADRINHOS_EDUCA%C3%87%C3%83O_PARA_A_AMPLIA%C3%87%C3%83O_DOS_DIREITOS_CULTURAIS?auto=citations&from=cover_page. Acesso em: 22 abr. 2022.

MIORANDO, Guilherme Sfredo. O atravessamento de memórias: publicações em comemoração aos 80 anos de Maurício de Sousa. **Imaginário!**, [*S. l.*], n. 20, 2021. Disponível em: http://marcadefantasia.com/revistas/imaginario/imaginario11-20/imaginario20/03.oatravessamentodememorias.pdf. Acesso em 31 mar. 2023.

MÔNICA faz 50 anos renovada e digital. **Mundo do Marketing**, 12 abr. 2013. Disponível em: https://www.mundodomarketing.com.br/ultimas-noticias/27231/monica-faz-50-anos-renovada-e-digital.html. Acesso em: 21 abr. 2022.

MÔNICA e a ideologia de gênero: uma besteira sem par que os haters espalharam na Internet. **MundoHQ**, 10 jan. 2018. Disponível em: http://www.mundohq.com.br/historias-em-quadrinhos/publicacao/101/mongen.html#:~:text=Nem%20precisa.,a%20favor%20deste%20ou%20daquele. Acesso em: 16 abr. 2022.

MONICAVERSO vai invadir a CCXP19. **Suco de Mangá**, 18 nov. 2019. Disponível em: https://sucodemanga.com.br/monicaverso-vai-invadir-a-ccxp19/. Acesso em: 21 abr. 2022.

MONTEIRO, Crica. Sou dessas Danas da Rua que por onde passa deixa uma marca. Em muros, becos e vielas [...]. 22 fev. 2017a. @crica.monteiro. Disponível em: https://www.instagram.com/p/BQ09RA2DLh_/. Acesso em: 29 mar. 2023.

MONTEIRO, Crica. Quem viu meu vídeo recebendo o convite sobre o projeto Donas da Rua e leu meu post, viu o quanto fiquei emocionada [...]. 21 mar. 2017b. Facebook: Crica Monteiro Graffiti e Ilustração. Disponível em: https://www.facebook.com/CricaGraff/photos/a.339661099485761/1224198007698728. Acesso em 30 mar. 2023.

MONTEIRO, Crica. Porque as meninas fortes de ontem será as mulheres fortes do amanhã [...]. 24 nov. 2018. @crica.monteiro. Disponível em: https://www.instagram.com/p/BqlMKqhnDnH/. Acesso em: 29 mar. 2023.

MONTEIRO, Crica. Meu nome é Milena [...]. 26 jul. 2019. @crica.monteiro. Disponível em: https://www.instagram.com/p/B0ZniL1HPz6/. Acesso em: 29 mar. 2023.

MONTEIRO, Thaís. Mauricio de Sousa Produções, 60 anos: de Bidu a Laços. **Meio & Mensagem**, 18 jul. 2019. Disponível em: https://www.meioemensagem.com.br/home/marketing/2019/07/18/pronta-mauricio-de-sousa-producoes-do-bidu-a-lacos.html. Acesso em: 21 jan. 2020.

MORAES, Amanda Nunes de Moraes. Diversidade e inclusão nos quadrinhos: uma viagem pelos personagens de Mauricio de Sousa. **Escola na Minha Casa**, 2021. Disponível em: https://escolanaminhacasa.com.br/noticias/117. Acesso em: 21 abr. 2022.

MOREIRA, Isabela. Chico Bento em: A Infância Perdida da Professora. 21 jul. 2021. Facebook: Gibiteca. Disponível em: https://www.facebook.com/media/set/?set=oa.1831081697078454&type=3. Acesso em 30 mar. 2023.

MOTA, Carlos Guilherme. Idéias de Brasil: formação e problemas (1817-1850). **Viagem incompleta**, v. 1500, p. 221, 2000.

MOYA, Álvaro de. **História da história em quadrinhos**. São Paulo: L&PM, 1986.

MOYA, Álvaro de. *et al.* **Literatura em quadrinhos no Brasil**: acervo da Biblioteca Nacional. Rio de janeiro: Nova Fronteira, 2002.

MUNANGA, Kabengele. **Negritude**: usos e Sentidos. 2. ed. São Paulo: Editora Ática, 1988. (Série Princípios).

NALIATO, Samir. MSP muda o visual do Pelezinho. **Universo HQ**, 12 dez. 2013. Disponível em: http://www.universohq.com/noticias/msp-muda-o-visual-pelezinho/. Acesso em: 25 set. 2018.

NALIATO, Samir. Revistas da Turma da Mônica passam a creditar autores do estúdio. **Universo HQ**, 2 jul. 2014. Disponível em: https://universohq.com/noticias/neymar-jr-dos-quadrinhos-de-mauricio-de-sousa-vira-animacao/. Acesso em: 16 abr. 2022.

NALIATO, Samir. Neymar Jr., dos quadrinhos de Mauricio de Sousa, vira animação. **Universo HQ**, 2015. Disponível em: http://universohq.com/noticias/revistas-da-turma-da-monica-passam-creditar-autoresestudio/. Acesso em: 20 jul. 2020.

NALIATO, Samir. Confins do Universo 122 – A História do Quadrinho Nacional. **Universo HQ**, 30 jan. 2021a. Disponível em: https://universohq.com/podcast/confins-do-universo-122-a-historia-do-quadrinho-nacional/. Acesso em: 22 abr. 2022.

NALIATO, Samir. Conheça os 10 finalistas do Prêmio Jabuti na categoria Quadrinhos. **Universo HQ**, 9 nov. 2021b. Disponível em: https://universohq.com/noticias/conheca-os-10-finalistas-do-premio-jabuti-na-categoria-quadrinhos/. Acesso em: 17 abr. 2022.

NATAL, Chris Benjamim. Os universos de Chico Bento-estereótipos, elementos de funcionamento universal e produção de sentido nestes quadrinhos de Maurício de Souza. *In:* PORTAL INTERCOM. PROC. OF XXVIII CONGRESSO BRASILEIRO DE CIÊNCIAS DA COMUNICAÇÃO, UERJ, Rio de Janeiro. Sociedade Brasileira de Estudos Interdisciplinares da Comunicação. 2005.

NEFERTARI, Tati. Yaya acabou de descobrir a existência da Milena [...]. 03 out. 2020. Twitter: @TatiNefertari. Disponível em: https://twitter.com/TatiNefertari/status/1312446685759434752. Acesso em 30 mar. 2023.

NETO, Leonardo. Único personagem negro da Turma da Mônica chega à lista Nielsen Publish News. **Publish News**, 6 jun. 2018. Disponível em: https://www.publishnews.com.br/materias/2018/06/06/unico-personagem-negro-daturma-da-monica-chega-a-lista-nielsen-publishnews. Acesso em: 20 nov. 2018.

O ELEFANTE. Turma Da Mônica Nutella. 05 jul. 2019. Facebook: O Elefante. Disponível em: https://www.facebook.com/siteoelefante/posts/pfbid02xR4wh-GrEvJ1rvUaJnEc6vTaV6yr9FotHphbYbDJBELNHFZpTSfpt1nGhzXHEVNWQl. Acesso em 30 mar. 2023.

OLIVEIRA, Isa Maria Marques de. A história que não estava no gibi: Mauricio, o editor de Quadrinhos. **9 ª Arte**, São Paulo, v. 6, n. 1-2, p. 69-70, 2017a.

OLIVEIRA, Rosana. Descolonizar os livros didáticos: raça, gênero e colonialidade nos livros de educação do campo. **Revista Brasileira de Educação** [em linha], v. 22, n. 68, p. 11-33, 2017b. Disponível em: https://www.scielo.br/j/rbedu/a/rLND4pxQxJRrMpHTmvcV38H/?lang=pt. Acesso em: 25 out. 2021.

OLIVEIRA, Wanessa Rodovalho Melo; KAILER, Dircel Aparecida. Jeremias, pele: uma reflexão sobre atitudes linguísticas e preconceito. **Cine-Fórum UEMS–Cinema, Literatura, Sociedade e Debate-O Último Ato!**, Campo Grande, v. 1, n. 2, 2021.

ONU MULHERES BRASIL. **1ª Corrida Donas da Rua reúne adultos e crianças pelo empoderamento de meninas e apresenta a maias nova personagem da Turma da Mônica**. 2017. Disponível em: https://www.onumulheres.org.br/noticias/1a-corrida-donas-da-rua-reune-adultos-e-criancas-pelo-empoderamento-de-meninas-e-apresenta-a-maias-nova-personsagem-da-turma-da-monica/. Acesso em: 16 abr. 2022.

O SIGNIFICADO do cabelo black power. **Folha**, 2021. Disponível em: https://www1.folha.uol.com.br/webstories/cultura/2021/04/o-significado-do-cabelo-black-power/. Acesso em: 12 out. 2021.

OSTROWER, Fayaga. **Criatividade e processos de criação**. 15. ed. Petrópolis: Vozes, 2001.

PAIVA, Rodrigo. **Panther is the New Black**: pepresentação e cultura na comunicação do filme Pantera Negra. 1. ed. Porto Alegre: Simplíssimo, 2019.

PARACURU, Nádia. Maurício de Souza zera todas as suas revistas e passa a creditar seus autores. **Maracutaia Livros**, 13 maio 2015. Disponível em: https://maracutaialivros.wordpress.com/2015/05/13/mauricio-de-souza-zera-todas-as-suas-revistas-e-passa-a-creditar-seus-autores/. Acesso em: 21 abr. 2022.

PAULA, Ana Patrícia de. **Representação do quadrinista Mauricio de Sousa, seus quadrinhos e personagens na indústria cultural brasileira**. Orientador: Nadilson Silva. 2005. 54 f. Monografia (Especialização em Jornalismo Cultural) – Pró-reitoria de Pós-graduação e Pesquisa, Universidade Católica de Pernambuco. Recife, PE. 2005.

PAULO, Gratão. Maurício de Sousa: filhos inspiraram empreendedor e, hoje, fazem parte do negócio. **Revista PEGN**, 7 ago. 2021. Disponível em: https://revistapegn.globo.com/Empreendedorismo/noticia/2021/08/mauricio-de-sousa-filhos-inspiraram-empreendedor-e-hoje-fazem-parte-do-negocio.html#:~:text=Quem%20tem%20muitos%20filhos%20n%C3%A3o,com%20as%20imagens%20dos%20personagens. Acesso em: 21 abr. 2022.

PAIVA, Rodrigo Sérgio Ferreira de; LINS, Aline Maria Grego; FERREIRA, Alexandre Figueirôa. Radicalismo e inovação: as contribuições criativas de Emerson Abreu nas estratégias narrativas do universo Turma da Mônica. **Caderno de Letras**, Pelotas, n. 40, p. 451-470, 2021.

PAIVA, Rodrigo Sérgio Ferreira de; JÚNIOR, Dario Brito Rocha; LINS, Anthony José da Cunha Carneiro. Os traços das novas gerações: prós e contras da regulamentação das ditas "boas práticas" na literatura nacional das histórias em quadrinhos. **Brazilian Creative Industries Journal**, Novo Hamburgo, v. 2, n. 1, p. 118-138, 2022.

PEDUZZI, Pedro. Governo lança almanaque da Turma da Mônica sobre Forças Armadas. **Agência Brasil**, 16 maio 2018. Disponível em: https://agenciabrasil.ebc.com.br/geral/noticia/2018-05/governo-lanca-almanaque-da-turma-da-monica-sobre-forcas-armadas. Acesso em: 21 abr. 2022.

PEIXOTO, Thaís; SOARES, Ana. **Variação linguística em textos de homens e mulheres em fóruns de comunidades do orkut**. 2010. Disponível em: http://www.nehte.com.br/simposio/anais/Anais-Hipertexto-2010/Thais-Soares-Bezerra&Ana-Paula-Oliveira.pdf. Acesso em: 21 abr. 2020.

PEREIRA, Alexandre André Santos; MONTEIRO, Jean Carlos da Silva. **A netnografia como método de estudo do comportamento em ambientes digitais**. *In*: SIMPÓSIO INTERNACIONAL INTERDISCIPLINAR EM CULTURA E SOCIEDADE, 3., 2019, Recife. **Anais...** São Luís: Edufma, 2019. p. 1-10.

PEREIRA, Dalmo. Nessa capa, o Cebolinha faz caricaturas e xingamentos da Mônica no muro [...]. 16 abr. 2016. Facebook: Turma da Mônica. Disponível em: https://www.facebook.com/groups/monicolatras/posts/10154208398248489/. Acesso em 30 mar. 2023.

PESSOA, Breno. Milena é nova personagem divulgada em 'Turma da Mônica – Lições'. **Olhar Digital**, 25 jun. 2021. Disponível em: https://olhardigital.com.br/2021/06/25/cinema-e-streaming/milena-e-nova-personagem-divulgada-em--turma-da-monica-licoes/. Acesso em: 17 abr. 2022.

PINHEIRO, Cristiano Guedes; BUSSOLETTI, Denise Marcos. Um Ponto Um Conto: por uma pedagogia da fronteira. *In:* ENCONTRO DE PÓS-GRADUAÇÃO DA UFPEL, 14. **Anais...** Disponível em: https://www2.ufpel.edu.br/enpos/2012/anais/pdf/CH/CH_00143.pdf. Acesso em: 17 abr. 2022.

PINHEIRO, Cristiano Guedes. **Narrativas de educação e resistência**: a prática popular griô. Dissertação (Mestrado em Educação) – Universidade Federal de Pelotas, Pelotas, 2013. Disponível em: http://www.repositorio.ufpel.edu.br/bitstream/123456789/1654/1/Cristiano%20Guedes%20Pinheiro_Dissertacao.pdf . Acesso em: 29 mar. 2023.

PIRES, Breiller. Michael Jordan e Pelé evitaram o ativismo, mas foram enormes agentes políticos. **El País**, 23 out. 2020. Disponível em: https://brasil.elpais.com

/esportes/2020-10-23/michael-jordan- e-pele-evitaram-o-ativismo-mas-foram-enormes-agentes-politicos.html. Acesso em: 16 abr. 2022.

PRIMEIRA menina negra da 'Turma da Mônica' inspira coleção criada pela Lab Fantasma. **Geledés**, 1 nov. 2019. Disponível em: https://www.geledes.org.br/primeira-menina-negra-da-turma- da-monica-inspira-colecao-criada -pela-la-b-fantasma/. Acesso em: 16 abr. 2022.

PORTILHO, Osmar. Negra e amiga dos animais: quem é Milena, nova personagem da "Turma da Mônica". **Correio do Norte**, 30 jan. 2019. Disponível em: https://jornalcn.com.br/noticia/ 7513/negra-e-amiga-dos-animais-quem-e-milena-nova-personagem-da--turma-da-monica-. Acesso em: 21 jan. 2020.

PORTO, Helânia Thomazine. A importância de Griôs na socialização de saberes e de fazeres da cultura. **Processocom**, 1 jun. 2016. Disponível em: http://www.processocom.org/ 2016/06/01/a-importancia-de-grios-na-socializacao- de-saberes-e-de-fazeres-da-cultura/. Acesso em:17 abr. 2021.

POSSENTI, Sírio; BARONAS, Roberto Leiser. A linguagem politicamente correta no Brasil: uma língua de madeira?. **Polifonia**, v. 12, n. 12 (2), 2006.

PRADO, Matheus. Mauricio de Sousa Produções completa 60 anos com plano de expansão. **VejaSP**, 28 jun. 2019. Disponível em: https://vejasp.abril.com.br/cultura-lazer/msp-sessenta-anos-expansao/. Acesso em: 21 jan. 2020.

PRESSER, Alexandra; BRAVIANO, Gilson; FIALHO, Francisco. O uso criativo dos elementos na nova fase das Histórias em Quadrinhos no Brasil. **Revista Triades**, v. 6, n. 1, 2017.

PROCÓPIO, Mariana Ramalho. Os imaginários sócio-discursivos sobre o homem do campo difundidos pelos quadrinhos de Chico Bento. **Revista Investigações**, [*S. l.*], v. 22, n. 2, p. 181-203, 2009.

PROCÓPIO, Mariana Ramalho *et al.* Imaginários sócio-discursivos nos quadrinhos de Papa-Capim. **MOARA – Revista Eletrônica do Programa de Pós-Graduação em Letras**, [*S. l.*], v. 2, n. 28, p. 97-119, 2016.

PROENÇA, Luísa Inocêncio Borges *et al.* **Interdiscursividade e subjetividade em Mônica de Maurício de Sousa**. 2015. Disponível em: http://clyde.dr.ufu.br/handle/123456789/18083. Acesso em: 21 abr. 2022.

PRUDENTE, Celso Luiz; COSTA, Haroldo. Escolas de samba: comunicação e pedagogia a resistência do quilombismo. **Revista Extraprensa**, v. 14, n. 1, p. 274-294, 2020.

QUEBRANDO O TABU. Papai Noel quebrador de tabu gosto muito [...]. 25 dez. 2018a. Twitter: @QuebrandoOTabu. Disponível em: https://twitter.com/QuebrandoOTabu/status/1077670319173918722. Acesso em 30 mar. 2003.

QUEBRANDO O TABU. "Todo bimestre tem votação na minha sala para escolher a capa da prova. A capa dessa vez é da Turma da Mônica [...].8 maio 2018b. Facebook: Quebrando o Tabu. Disponível em: https://www.facebook.com/quebrandootabu/photos/a.177940715595657/1905498616173183/. Acesso em 30 mar. 2023.

QUELLA-GUYOT, Didier. **A história em quadrinhos**. 1. ed. São Paulo: Loyola, 1994.

QUERINO, Rangel. Maurício de Sousa pretende abordar questões de gênero em versão adulta da Turma da Mônica. **Observatório** G, 2018. Disponível em: https://observatoriog.bol.uol.com.br/noticias/mauricio-de-sousa-pretende-abordar-questoes-de-genero-em-versao-adulta-da-turma-da-monica. Acesso em: 15 abr. 2020.

RAFAEL Calça e Jefferson Costa sobem o 'sarrafo' em 'Jeremias – Alma'. **Correio do Cidadão**, 2021. Disponível em: https://www.correiodocidadao.com.br/curta/rafael-calca-e-jefferson-costa-sobem-o-sarrafo-em-jeremias-alma/. Acesso em: 17 abr. 2022.

RAMONE, Marcus. Pelezinho: a história de um craque dos gibis. **Universo HQ**, 2007. Disponível em: http://www.universohq.com/materias/pelezinho-historia--de-umcraque-dos-gibis/. Acesso em: 25 set. 2018.

RAMONE, Marcus. Exclusivo: Mauricio de Sousa revela imagens das tiras de Ronaldo "Fenômeno". **Universo HQ**, 6 abr. 2009. Disponível em: https://universohq.com/noticias/exclusivo-mauricio-de-sousa-revela-imagens-das-tiras-de--ronaldo-fenomeno/. Acesso em: 16 abr. 2021.

RAMOS, Paulo: **Revolução do Gibi**: a nova cara dos quadrinhos no Brasil. São Paulo: Devir, 2012.

RASSI, Sarah (org.). **Negros na sociedade e na cultura brasileiras II**. Goiânia: Ed. da UCG, 2006.

REZENDE, Ana Paula; BORGES, Júlio César Pereira. Sociedade autoritária e a autorrepresentação dos quadrinistas negros nas histórias em quadrinhos brasileiras. **Revista Territorial**, Cidade de Goiás, v. 9, n. 1, p. 17-30, 2020.

RHEINGOLD, Howard. **A Comunidade Virtual**. Lisboa: Gradiva, 2005.

RIBEIRO, Bárbara. Não só Gabigol! Relembre outros jogadores que viraram personagens da Turma da Mônica. **Torcedores.com**, 9 out. 2019a. Disponível em: https://www.torcedores.com/noticias/2019/10/jogadores-turma-da-monica. Acesso em: 16 abr. 2022.

RIBEIRO, Djamila. **Pequeno manual antirracista**. São Paulo: Companhia das letras, 2019b.

RIBEIRO, Djamila. **Lugar de fala**. São Paulo: Pólen Produção Editorial, 2019c.

RÍMOLI, Cosme. 'Sou negro, filho de negro, neto e bisneto de negro'. Neymar desperta. **R7**, 14 set. 2020. Disponível em: https://esportes.r7.com/prisma/cosme-rimoli/sou-negro-filho-de-negro-neto-e-bisneto-de-negro-neymar-desperta-14092020. Acesso em: 16 abr. 2022.

ROCCO, Luigi. **Luiz Sá - Entrevista – 1976**. 2018. Disponível em: http://tvmemory.blogspot.com/2018/09/luiz-sa-entrevista-1976.html. 21 abr. 2022.

RODRIGUES, Neide Nunes; DE SOUZA MELO, Mônica Santos. Representações sociais nos quadrinhos de Maurício De Sousa. **Revista Leia Escola**, [*S. l.*], v. 12, n. 2, p. 131-148, 2012.

RODRIGUES, Thayná. Mauricio de Sousa desfaz polêmica sobre elenco de 'Turma da Mônica - Laços': 'Cascão nunca foi desenhado negro'. **Extra**, [*S. l.*], 21 jun. 2018. Disponível em: https://extra.globo.com/tv-e-lazer/mauricio-de-sousa-desfaz-polemica-sobre-elenco-de-turma-da-monicalacos-cascao-nunca-foi-desenhado-negro-22806197.html. Acesso em: 16 abr. 2022.

RONALDINHO Gaúcho é chamado de 'macaco' por político mexicano e clube sai em defesa do brasileiro. **Placar**, 15 set. 2014. Disponível em: placar.abril.com.br/esporte/ronaldinho-gaucho-e-chamado-de-macaco-por-politico-mexicano-e-clube-sai-em-defesa-do-brasileiro/. Acesso em: 16 abr. 2022.

ROSO, Adriane *et al.* Cultura e ideologia: a mídia revelando estereótipos raciais de gênero. **Psicologia & sociedade**, v. 14, n. 2, p. 74-94, 2002.

ROTEIRISTA explica origens de gírias gays na Turma da Mônica. **A Capa**, 2009. Disponível em: https://acapa.disponivel.uol.com.br/roteirista-explica-origens-de-girias-gays-na-turma-damonica/. Acesso em: 30 maio 2020.

SABBAGA. Turma da Mônica: laços supera dois milhões de espectadores. **Omelete**, 2 ago. 2019. Disponível em: https://www.omelete.com.br/filmes/turma-da-monica-lacos-supera-dois-milhoes-de-espectadores. Acesso em: 21 abr. 2022.

SABBAGA. Turma da Mônica: lições evolui e amadurece a franquia da turminha. **Omelete**, 27 dez. 2021. Disponível em: https://www.omelete.com.br/filmes/criticas/turma-da-monica-licoes. Acesso em: 20 abr. 2022.

SAIONETI, Leandro. Chico Bento cresceu e virou agrônomo. **Globo Rural**, 29 jan. 2018. Disponível em: https://revistagloborural.globo.com/Noticias/Cultura/noticia/2018/01/chico-bento-cresceu-e-virou-agronomo.html. Acesso em: 20 dez. 2020.

SALLES, Cecília Almeida. **Gesto Inacabado**: processo de criação artística. 2. ed. São Paulo, 2004.

SANTAELLA, Lúcia. **Culturas e artes do pós-humano**: da cultura das mídias à cibercultura. São Paulo: Paulus, 2003.

SANTANA, Vinícius. O politicamente correto está DESTRUINDO a Turma da Mônica (COM FOTOS). **Eplay**, 3 set. 2019. Disponível em: https://expertplay.net/forum/topic/344749-o-politicamente-correto-est%C3%A1-destruindo--a-turma-da-m%C3%B4nica-com-fotos/page/2/. Acesso em: 16 abr. 2022.

SANTOS, Roberto Elísio dos. **Humor, metalinguagem e intertextualidade nas histórias em quadrinhos de Mauricio de Sousa**. 2013. Disponível em: http://www2.eca.usp.br/anais2ajornada/anais2asjornadas/anais/3%20-%20ARTIGO%20-%20ROBERTO%20ELISIO%20DOS%20SANTOS%20-%20HQ%20E%20HUMOR.pdf. Acesso em: 29 mar. 2023.

SANTOS, Roberto Elísio dos; CHINEN, Nobu. Categorização e análise de graphic novels brasileiras. **Sociopoética**, João Pessoa, v. 1, n. 22, p. 129-140, 2020.

SANTOS, Tatianne Silva; REINATO, Eduardo José. A Negritude No Século XXI nas HQ's da Turma da Mônica. **Revista Mosaico-Revista de História**, v. 13, n. 1, p. 147-166, 2020.

SARDENBERG, Cecília Maria Bacellar. Conceituando "empoderamento" na perspectiva feminista. **PPGA**, [*S. l.*], 2 out. 2012. Disponível em: https://repositorio.ufba.br/handle/ri/6848. Acesso em: 29 mar. 2023.

SASSE, Adriana; SILVA, Claudinei. **A Cultura Afrodescendente numa perspectiva interdisciplinar**. 2013. Disponível em: http://www.diaadiaeducacao.pr.gov.br/portals/cadernospde/pdebusca/producoes_pd e/2013/2013_unioeste_lem_artigo_adriana_aparecida_sasse.pdf. Acesso em: 19 nov. 2018.

SCARELI, Giovana. Mídia e educação: uma abordagem pelas histórias em quadrinhos. *In:* CONGRESSO BRASILEIRO DE CIÊNCIAS DA COMUNICAÇÃO, XXVI. 2003.

SCHWARCZ, Lilia Moritz. **Nem preto nem branco, muito pelo contrário**: cor e raça na sociabilidade brasileira. São Paulo: Editora Companhia das Letras, 2013.

SCHWARCZ, Lilia Moritz; DOS SANTOS GOMES, Flávio (ed.). **Dicionário da escravidão e liberdade**: 50 textos críticos. São Paulo: Editora Companhia das Letras, 2018.

SEJA bem-vinda, Milena! Conheça a nova personagem da Turma da Mônica! **São Paulo para Crianças**, 31 jan. 2019. Disponível em: https://saopauloparacriancas.com.br/seja-bem-vinda-milena-conheca-a-nova-personagem-da-turma-da-monica/#:~:text=A%20personagem%20vem%20da%20fam%C3%ADlia,mais%20conhecido%20como%20Seu%20Dod%C3%B4. Acesso em: 16 abr. 2022.

SENRA, Daiane Souza; COUTINHO, Aline Medeiros; SOUZA, Sonia Maria de. Transição Capilar: do liso ao cacheado e se libertando das químicas. **Revista de Trabalhos Acadêmicos–Universo Juiz de Fora**, v. 1, n. 7, 2018.

SHAUN, Angela; AGUIAR, Leonel. Híbrido glocal, ciberativismo e tecnologias da informação. **Observatório da Imprensa**, 25 jan. 2011. Disponível em: http://observatoriodaimprensa.com.br/diretorio-academico/hibrido-glocal-ciberativismo-e-tecnologias-da-informacao/. Acesso em: 30 maio 2018.

SHIRKY, Clay. **A cultura da participação**: criatividade e generosidade no mundo conectado. Rio de Janeiro: Zahar, 2011.

SHIRKY, Clay. **Lá vem todo mundo**: o poder de organizar sem organizações. Rio de Janeiro: Zahar, 2012.

SILVA, Gabriel Machado Rodrigues da. **Turma da Mônica e a expansão para as graphic novels**. 2013. Disponível em: https://www.academia.edu/9417192/Turma_da_M%C3%B4nica_e_a_expans%C3%A3o_para_as_graphic_novels. Acesso em: 21 abr. 2022.

SILVA, Fernanda Pereira da. **Super-heróis negros e negras:** referências para a educação das relações étnico-raciais e ensino da história e cultura afro-brasileira e africana. Dissertação (Mestrado) – Centro Federal de Educação Tecnológica Celso Suckow da Fonseca, Rio de Janeiro, 2018. Disponível em: https://dippg.cefet-rj.br/pprer/attachments/article/81/110_Fernanda%20Pereira%20da%20Silva.pdf. Acesso em 29 mar. 2023.

SILVA, Meire Helen Ferreira *et al.* **Leitura literária e protagonismo negro na escola**: problematizando os conflitos étnico-raciais. Disponível em: https://repositorio.bc.ufg.br/tede/handle/tede/6326. Acesso em: 17 jul. 2022.

SILVA, Dalexon Sérgio; AZEVEDO, Nadia Pereira da Silva G. A heterogeneidade e as formações discursivas nas tirinhas da Turma da Mônica. **Revista de Letras Norte@ mentos**, [*S. l.*], v. 9, n. 19, 2016.

SILVA, Nadilson Manoel da. **Fantasias e cotidiano nas histórias em quadrinhos**. São Paulo: Annablume; Fortaleza: Secult, 2002.

SILVEIRA, Juliano *et al.* Turma da Mônica e pessoas com deficiência: signos de diversidade e inclusão nas HQs de Maurício de Sousa. **Pensar a Prática**, [*S. l.*], v. 22, 2019a.

SILVEIRA, Rocheli Regina Predebon *et al.* "**Escola sem doutrinação**": um patrulhamento ideológico?. 2019b.

SIMAKAWA, Viviane, 2016. **Por inflexões decoloniais de corpos e identidades de gênero inconformes**: uma análise autoetnográfica da cisgeneridade como normatividade. 12 julho 2016. Disponível em: https://repositorio.ufba.br/ri/handle/ri/19685. Acesso em: 25 out. 2021.

SOBRE macacos, bananas, Daniel Alves e Neymar: não somos macacos, porra! – Por: Higor Faria. **Geledés**, 29 abr. 2014. Disponível em: https://www.geledes.org.br/sobre-macacos-bananas-daniel-alves-e-neymar-nao-somos-macacos-porra-por-higor-faria/. Acesso em: 16 abr. 2022.

#SOMOSTODOSMACACOS foi criado por agência de publicidade. **Geledés**, 28 abr. 2014. Disponível em: https://www.geledes.org.br/somostodosmacacos-foi-criado-por-agencia-de-publicidade/. Acesso em: 16 abr. 2022.

SOLOMON, Michael. **O comportamento do consumidor**: comprando, possuindo e sendo. 11. ed. Porto Alegre: Bookman, 2016.

SOUSA, Igor Leite; NEVES, Christopher Smith Bignardi. **A desconstrução dos estereótipos presentes nas lendas Negrinho do Pastoreio e Uirapuru, recontadas por Maurício de Sousa**. Disponível em: https://acervodigital.ufpr.br/bitstream/handle/1884/51910/R%20-%20E%20-%20IGOR%20LEITE%20SOUSA.pdf?sequence=1. Acesso em: 21 abr. 2022.

SOUSA, Mauricio de. **A história que não está no gibi**. 1a. ed. São Paulo: Primeira Pessoa, 2017.

SOUSA, Mauricio de. **Almanaque da Magali** n.º 1 a 57. São Paulo: Globo, 1989 a 2006.

SOUSA, Mauricio de. **Almanaque da Magali – 1ª série** n.º 1 a 85. São Paulo: Panini Comics, 2007 a 2021.

SOUSA, Mauricio de. **Almanaque da Magali – 2ª série** n.º 1 a 7. São Paulo: Panini Comics, 2021.

SOUSA, Mauricio de. **Almanaque da Mônica** n.º 1 a 31. São Paulo: Abril, 1976 a 1986.

SOUSA, Mauricio de. **Almanaque da Mônica** n.º 1 a 117. São Paulo: Globo, 1987 a 2006.

SOUSA, Mauricio de. **Almanaque da Mônica – 1ª série** n.º 1 a 85. São Paulo: Panini Comics, 2007 a 2021.

SOUSA, Mauricio de. **Almanaque da Mônica – 2ª série** n.º 1 a 7. São Paulo: Panini Comics, 2021.

SOUSA, Mauricio de. **Almanaque do Cascão** n.º 1 a 12. São Paulo: Abril, 1979 a 1986.

SOUSA, Mauricio de. **Almanaque do Cascão** n.º 1 a 96. São Paulo: Globo, 1987 a 2006.

SOUSA, Mauricio de. **Almanaque do Cascão – 1ª série** n.º 1 a 85. São Paulo: Panini Comics, 2007 a 2021.

SOUSA, Mauricio de. **Almanaque do Cascão – 2ª série** n.º 1 a 7. São Paulo: Panini Comics, 2021.

SOUSA, Mauricio de. **Almanaque do Cebolinha** n.º 1 a 8. São Paulo: Abril, 1978 a 1986.

SOUSA, Mauricio de. **Almanaque do Cebolinha** n.º 1 a 96. São Paulo: Globo, 1987 a 2006.

SOUSA, Mauricio de. **Almanaque do Cebolinha – 1ª série** n.º 1 a 85. São Paulo: Panini Comics, 2007 a 2021.

SOUSA, Mauricio de. **Almanaque do Cebolinha – 2ª série** n.º 1 a 7. São Paulo: Panini Comics, 2021.

SOUSA, Mauricio de. **Almanaque do Chico Bento** n.º 1 a 8. São Paulo: Abril, 1981 a 1986.

SOUSA, Mauricio de. **Almanaque do Chico Bento** n.º 1 a 96. São Paulo: Globo, 1987 a 2006.

SOUSA, Mauricio de. **Almanaque do Chico Bento – 1ª série** n.º 1 a 85. São Paulo: Panini Comics, 2007 a 2021.

SOUSA, Mauricio de. **Almanaque do Chico Bento – 2ª série** n.º 1 a 7. São Paulo: Panini Comics, 2021.

SOUSA, Mauricio de. **Almanaque do Pelezinho** n.º 1 a 8. São Paulo: Abril, de 1982 a 1988.

SOUSA, Mauricio de. **Almanaque do Pelezinho** n.º 1. São Paulo: Globo, 1988.

SOUSA, Mauricio de. **Almanaque Temático** n.º 54. São Paulo: Panini Comics, 2020.

SOUSA, Mauricio de. **Cascão** n.º 1 a 114. São Paulo: Abril, 1982 a 1986.

SOUSA, Mauricio de. **Cascão** n.º 1 a 467. São Paulo: Globo, 1987 a 2006.

SOUSA, Mauricio de. **Cascão – 2ª série** n.º 1 a 71. São Paulo: Panini Comics, 2015 a 2021.

SOUSA, Mauricio de. **Cascão – 3ª série** n.º 1 a 14. São Paulo: Panini Comics, 2015 a 2022.

SOUSA, Mauricio de. **Cebolinha** n.º 1 a 168. São Paulo: Abril, 1973 a 1986.

SOUSA, Mauricio de. **Cebolinha** n.º 1 a 246. São Paulo: Globo, 1987 a 2006.

SOUSA, Mauricio de. **Cebolinha – 1ª série** n.º 1 a 100. São Paulo: Panini Comics, 2007 a 2015.

SOUSA, Mauricio de. **Cebolinha – 2ª série** n.º 1 a 71. São Paulo: Panini Comics, 2015 a 2021.

SOUSA, Mauricio de. **Cebolinha – 3ª série** n.º 1 a 14. São Paulo: Panini Comics, 2015 a 2022.

SOUSA, Mauricio de. **Chico Bento** n.º 1 a 114. São Paulo: Abril, 1982 a 1986.

SOUSA, Mauricio de. **Chico Bento** n.º 1 a 467. São Paulo: Globo, 1987 a 2006.

SOUSA, Mauricio de. **Chico Bento – 1ª série** n.º 1 a 100. São Paulo: Panini Comics, 2007 a 2015.

SOUSA, Mauricio de. **Chico Bento – 2ª série** n.º 1 a 71. São Paulo: Panini Comics, 2015 a 2021.

SOUSA, Mauricio de. **Chico Bento – 3ª série** n.º 1 a 14. São Paulo: Panini Comics, 2015 a 2022.

SOUSA, Mauricio de. **Chico Bento Moço** n.º 1 a 75. São Paulo: Panini Comics, 2013 a 2021.

SOUSA, Mauricio de. **Coleção Histórica Mauricio**: Bidu e Zaz Traz! Barueri, São Paulo: Panini Books, 2015.

SOUSA, Mauricio de. **Crônicas: Navegando nas letras**. 2a. ed. São Paulo: Globo, 1999.

SOUSA, Mauricio de. **Crônicas: Navegando nas letras II**. 2. ed. São Paulo: Globo, 2000.

SOUSA, Mauricio de. **Gibizinho.** n.º 1 a 164. São Paulo: Globo, de 1991 a 1998.

SOUSA, Mauricio de. **Grandes Piadas... As.** n.º 1 a 20. São Paulo: Globo, de 1987 a 1988.

SOUSA, Mauricio de. **Horácio Completo vol. 01**. Barueri, São Paulo: Panini Books, 2021.

SOUSA, Mauricio de. **Horácio Completo vol. 02**. Barueri, São Paulo: Panini Books, 2021.

SOUSA, Mauricio de. **Livro Ilustrado a Turma da Mônica**. São Paulo: Abril, 1979.

SOUSA, Mauricio de. **Magali.** n.º 1 a 403. São Paulo: Globo, 1989 a 2006.

SOUSA, Mauricio de. **Magali – 1ª série** n.º 1 a 100. São Paulo: Panini Comics, 2007 a 2015.

SOUSA, Mauricio de. **Magali – 2ª série** n.º 1 a 71. São Paulo: Panini Comics, 2015 a 2021.

SOUSA, Mauricio de. **Magali – 3ª série** n.º 1 a 14. São Paulo: Panini Comics, 2015 a 2022.

SOUSA, Mauricio de. **Mauricio – O início!** Barueri, São Paulo: Panini Books, 2015.

SOUSA, Mauricio de. **Melhores Histórias do Pelezinho, As** n.º 1 a 14. São Paulo: Panini Comics, de 2012 a 2014.

SOUSA, Mauricio de. **Melhores Piadas..., As – 1ª série** n.º 1 a 11. São Paulo: Abril, 1974 a 1978.

SOUSA, Mauricio de. **Melhores Piadas..., As – 2ª série** n.º 1 a 18. São Paulo: Abril, 1985 a 1986.

SOUSA, Mauricio de. **Mônica Especial de Natal** n.º 8. São Paulo: Panini Comics, 2014.

SOUSA, Mauricio de. **Mônica** n.º 1 a 200. São Paulo: Abril, 1970 a 1986.

SOUSA, Mauricio de. **Mônica** n.º 1 a 246. São Paulo: Globo, 1987 a 2006.

SOUSA, Mauricio de. **Mônica – 1ª série** n.º 1 a 100. São Paulo: Panini Comics, 2007 a 2015.

SOUSA, Mauricio de. **Mônica – 2ª série** n.º 1 a 71. São Paulo: Panini Comics, 2015 a 2021.

SOUSA, Mauricio de. **Mônica – 3ª série** n.º 1 a 14. São Paulo: Panini Comics, 2015 a 2022.

SOUSA, Mauricio de. **Neymar Jr – 1ª série** n.º 1 a 24. São Paulo: Panini Comics, 2013 a 2015.

SOUSA, Mauricio de. **Neymar Jr – 2ª série** n.º 1 a 3. São Paulo: Panini Comics, 2015.

SOUSA, Mauricio de. No tempo da ditadura militar (1964 a 1985) tivemos que tomar alguns cuidados especiais nas nossas produções. Mesmo às dirigidas ao público infantil [...]. 3 fev. 2018. @mauricioaraujosousa. Disponível em: https://www.instagram.com/p/BevdDSEjcoU/. Acesso em: 29 mar. 2023.

SOUSA, Mauricio de. **Parque da Mônica** n.º 1 a 165. São Paulo: Globo, 1993 a 2006.

SOUSA, Mauricio de. **Pelezinho** n.º 1 a 58. São Paulo: Abril, de 1977 a 1982.

SOUSA, Mauricio de. **Pelezinho - 50 Anos de Pelé**. São Paulo: Globo, 1990.

SOUSA, Mauricio de. **Pelezinho - Coleção Histórica** n.º 1 a 50. Panini Comics, 2012 a 2014.

SOUSA, Mauricio de. **Pelezinho Copa 86.** São Paulo: Abril, 1986.

SOUSA, Mauricio de. **Pelezinho Especial Copa 90.** São Paulo: Globo, 1990.

SOUSA, Mauricio de. **Tiras Clássicas da Turma da Mônica, As** n.º 1 a 7. Panini Comics, 2007 a 2011.

SOUSA, Mauricio de. **Tiras Clássicas do Pelezinho, As** n.º 1 e 2. Panini Comics, 2012 a 2013.

SOUSA, Mauricio de. **Turma da Mônica – 1ª série** n.º 1 a 100. São Paulo: Panini Comics, 2007 a 2015.

SOUSA, Mauricio de. **Turma da Mônica – 2ª série** n.º 1 a 71. São Paulo: Panini Comics, 2015 a 2021.

SOUSA, Mauricio de. **Turma da Mônica – 3ª série** n.º 1 a 14. São Paulo: Panini Comics, 2015 a 2022.

SOUSA, Mauricio de. **Turma da Mônica - Coleção de Miniaturas** n.° 13, 2016. São Paulo: Salvat.

SOUSA, Mauricio de. **Turma da Mônica - Cuide Bem do Seu Amigo**. São Paulo: Instituto Cultural Mauricio de Sousa, 2018.

SOUSA, Mauricio de. **Turma da Mônica & Ronaldinho Gaúcho - Na Prevenção do Uso de Drogas.** São Paulo: SP, Instituto Cultural Mauricio de Sousa, 2006.

SOUSA, Mauricio de. **Turma da Mônica Geração 12.** n.º 1 a 6. São Paulo: Panini Comics, 2019 a 2020.

SOUSA, Mauricio de. **Turma da Mônica Jovem – 1ª série.** n.º 1 a 100. São Paulo: Panini Comics, 2008 a 2016.

SOUSA, Mauricio de. **Turma da Mônica Jovem – 2ª série** n.º 1 a 52. São Paulo: Panini Comics, 2016 a 2021.

SOUSA, Mauricio de. **Turma da Mônica Jovem – 3ª série** n.º 1 a 9. São Paulo: Panini Comics, 2021 a 2022.

SOUSA, Mauricio de. **Turma da Mônica (L&pm Pocket)/L&PM** n.º 1 a 20. São Paulo: Abril, 2009 a 2018.

SOUSA, Mauricio de. **Msp +50 - Mauricio de Sousa Por Mais 50 Artistas**. São Paulo: Panini Brasil, 2010.

SOUSA, Mauricio de. **Ronaldinho Gaúcho Especial**. São Paulo: Panini Comics, 2010.

SOUSA, Mauricio de. **Ronaldinho Gaúcho e Turma da Mônica** n.º 1 a 3. São Paulo: Globo, 2006.

SOUSA, Mauricio de. **Ronaldinho Gaúcho** n.º 1 a 100. São Paulo: Panini Comics, 2007-2015.

SOUSA, Mauricio de. **Você Sabia? Turma da Mônica – 1ª Série** n.º 1 a 30. São Paulo: Globo, 2003-2006.

SOUSA, Mônica. As mulheres foram protagonistas na sexta e maior edição da CCXP, do primeiro dia até o encerramento [...]. 10 dez. 2019. @monicasousa. Disponível em: https://www.instagram.com/p/B55NWALBigz/. Acesso em: 29 mar. 2023.

SOUSA, Mônica. Muito bem acompanhado pelo amigo Jeremias, Mauricio de Sousa teve a honra de receber o #TroféuRaçaNegra em 20/11! [...]. 22 nov. 2017. Facebook: Mônica Sousa. Disponível em: https://www.facebook.com/photo?fbid=10203870291353576&set=a.1752632751507. Acesso em 30 mar. 2023.

SOUZA, Edvaldo de; TOUTAIN, Lídia Brandão. Histórias em quadrinhos: barreiras para a representação documental. **Ponto de Acesso**, v. 4, n. 1, p. 78-95, 2010.

STUMPF, Ida Regina. Pesquisa Bibliográfica. *In:* DUARTE, Jorge; BARROS, Antonio (org.). **Métodos e técnicas de pesquisa em Comunicação**. 2. ed. São Paulo: Atlas, 2006. p. 51-61.

TAKAHAMA, Ellen. Franjinha e Milena da Turma da Mônica vão ganhar série na HBO Max. **Proddigital POP**, 10 jul. 2022. Disponível em: https://pop.proddigital.com.br/noticias/noticias-de-series/franjinha-e-milena-da-turma-da-monica-vao-ganhar-serie-na-hbo-max. Acesso em: 9 ago. 2022.

TAVA lendo uns gibis novos da turma da Monica e vi que o Papa capim agora usa roupa. O que vcs acham sobre isso? Certo ou exagero do politicamente correto?. **Reddit**, 2021. Disponível em: https://www.reddit.com/r/brasil/comments/qm7j3u/tava_lendo_uns_gibis_novos_da_turma_da_monica_e/. Acesso em: 22 abr. 2022.

TEIXEIRA, Alexandre Eustáquio. Representações sobre o feminino e o masculino em gibis da "Turma da Mônica". **PISTA:** Periódico Interdisciplinar [Sociedade Tecnologia Ambiente], v. 1, n. 2, p. 84-100, 2019.

TEM NOVAS aventuras da 'Mônica Toy' no YouTube. **Liberal**, 9 jul. 2020. Disponível em: https://liberal.com.br/cultura/tem-novas-aventuras-da-monica-toy-no-youtube-1253316/. Acesso em: 21 abr. 2022.

TODOROV, Tzvetan. **Semiologia e linguística**. 1. ed. Petrópolis: Vozes, 1971.

TOFFLER, Alvin. **A terceira onda**. 16. ed. Rio de Janeiro: Record, 1980.

TORQUATO, Fefê. **Graphic Msp – Tina**: respeito. São Paulo: Panini Brasil, 2019.

TOY BOX PIM POM. Show Mônica Azul - Parque da Mônica 2017. 2017. Disponível em: https://www.youtube.com/watch?v=d-Phwi6vSJM. Acesso em: 21 abr. 2022.

TRANCOSO, Carlos Henrique; ABREU, Fernanda Ferreira de. Reflexões sobre branded content: uma análise netnográfica do público de Tour das Tours. **Cambiassu**: estudos em comunicação, São Luís, MA, v. 16, n. 27, p. 242-262, 2021.

TROFÉU HQ Mix divulga lista de vencedores da edição 2021. **O Grito!**, 19 nov. 2021. Disponível em: https://revistaogrito.com/trofeu-hq-mix-divulga-lista-de-vencedores-da-edicao-2021/. Acesso em: 17 abr. 2021.

TROFÉU Angelo Agostini divulga lista dos quadrinhos premiados deste ano. **O Grito!**, 17 mar. 2022. Disponível em: https://www.revistaogrito.com/trofeu-angelo-agostini-divulga-lista-dos-quadrinhos-premiados-deste-ano/. Acesso em: 17 abr. 2021.

Turma da Mônica - A Série. Direção: Daniel Rezende. Brasil: Biônica Filmes, 2022. Globoplay.

TURMA DA MÔNICA. A Turma também está unida contra o preconceito [...]. 16 abr. 2016. Facebook: Turma da Mônica. Disponível em: https://www.facebook.com/turmadamonica/photos/a.108580112606795/470675933063876. Acesso em 30 mar. 2023.

Turma da Mônica Lições. Direção: Daniel Rezende. Produção de Bianca Villar; Karen Castanho; Fernando Fraiha e Daniel Rezende. Brasil: Paris Filmes; Downtown Filmes, 2021. Amazon Prime.

TURMA da Mônica ganha sua primeira protagonista negra. **UOL**, 19 dez. 2017. Disponível em: https://www.uol.com.br/universa/noticias/redacao/2017/12/19/turma-da-monica-ganha-sua-primeira-protagonista-negra.htm#:~:text=M%C3%B4nica%20e%20Magali%20ter%C3%A3o%20uma,status%20de%20protagonista%20nos%20gibis. Acesso em: 16 abr. 2022.

TURMA DA MÔNICA. Mônica Clássica. Mônica Toy. Mônica Jovem. Mônica Sousa. Mônica Laços. MônicaVerso [...]. 18 nov 2018. Facebook: Turma da Mônica. Disponível em: https://www.facebook.com/turmadamonica/posts/pfbid031P-qej8UoSSosgNtjYFxzg36DvJ4R88bhLp7e7Tg6nvXXkqGntyXVzpnBuBegunY6l. Acesso em: 30 mar. 2023.

'TURMA da Mônica': família de Milena entra para a turminha. **Almanaque da Cultura**, 14 jan. 2019. Disponível em: https://www.almanaquedacultura.com.br/literatura/turma-da-monica-familia-de-milena-entra-para-a-turminha/. Acesso em: 16 abr. 2022.

TURMA DA MÔNICA O FILME. Gabriel Moreira interpreta o Cascão, e ele já está pronto para essa aventura incrível! [...]. Facebook: Turma da Mônica O Filme. 14 jun. 2019. Disponível em: https://www.facebook.com/turmadamonicaofilme/photos/a.1953289014929110/2347525758838765/. Acesso em 30 mar. 2023.

TURMA DA MÔNICA – QUADRO A QUADRO. **Um Hábito Nada Agradável**. 2014. Disponível em: http://monicaquadroaquadro.blogspot.com/2014/06/. Acesso em: 15 abr. 2018.

TURMA da Mônica vai ganhar primeira protagonista negra. **Diário de Pernambuco**, 19 dez. 2017. Disponível em: https://www.diariodepernambuco.com.br/noticia/viver/2017/12/turma-da-monica-vai-ganhar-primeira-protagonista-negra.html. Acesso em: 16 abr. 2021.

VALENTE, Rafael. Pelezinho já foi personagem de tiras que uniam política e humor. **Folha de S.Paulo**, 4 jan. 2015. Disponível em: https://www1.folha.uol.com.br/esporte/2015/01/1570298-pelezinho-ja-foi-personagem-de-tiras-que-uniam-politica-e-humor.shtml?cmpid=menupe. Acesso em: 16 abr. 2022.

VARELA, Thais. Lab Fantasma lança coleção com Milena, 1ª garota negra da Turma da Mônica. **Capricho**, 29 out. 2019. Disponível em: https://capricho.abril.com.br/moda/lab-fantasma-lanca-colecao-com-milena-1a-garota-negra-da-turma-da-monica/. Acesso em: 17 abr. 2022.

VELLOSO, João Paulo dos Reis (coord.). **O Brasil e a economia criativa**: um novo mundo nos trópicos. Rio de Janeiro: José Olympio, 2008.

VERDOLINI, Thaís Helena Affonso. **Turma da Mônica**: trajetória intertextual em 40 anos de história. 2007. 193 f. Dissertação (Mestrado em Letras) – Universidade Presbiteriana Mackenzie, São Paulo, 2007.

VERGUEIRO, Waldomiro. A odisséia dos quadrinhos infantis brasileiros. **Agaquê**, [*S. l.*], v. 2, n. 2, 1999a.

VERGUEIRO, Waldomiro. A odisséia dos quadrinhos infantis brasileiros: parte 2: o predomínio de Maurício de Sousa e a Turma da Mônica. **Agaquê**, [*S. l.*], v. 2, n. 2, 1999b.

VERGUEIRO, Waldomiro; CHINEN, Nobu *et al.* **Intersecções Acadêmicas:** panorama das primeiras jornadas internacionais de História em Quadrinhos. São Paulo: Criativo, 2013.

VERGUEIRO, Waldomiro. **Panorama das histórias em quadrinhos no Brasil**. São Paulo: Editora Peirópolis, 2017.

VERGUEIRO, Waldomiro; CHINEN, Nobuyoshi. De serviçal a senhor de sua própria história: um olhar sobre a representação do negro nos quadrinhos brasileiros. **Afro-Hispanic Review**, p. 127-142, 2010.

VIEIRA, André Richard Durante; BRITO, Glaucia da Silva. O retrato artístico da infância: da Idade Média à Modernidade. *In:* INTERCOM – SOCIEDADE BRASILEIRA DE ESTUDOS INTERDISCIPLINARES DA COMUNICAÇÃO; CONGRESSO DE CIÊNCIAS DA COMUNICAÇÃO NA REGIÃO SUL, 14., 2013, Curitiba. **Anais**... Curitiba: UFP, 2013.

VÍTIMA no México, Ronaldinho Gaúcho se diz cansado de racismo: "Basta". **GE**, Querétaro, México, 7 out. 2014. Disponível em: http://ge.globo.com/futebol/futebol-internacional/noticia/2014/10/vitima-no-mexico-ronaldinho-gaucho--se-diz-cansado-do-racismo-basta.html. Acesso em: 16 abr. 2022.

VITRAL, Ramon. Quadrinistas relatam prejuízos e queda de produção durante a pandemia. **Itaú Cultural**, 27 abr. 2020. Disponível em: https://www.itaucultural.org.br/quadrinistas-relatam-prejuizos-e-queda-de-producao-durante-a-pandemia. Acesso em: 16 abr. 2022.

VOGT, Carlos. **Linguagem, pragmática e ideologia**. 2. ed. aum. São Paulo: Hucitec, 1989. 215 p.

WEISS, Ana. **Não estou enjaulado no politicamente correto**. 2015. Disponível em: https://istoe.com.br/439758_NAO+ESTOU+ENJAULADO+NO+POLITICAMENTE+CORRETO+/. Acesso em: 15 abr. 2022.

WILLIAM, Rodney. **Apropriação cultural**. São Paulo: Pólen Produção Editorial, 2019.

XAVIER, Glayci Kelli Reis da Silva. Efeitos da encenação descritiva e narrativa na verbo-visualidade da Turma da Mônica Jovem. **Anais do VIII SAPPIL-Estudos de Linguagem**, 2017a.

XAVIER, Glayci Kelli Reis da Silva. Histórias em quadrinhos: panorama histórico, características e verbo-visualidade. **Darandina Revisteletrônica**, Juiz de Fora, p. 1-20, 2017b.

ZAMBARDA, Pedro. Em parceria com Maurício de Sousa, Skillab e Smyowl anunciam Neymar Jr. Quest. **Geração Gamer**, [*S. l.*], 14 set. 2015. Disponível em: https://geracaogamer.com/2015/09/14/em-parceria-com-mauricio-de-sousa--skillab-e-smyowl-lancam-neymar-jr-quest/. Acesso em: 16 abr. 2022.